JASMIN MARKIEWICZ
@fraeullein_jasmin

FAMILIENBASTELN

mit Fräulein Jasmin

CV

Inhalt

Dekoration für das Kinderzimmer

Spiele und Basteleien für das Kinderzimmer

Dekoration für die ganze Familie

Zum Verschenken

Zum Naschen

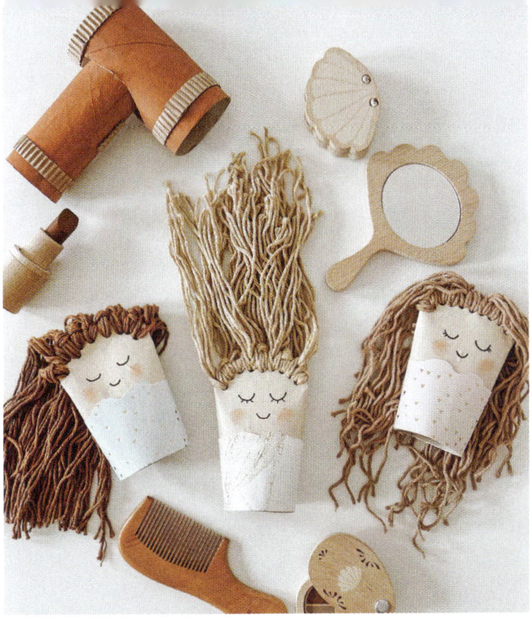

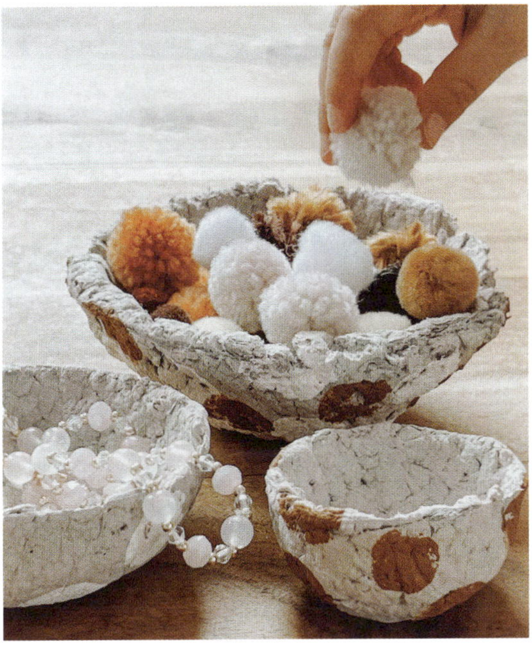

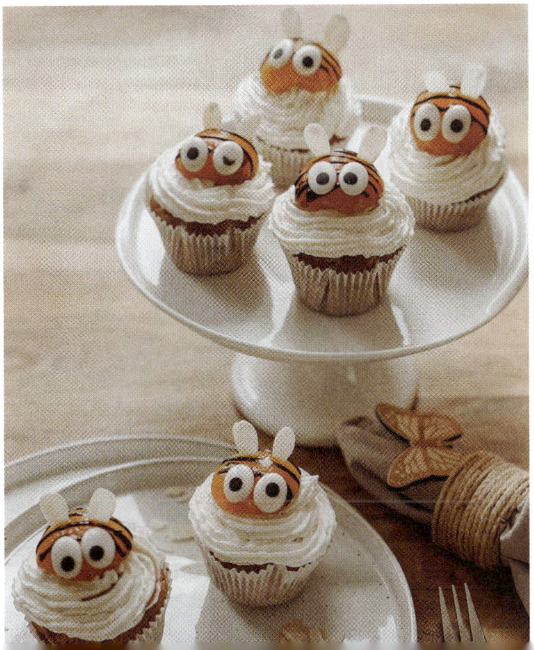

Vorwort

Ein herzliches Hallo,

ich freue mich unfassbar, dass du dich für dieses Buch entschieden hast und es in deinen Händen hältst. Mein Name ist Jasmin, vielleicht kennst du mich bereits durch meinen Instagram Account @fraeullein_jasmin. Dort zeige ich regelmäßig neue Bastelideen, aber auch leckere Rezepte und einen Einblick in mein Leben als Mädchen-Mama. Verheiratet bin ich mit meinem Herzensmenschen seit nun fast 8 Jahren, der mich immer unterstützt und ermutigt, meine Ideen umzusetzen, egal wie groß sie auch manchmal sind.

Schon in meiner Kindheit hat mir alles Kreative Freude bereitet. Mein beruflicher Weg hatte mich jedoch in eine andere Richtung verschlagen und so war im Erwachsenenalter das Kreativsein etwas eingerostet. Durch meine Schwangerschaft ist diese Leidenschaft wieder entfacht und mittlerweile mache ich vor keinem DIY mehr halt.

Seit meine Tochter in dem Alter ist, in dem wir zusammen schöne Projekte basteln können, entstehen nach und nach immer mehr Ideen in meinem Kopf, die umgesetzt werden wollen. Mir ist es dabei wichtig, dass wir mit den Materialien arbeiten, die wir zu Hause haben und so bestenfalls nachhaltig basteln können.

Natürlich gelingt auch mir nicht alles beim ersten Mal. Manche Projekte gingen beim ersten Versuch schief. Aber auch das sehe ich positiv, denn wie im Leben kann man aus Missgeschicken und Fehlern nur lernen. Das versuche ich auch meiner Tochter zu vermitteln, wenn sie ihren Bastelwunsch nicht sofort so umsetzen kann, wie sie gerne möchte. Mein Ratschlag ist: Einfach nochmal machen, dann wird es irgendwann funktionieren. Das Wichtige dabei ist, nicht aufgeben und an sich glauben.

Ich bin der Ansicht, dass jeder Mensch eine kreative Ader hat, man muss sie nur entdecken. Dabei eignen sich kleine Projekte für den Start am besten.

Nun hoffe ich, dass du ganz viel Lust am Basteln gefunden hast und dir die Projekte in diesem Buch gefallen.

Viel Freude beim Basteln wünscht dir

Jasmin

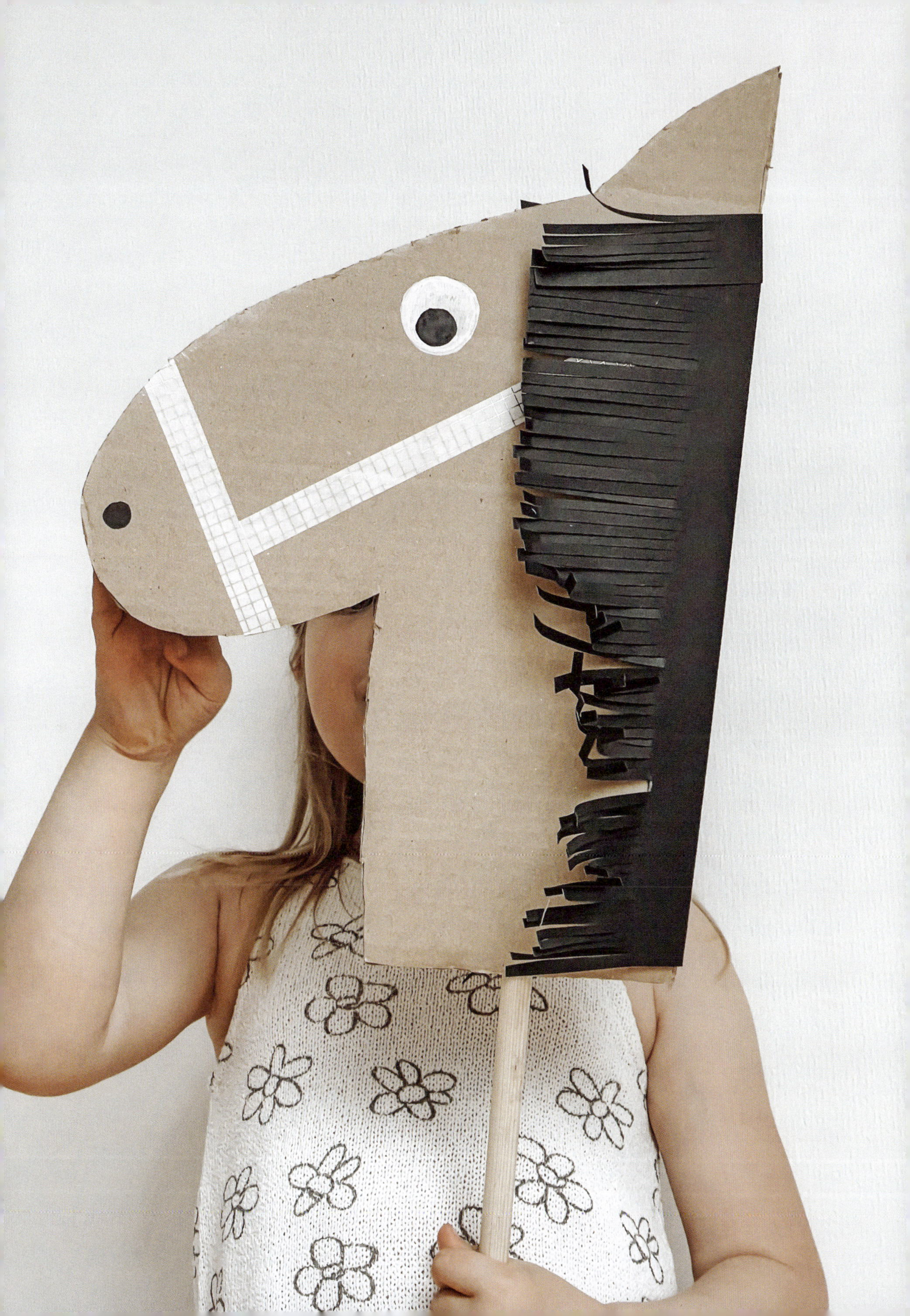

Die Idee zu diesem Buch

Die Kreativität liegt bei uns in der Familie. Ich erinnere mich gerne daran, wie ich meine Mama als kleines Kind beim Stricken und Häkeln beobachtet habe. Auch heute macht sie dies noch mit großer Leidenschaft. Sie hat früher auch vor keinem DIY halt gemacht und sich viel kreativ ausgelebt. Dies ist zum Glück auf mich übergeschwappt, und ich merke, wie ich unruhig werde, wenn ich mal ein paar Tage nichts gebastelt oder gewerkelt habe.

Egal welche Jahreszeit gerade herrscht, mir fallen immer neue Dinge ein, die dazu passen. Sei es über frühlingshafte Dekoration bis hin zu Ideen für Indoor-Spiele mit Kindern – mein Kopf steht nie still.

In diesem Buch habe ich einige Projekte zusammengefasst, die für das ganze Jahr anwendbar sind und verschiedene Themenbereiche abdecken. Dabei war es mir wichtig, dass man keine lange Materialliste dafür benötigt. Bei vielen dieser Projekte hat man die Materialien schon zu Hause, bei anderen kann man diese für kleines Geld besorgen. Das Buch beinhaltet Projekte, die als Dekoration für Haus und Kinderzimmer verwendet werden können, aber auch kleine Geschenkideen und natürlich auch Bastelspaß für das Kinderzimmer. Denn als Mädchenmama bin ich eine leidenschaftliche Bastlerin für das Kinderzimmer.

Meine Basics: Bastelmaterial

Folgende Utensilien sind feste Bestandteile in meiner Materialkiste. Mit diesen Materialien und Werkzeugen können allerlei Projekte und Ideen aus diesem Buch umgesetzt werden:

- Kraftpapier / Bastelpapier / Fotokarton in verschiedenen Farben
- Kartonreste (aus gesammelten Paketen)
- Leere Toilettenpapierrollen
- Bastelschere
- Kleber (Heißklebepistole / flüssiger Bastelkleber / Klebestift)
- Kordel (Jutekordel / Bastelgarn)
- Bleistifte
- Buntstifte
- Acrylfarben
- Holzkugeln
- Filzkugeln
- Holzstiele
- Trockenblumen
- Basteldraht
- Washi Tape
- Rouge

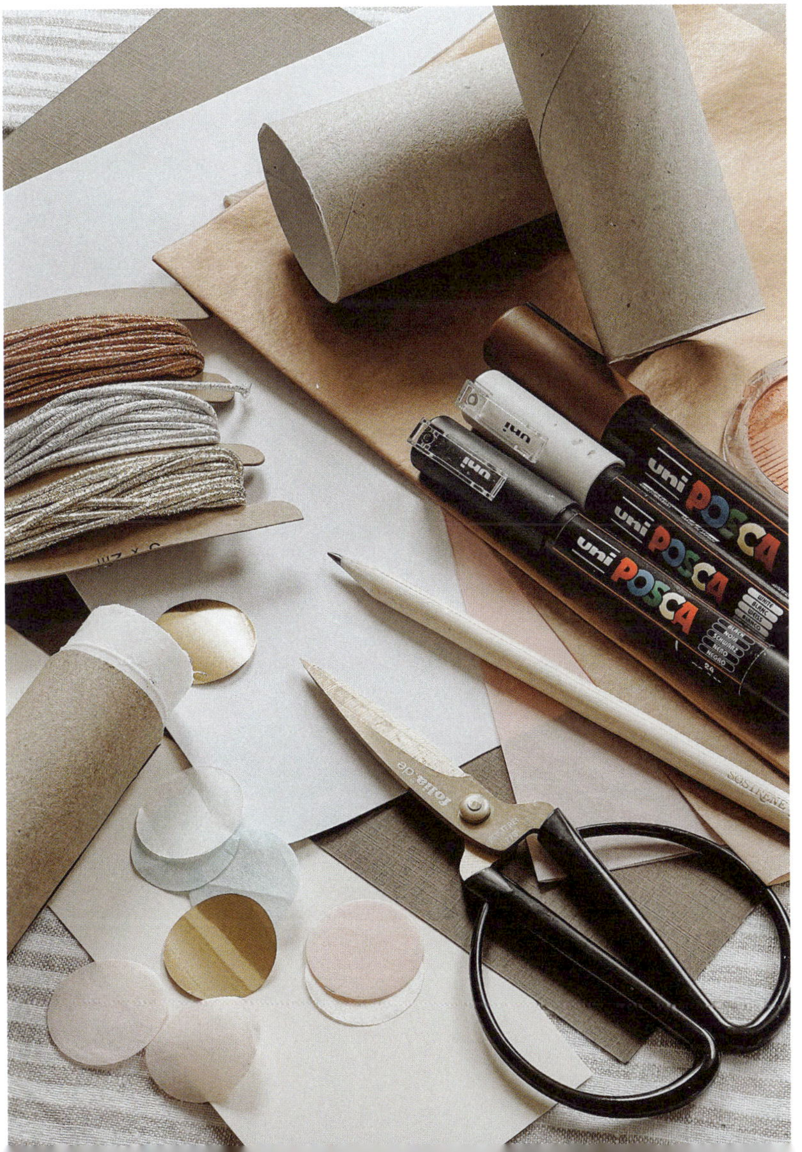

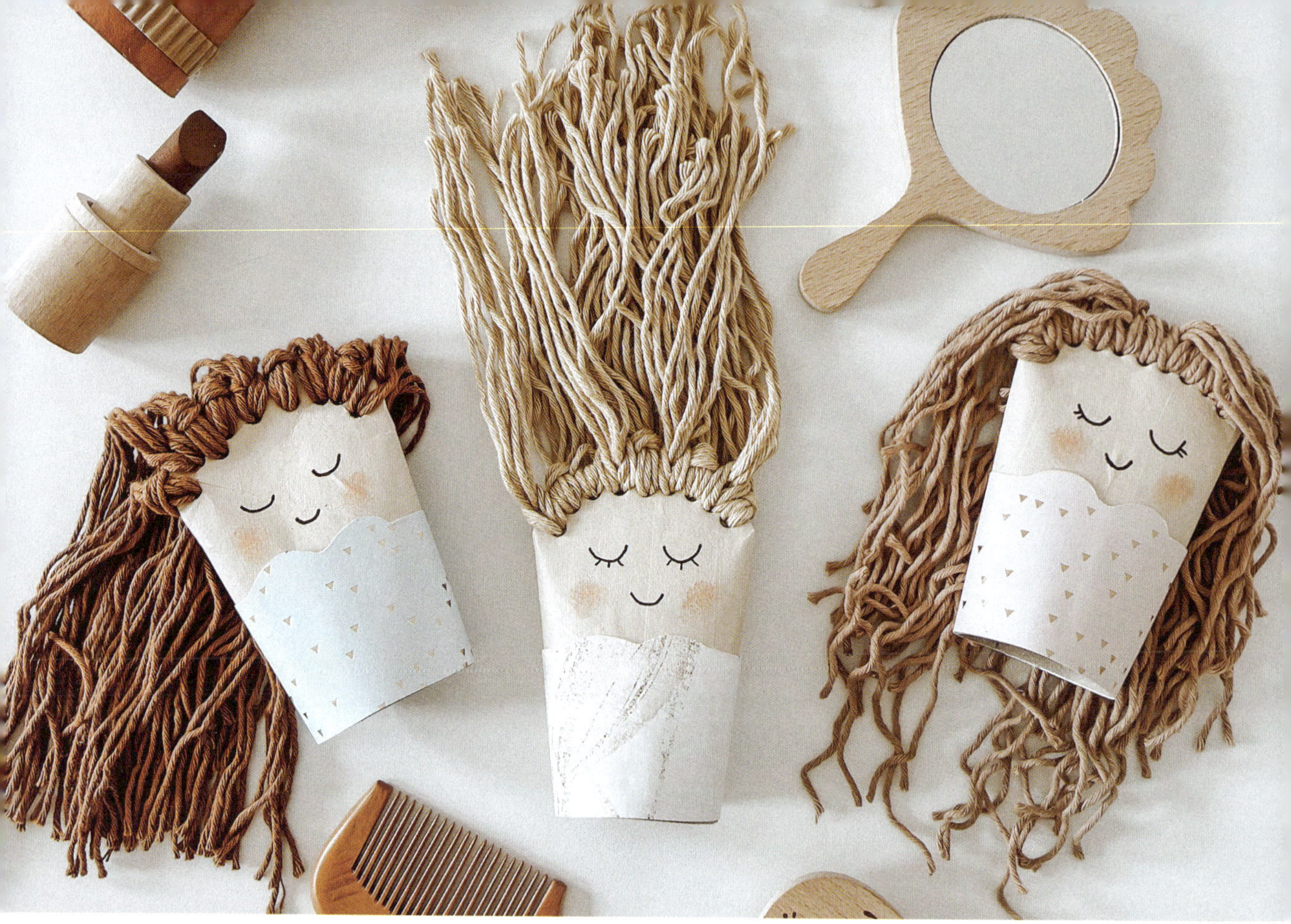

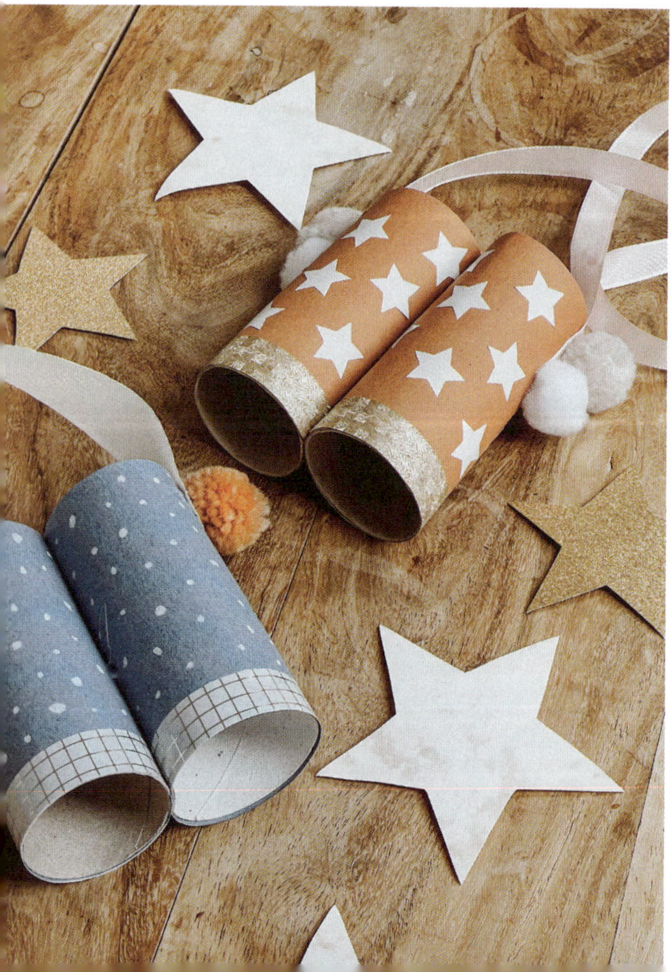

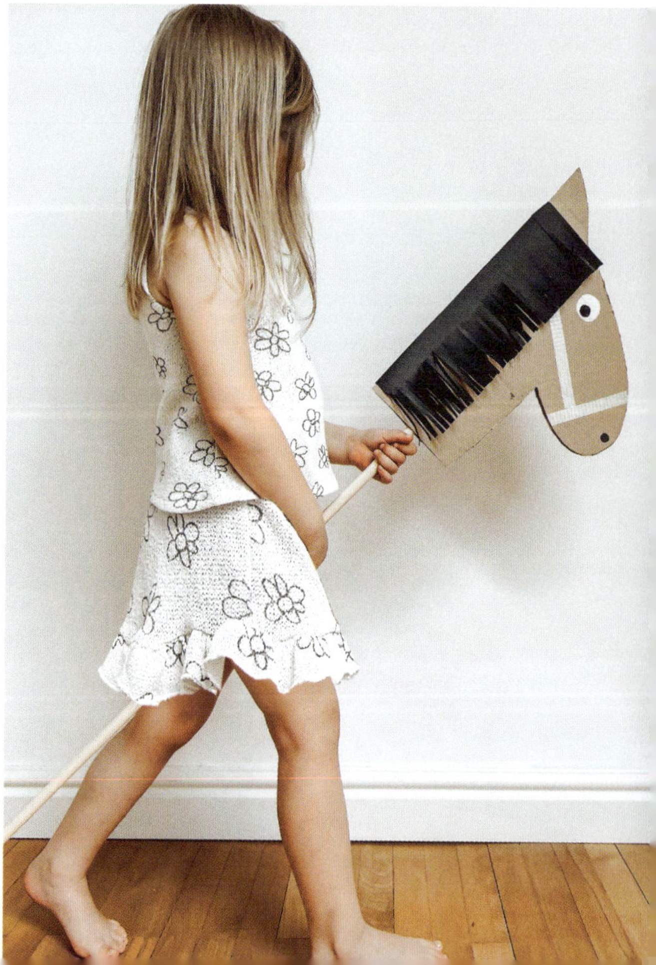

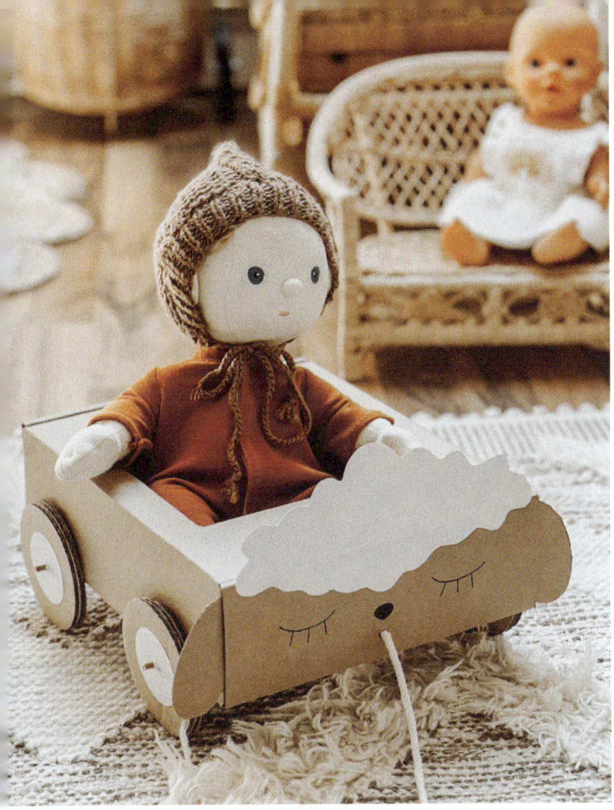

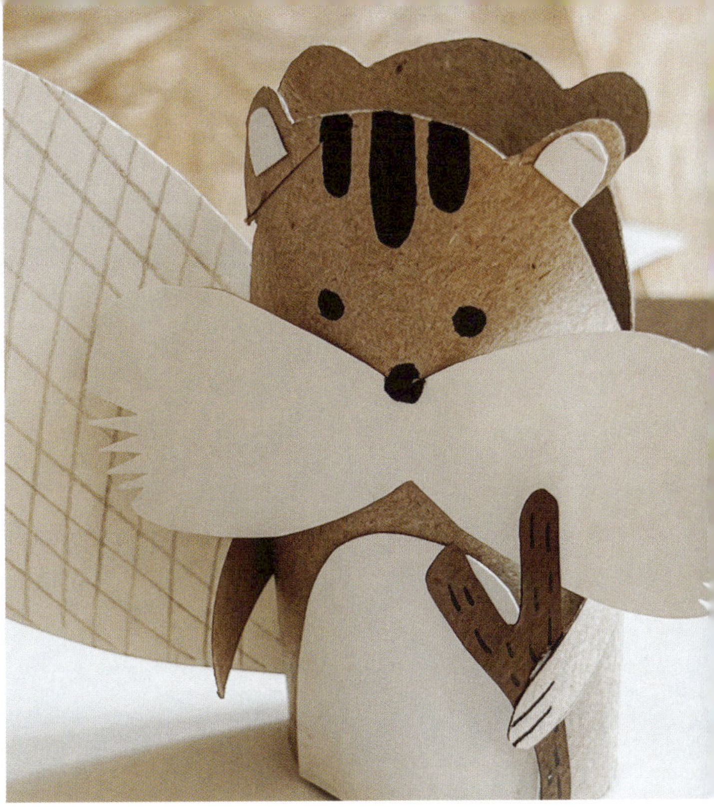

Dekoration für das Kinderzimmer

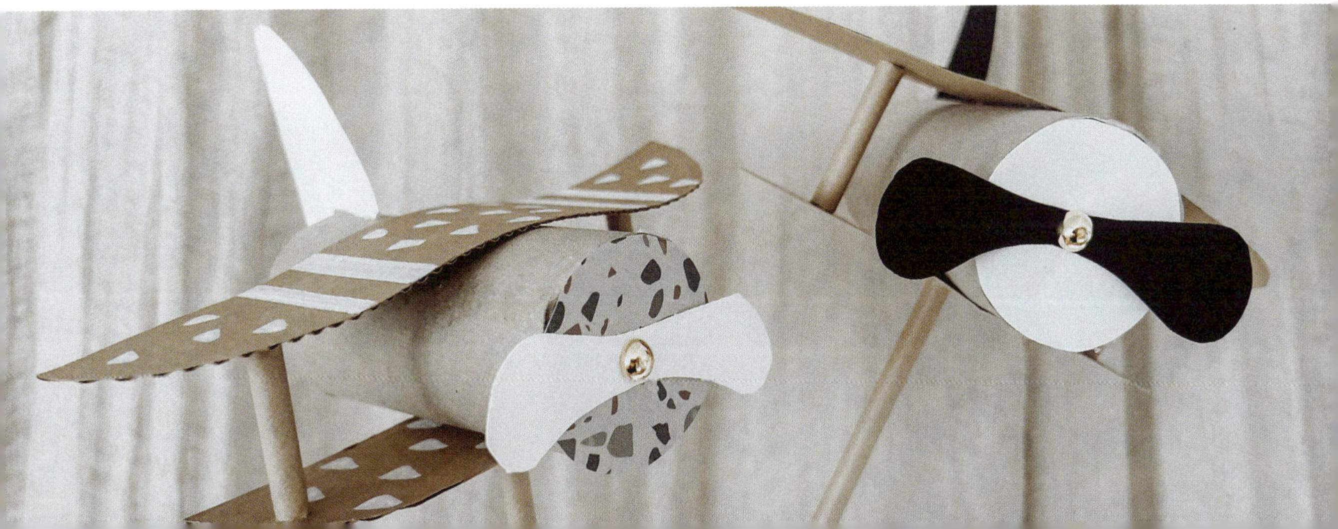

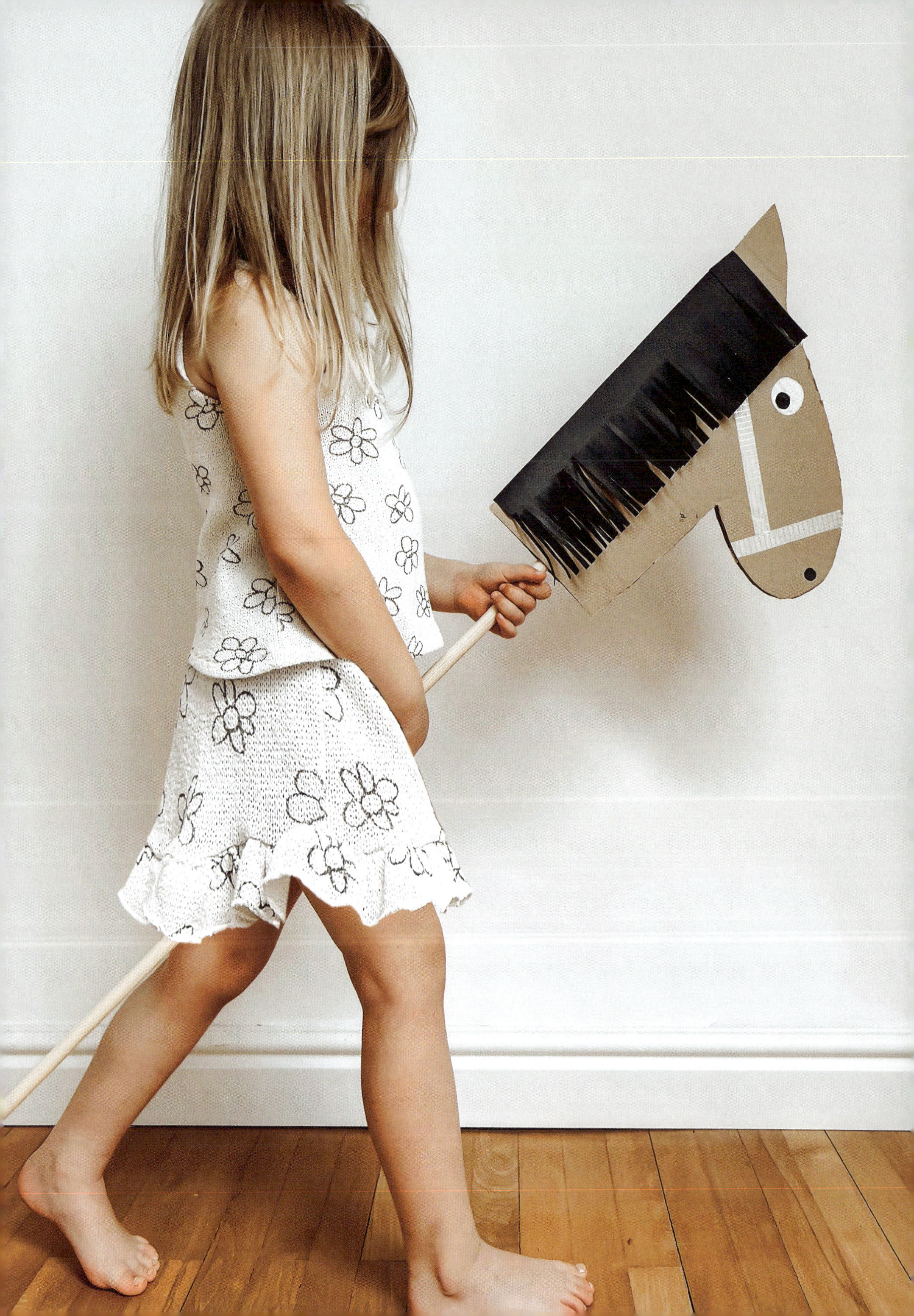

Steckenpferd

Pferde sind bei uns hoch im Kurs. Wenn es nach meiner Tochter ginge, dann stünde in unserem Garten ein Pferd. Da dieser Wunsch leider nicht erfüllt werden kann, habe ich mir eine Alternative für mein Pferdemädchen einfallen lassen. Daher habe ich mit ein paar Pappresten und einem Holzstab ein Steckenpferd selbst gebastelt.

Du benötigst: Papp- / Kartonreste · Holzstab · Bastelpapier · Washi Tape · Permanentmarker · Schere · Kleber

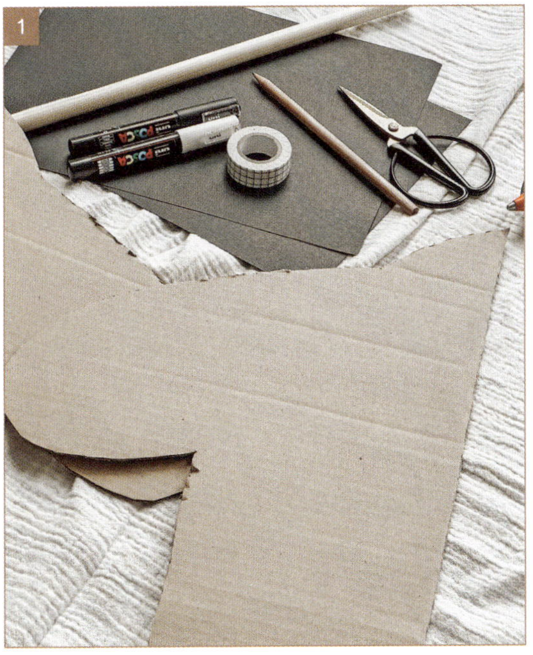

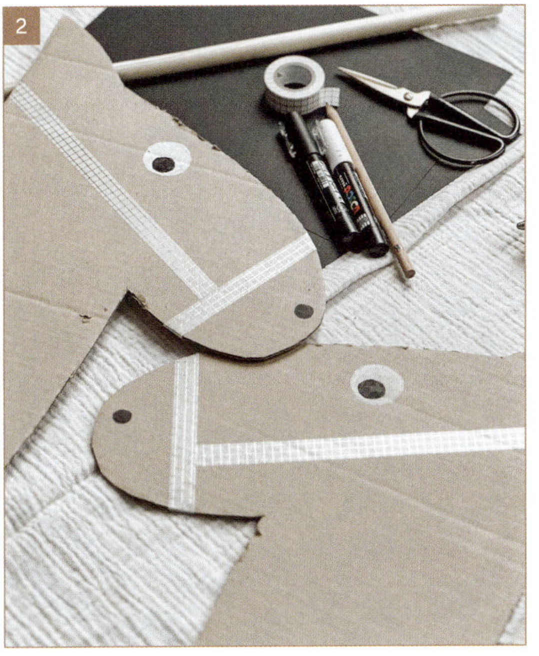

1. Auf einem Stück Pappe wird ein Pferdekopf aufgezeichnet und ausgeschnitten. Dieser Kopf wird nun auf ein weiteres Stück Pappe übertragen und ebenfalls ausgeschnitten.

2. Mit Permanentmarker lassen sich Augen und Nase auf beide Pferdeköpfe zeichnen. Mit dem Washi Tape kann man das Geschirr des Pferdes auf beide Köpfe kleben.

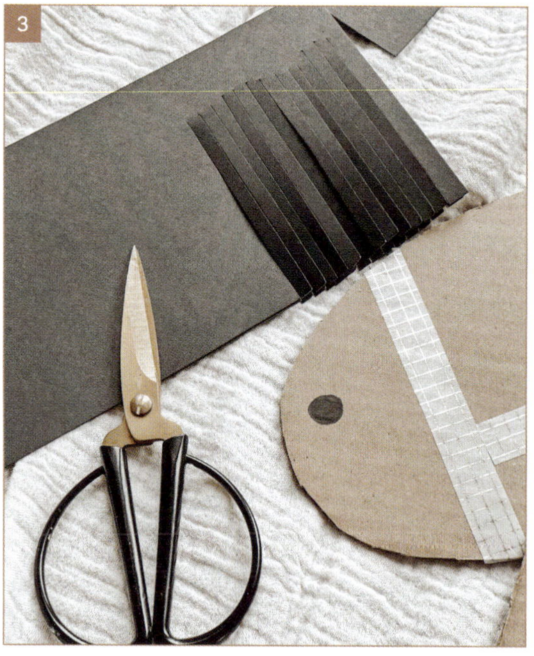

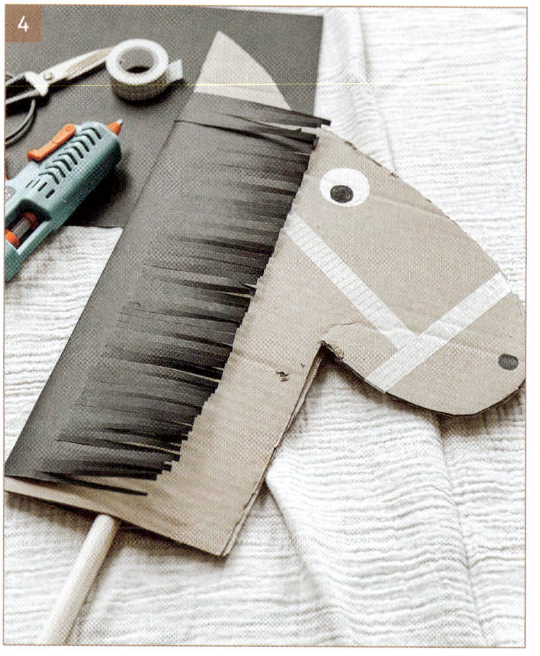

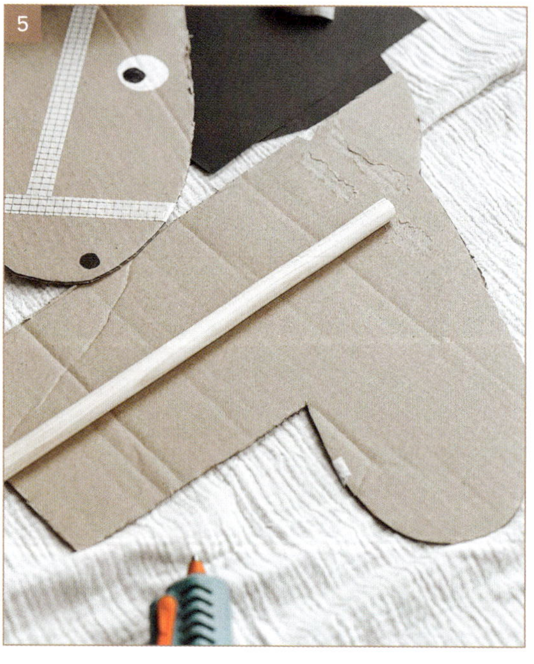

3. Für die Mähne des Pferdes wird Bastelpapier in der Länge des Pferdekopfes benötigt. Dieses wird der Länge nach mittig gefaltet und auf die gewünschte Breite geschnitten.

   TIPP: Hierzu das gefaltete Papier an den Pferdekopf halten, um die gebrauchte Länge herauszufinden.

4. Das gefaltete Bastelpapier wird für die Mähne, mit einem Rand von ca. 2 cm an der Faltlinie, mehrmals eingeschnitten, sodass man die Strähnen erhält.

5. Um das Steckenpferd fertigzustellen wird der Holzstab mittig an einen Pferdekopf geklebt. Darauf wird dann der andere Teil des Pferdekopfes geklebt. Danach kann die gebastelte Mähne aufgesteckt und festgeklebt werden.

Lustige Friseurpuppen

Als Mädchenmama ist das Thema Frisuren bei uns täglich auf dem Programm. Friseur spielen wird sehr gerne gemacht. Da ich leider nicht immer die Zeit habe, meiner Kleinen als Modell zu dienen, kam mir die Idee, ihr einfach kleine Friseurpuppen zu basteln. Dabei kann man ihnen auch sehr lange Haare verpassen, sodass auch Flechtfrisuren kein Problem sind. So können die Kleinen super das Flechten üben.

Du benötigst: Leere Toilettenpapierrollen · buntes Bastelpapier · Acrylfarbe · Pinsel · Permanentmarker · Wolle · Locher oder Lochzange · Schere · Kleber · optional: Rouge

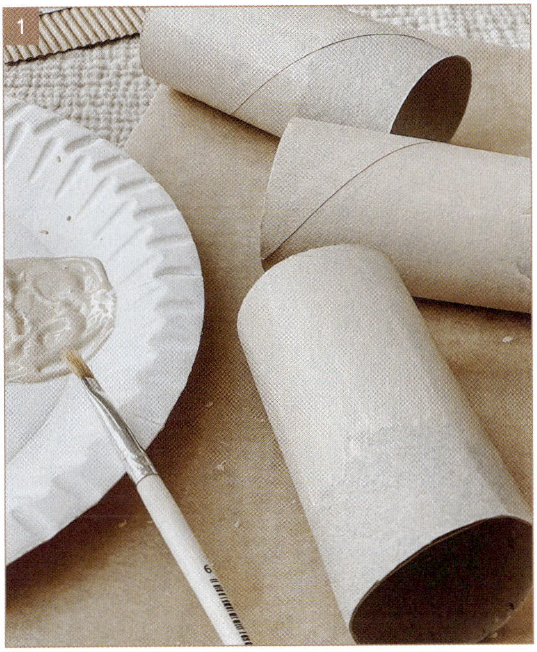

1

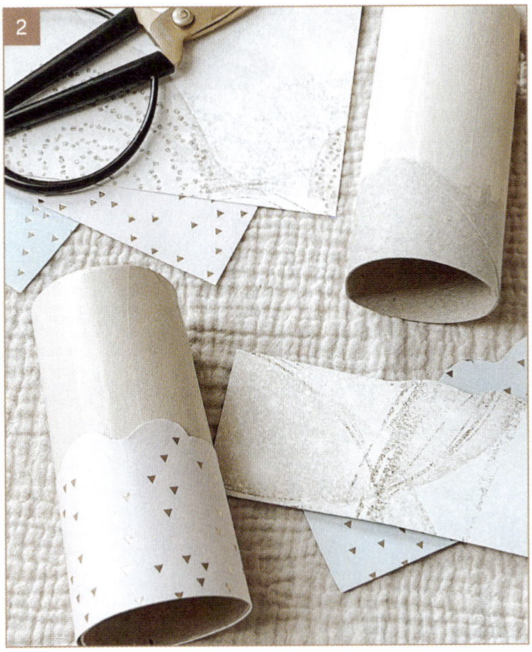

2

1. Als Erstes werden die leeren Toilettenpapierrollen mit Farbe bestrichen. Die Rollen müssen nicht komplett angemalt werden, da die Rolle für den Körper mit Bastelpapier verkleidet wird. Anschließend gut trocknen lassen.

2. Für den Körper kann buntes oder auch unifarbenes Bastelpapier verwendet werden, welches mit den Maßen 5 x 15 cm zugeschnitten wird, oder man nimmt die Vorlage aus diesem Buch von Seite 130. Das Bastelpapier wird an die getrockneten Rollen festgeklebt. Anschließend bekommen die Puppen ihr Gesicht mit einem dünnen Permanentmarker gezeichnet. Für die Wangen habe ich etwas Rouge mit dem Finger verteilt.

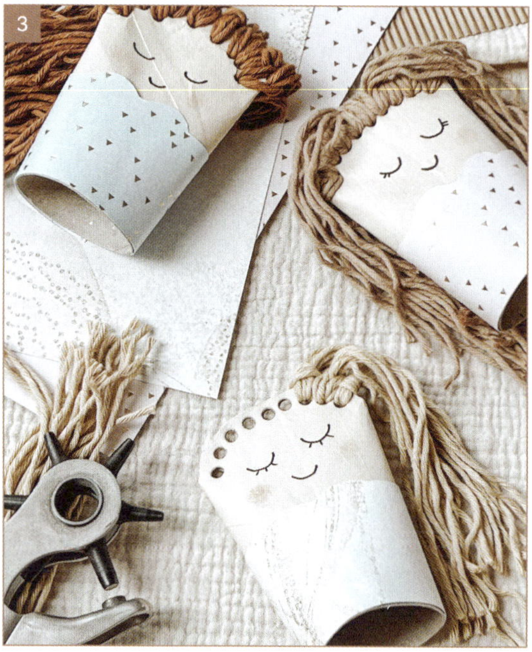

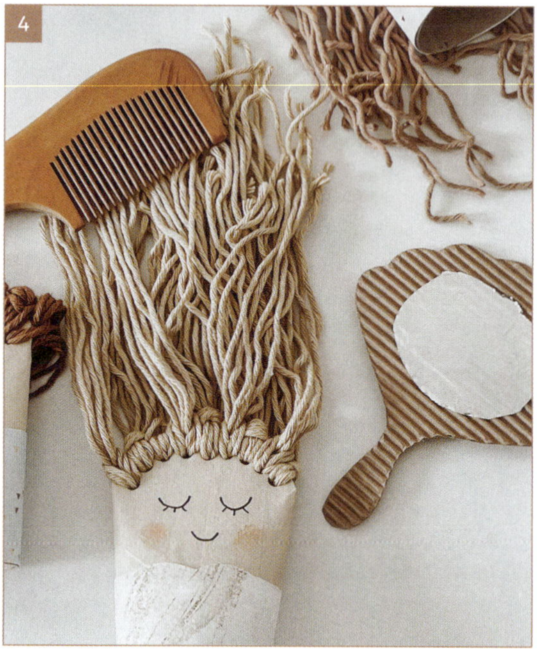

3. Danach drückt man den oberen Teil des Gesichts platt und klebt es am oberen Rand zusammen. Die Ecken mit einer Schere etwas abrunden. Dann wird mit einem Locher oder einer Lochzange der Rand eingestanzt, dort werden nachher die Haare befestigt.

4. Für die Haare nimmt man Wolle und schneidet sie auf die doppelte Länge, die die Puppen später haben sollen. Denn die Wollfäden werden einmal umgelegt und je nach Dicke der Wolle entweder einzeln oder mehrere durch ein Loch gewickelt. So wird nun mit jedem Loch verfahren, bis die Puppe ausreichend Haare bekommen hat.

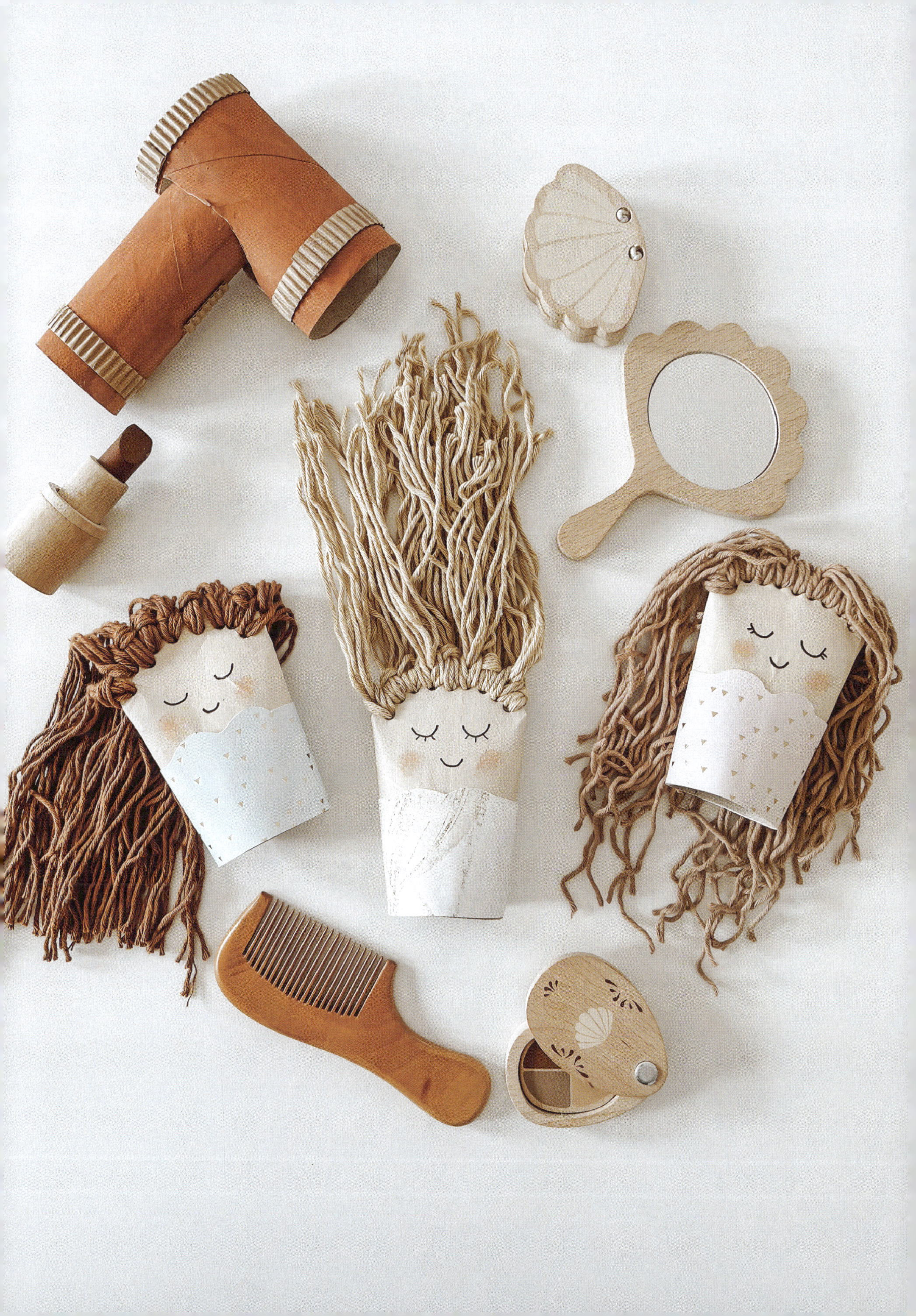

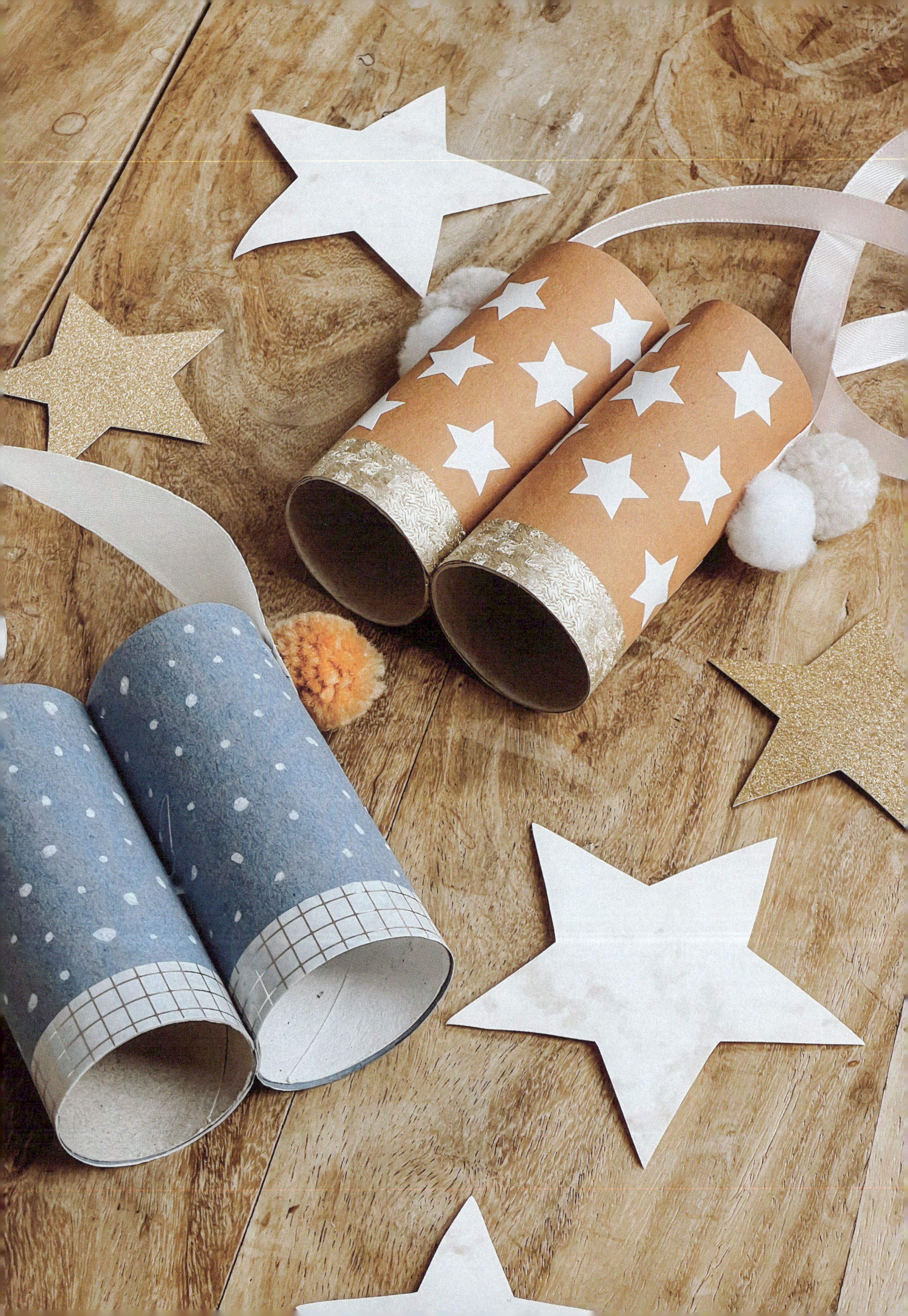

Fernrohr

In der Weihnachtszeit kommen bei uns sehr oft die Fragen auf, ob man denn den Weihnachtsmann und seine Rentiere sehen könne, oder wie hoch der Weihnachtsmann fliege. Da wird dann gerne aus dem Fenster geschaut, um ihn zu erhaschen. Genau dafür haben wir kleine Fernrohre gebastelt. Natürlich kann dies auch unabhängig von der Weihnachtszeit gebastelt werden. Denn es gibt so viele weitere gute Gründe, wofür man ein Fernrohr benutzen kann. Dekorieren kann man es ganz nach Lust und Laune und passend zu jeder Jahreszeit.

Du benötigst: Leere Toilettenpapierrollen · Bastelpapier oder Acrylfarbe · Washi Tape · Sticker · Permanentmarker · Band, Schnur oder Kordel · Schere · Kleber · Filzkugeln

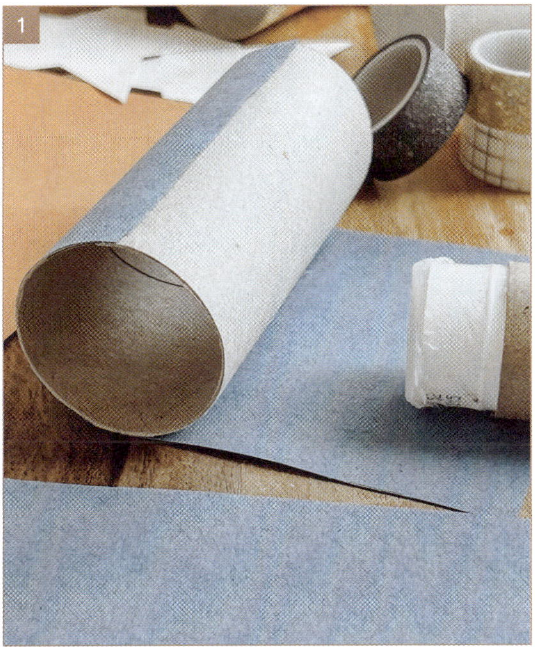

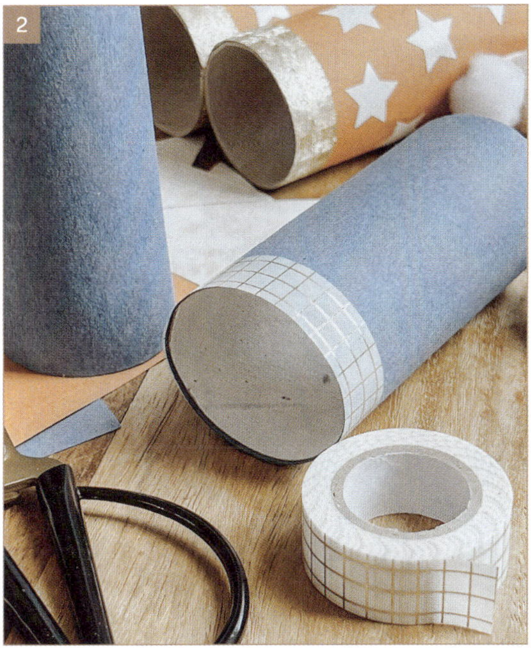

1. Für ein Fernrohr werden zwei leere Toilettenpapierrollen benötigt. Das Bastelpapier passend zu den Maßen der Toilettenpapierrollen zuschneiden, sodass man diese bekleben kann. Alternativ können die beiden Rollen mit der gewünschten Farbe bemalt werden.
2. Die Enden der beiden Rollen rundherum mit Washi Tape bekleben.

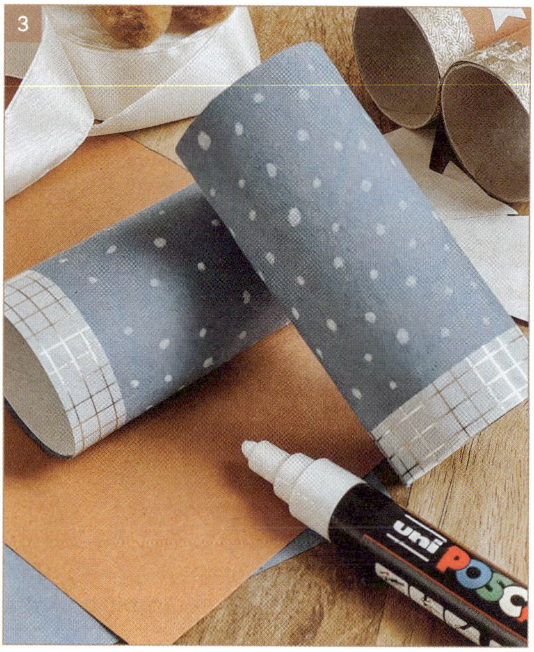

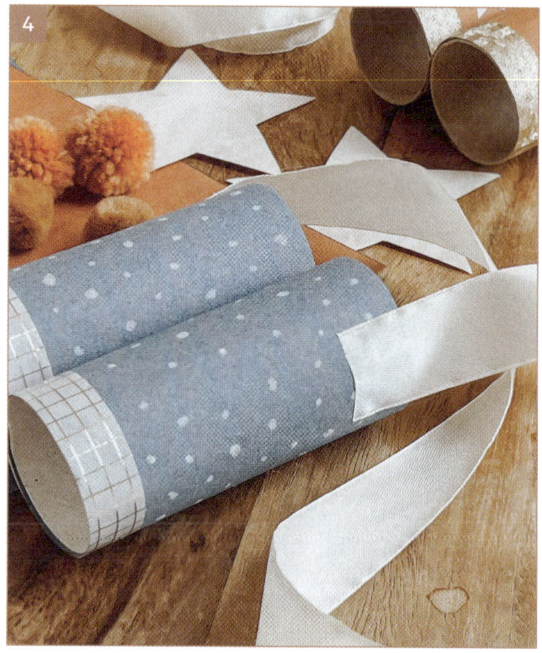

3. Nun können die beiden Rollen dekoriert werden. Entweder bemalt man diese mit einem Permanentmarker oder beklebt sie mit Stickern nach Wahl.

4. Danach werden die beiden Rollen aneinandergeklebt. Mit dem Band, der Schnur oder der Kordel das Maß abmessen, welche Länge das Fernrohr später haben soll. Sie soll bequem über den Kopf und um den Hals gelegt werden können. Dieses Band wird von außen an die beiden Rollen geklebt und anschließend mit Filzkugeln verziert.

Flugzeug

Ab in die Lüfte! Täglich sehen wir bei uns am Himmel die Flugzeuge vorbeifliegen. Während wir sie beobachten, stellen wir uns die Frage, zu welchem Ziel sie wohl unterwegs sind. Ob die Menschen darin auf dem Weg in den Urlaub sind oder gerade nach Hause kommen. Dabei ist die Idee entstanden, ein Spielzeug-Flugzeug zu basteln, bei dem wir jederzeit, wenn uns danach ist, selbst in den Urlaub abheben können.

Du benötigst: Leere Toilettenpapierrolle · Bastelpapier · Papier-Strohhalme · Permanentmarker · Bleistift · Schere · Kleber · Musterbeutelklammer

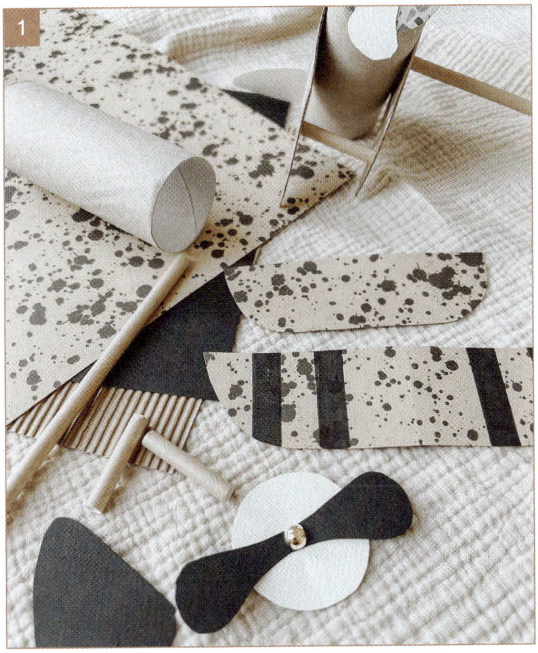

Eine Vorlage für die Tragflächen und den Propeller ist im Buch auf Seite 131 zu finden.

1. Für das Flugzeug werden auf festem Bastelpapier die Flugzeugträger gezeichnet und ausgeschnitten. Danach werden mit einem Permanentmarker die Flügel angemalt. Ebenso werden der Propeller und die Heckflosse auf Bastelpapier gezeichnet und ausgeschnitten.

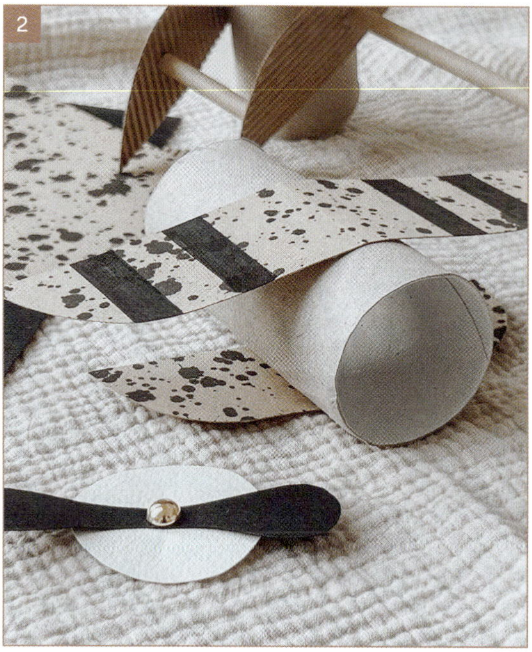

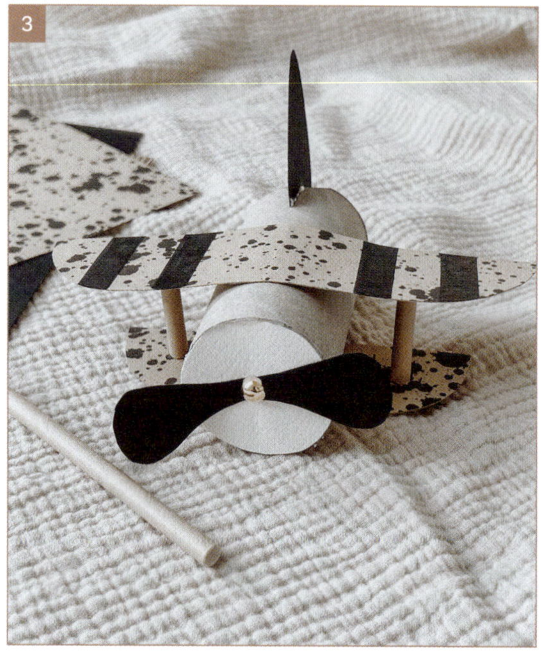

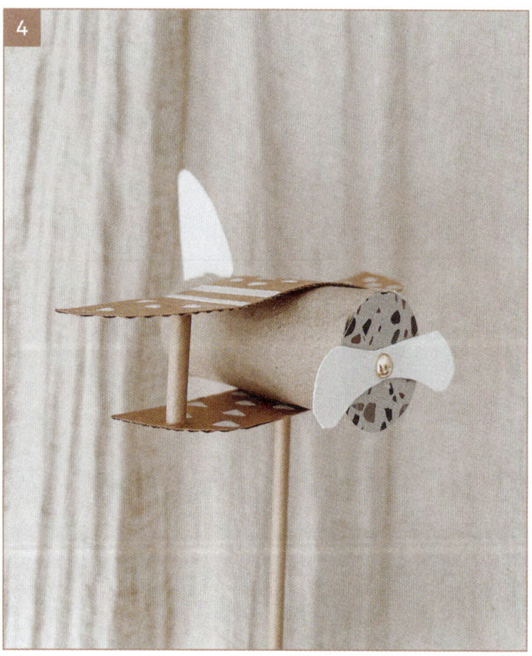

2. Mithilfe einer leeren Toilettenpapierrolle den Kreisumfang auf Bastelpapier zeichnen und ausschneiden. In diesen Kreis wird mittig der Propeller befestigt. Dazu mit einer Schere ein Loch einstechen. Mit einer Musterbeutelklammer kann der Propeller dann an dem Kreis befestigt werden. Nun kann das Flugzeug zusammengebaut werden. Die beiden Tragflächen mit Kleber an der leeren Toilettenpapierrolle befestigen. Der Propeller wird vorne mit Kleber festgeklebt.

3. Um den Tragflächen mehr Stabilität zu geben, werden aus einem Strohhalm zwei Streben geschnitten. Diese sollten genau die Länge des Abstandes der beiden Tragflächen haben. Die Streben mittig zwischen den Tragflächen festkleben.

4. Zum Schluss die ausgeschnittene Heckflosse an das Flugzeug kleben. Um das Flugzeug fliegen lassen zu können, habe ich es auf einen Strohhalm geklebt, so kann man es gut in die Hand nehmen und in die Lüfte fliegen lassen.

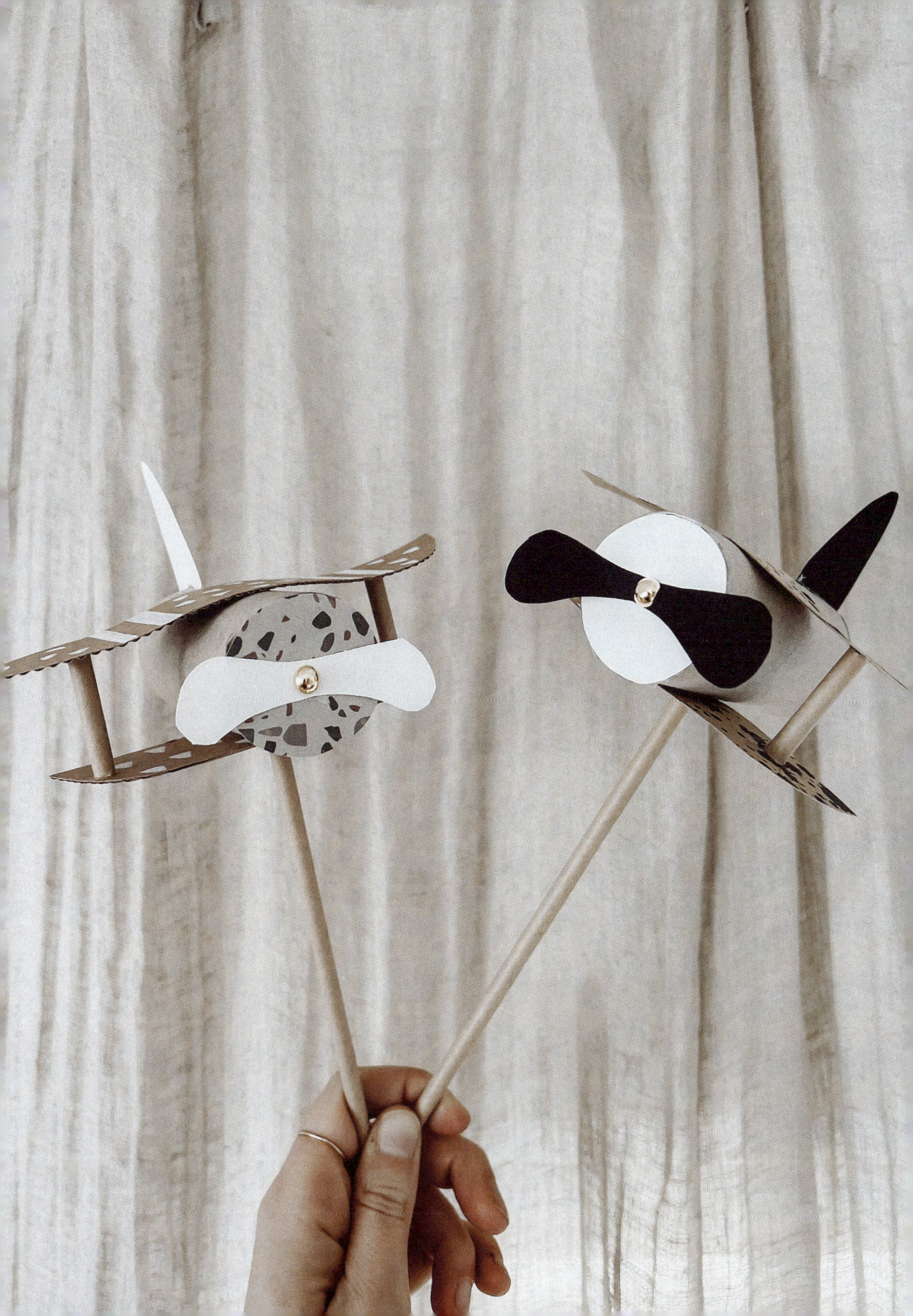

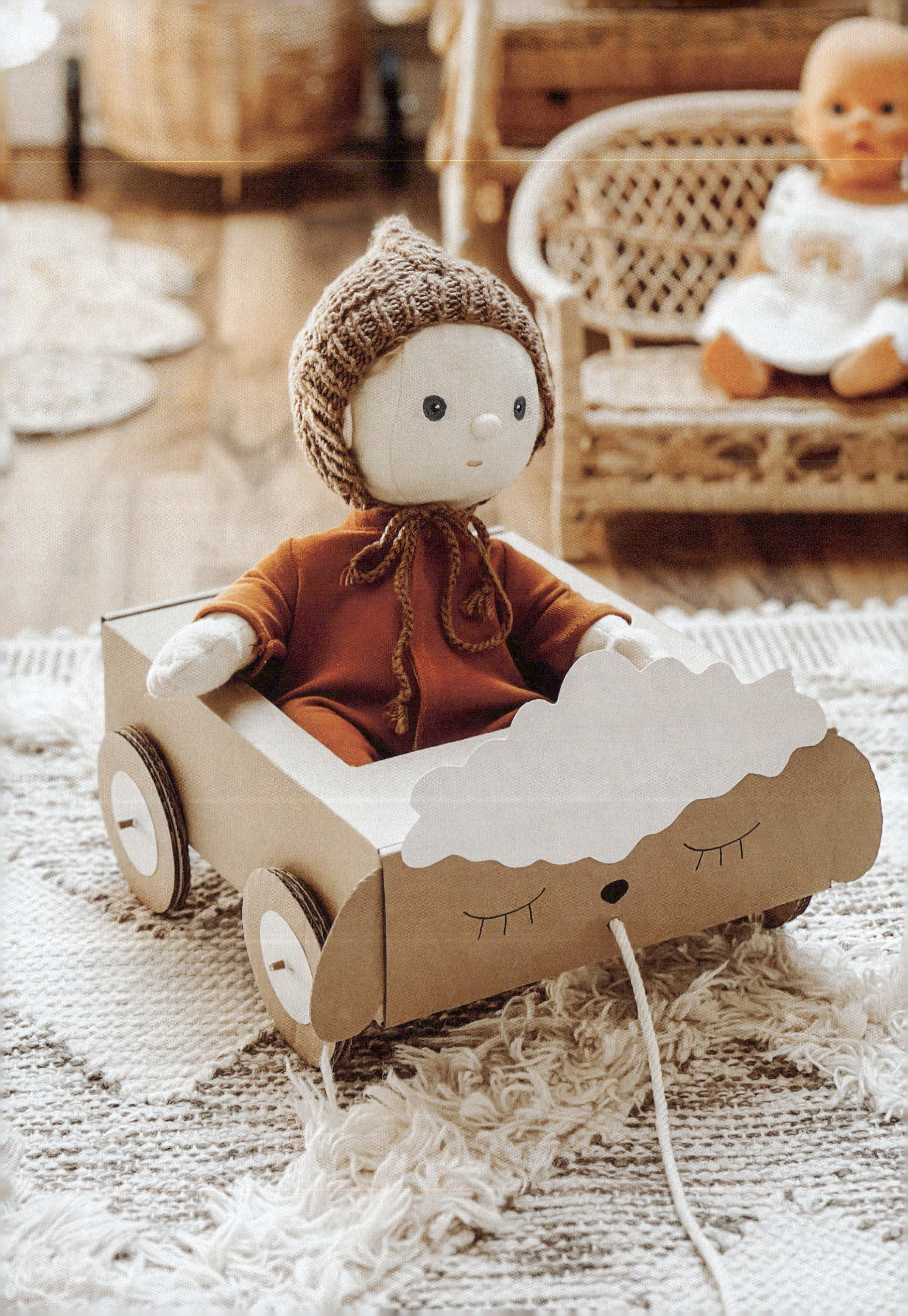

Tierischer Puppenwagen

Unter unserem Dach wohnt eine wundervolle Puppenmama. Die Puppen meiner Tochter werden täglich mit solch einer Liebe umsorgt, und natürlich darf es ihnen an nichts fehlen. Ein normaler Puppenwagen reicht nicht mehr aus, um alle Puppen transportieren zu können. Aber bevor ich ihr einen weiteren Puppenwagen kaufe, mache ich ihr liebend gern einen selbst. Dabei ist ein kleiner Papp-Puppenwagen mit einem tierischen Gesicht entstanden. Man benötigt dafür eine kleine Kiste, Bastelpapier, Strohhalme, Kordel und Klebeband.

Du benötigst: Kleine Pappkiste · Pappreste · Bastelpapier · Kordel · Papierstrohhalme · lange Holzspieße · Kleber · Klebeband · Permanentmarker · Bleistift · Lineal · Schere · Cuttermesser · Metallspieß

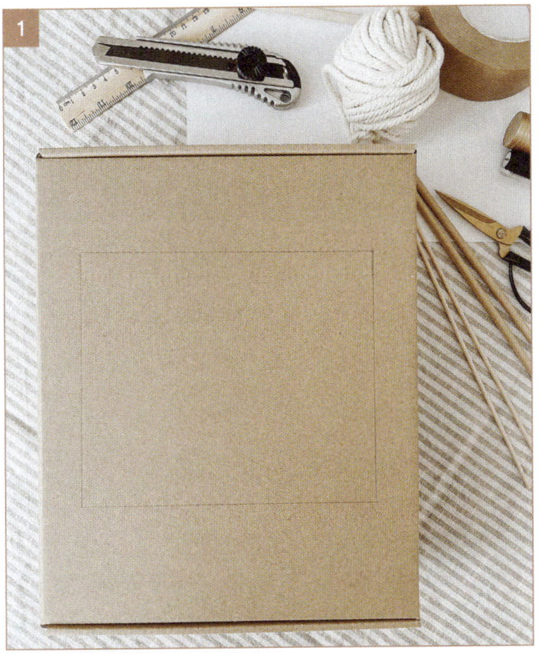

1. Auf die geschlossene Kiste wird mit einem Lineal ein Ausschnitt aufgezeichnet. Der Ausschnitt soll dabei so groß sein, dass man eine Puppe in den Wagen setzen kann.

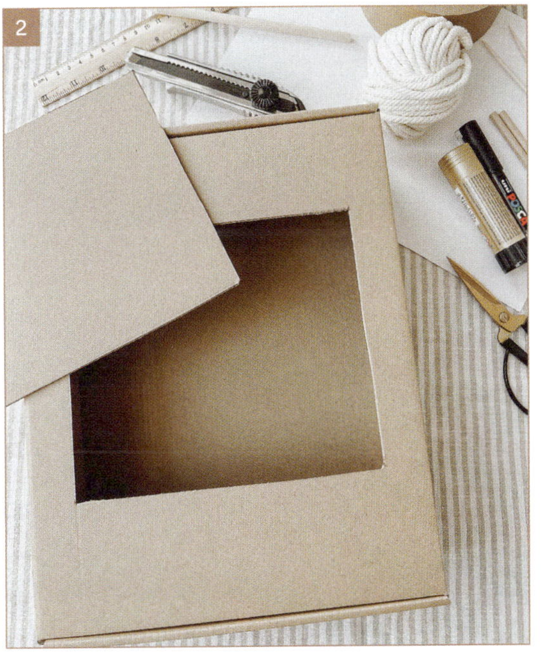

2. Diesen Ausschnitt mit einem Cuttermesser ausschneiden.

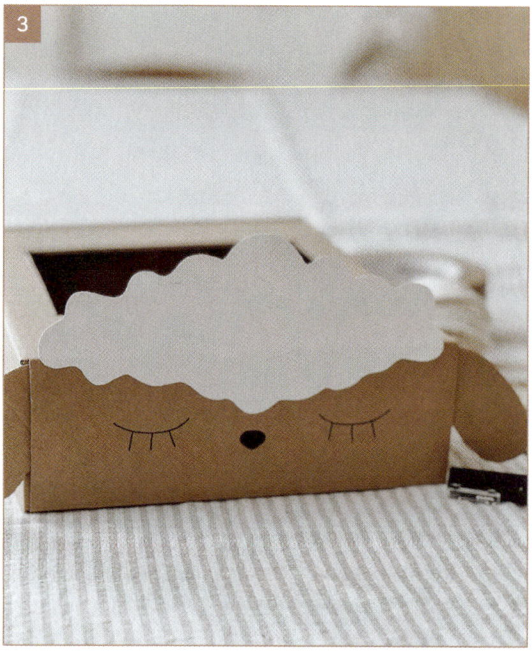

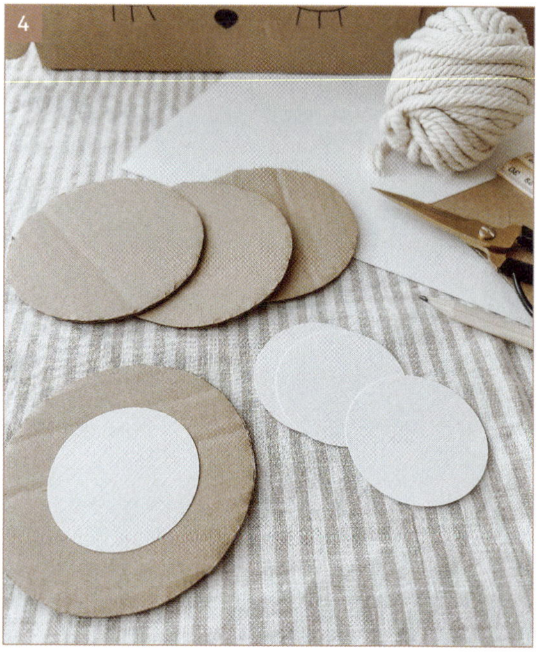

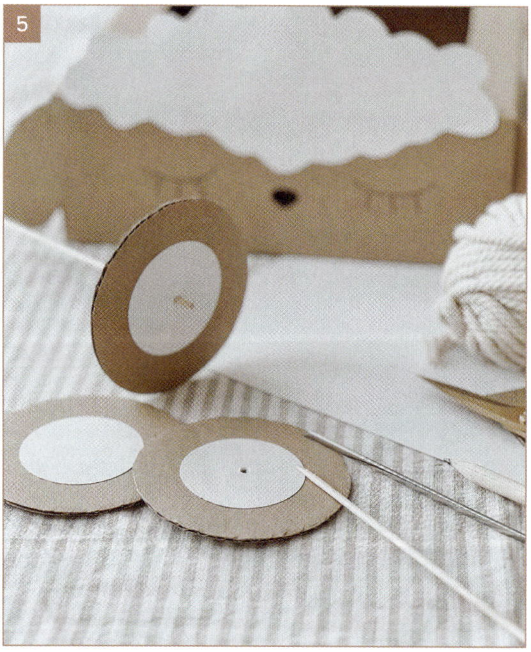

3. Auf dem ausgeschnittenen Papprest zeichnet man sich die Ohren, auf dem Bastelpapier das Fell für den Kopf. Ich habe mich bei dieser Variante für ein Schaf entschieden. Man kann aber auch wunderbar einen Hasen oder Bären daraus machen. Die gezeichneten Körperteile ausschneiden, anschließend wird beides an der Kiste mit Kleber befestigt. Mit einem Permanentmarker das Gesicht auf die Kiste zeichnen.

4. Nun geht es an die Räder. Hierfür werden vier Kreise auf Pappreste gezeichnet und ausgeschnitten.

   TIPP: Je dicker die Pappe ist, desto besser ist es, denn dadurch erhalten die Räder mehr Stabilität.

5. Auf Bastelpapier vier kleinere Kreise zeichnen, ausschneiden und mittig auf die Räder kleben. Mit einem Metallspieß in jedes Rad mittig ein Loch einstechen.

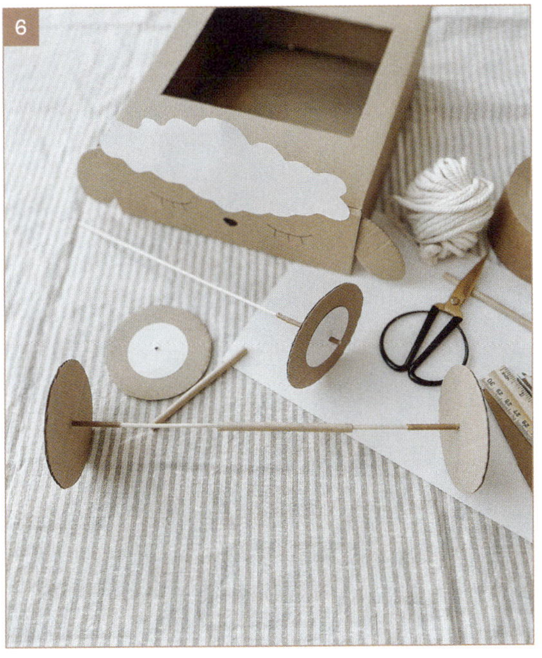

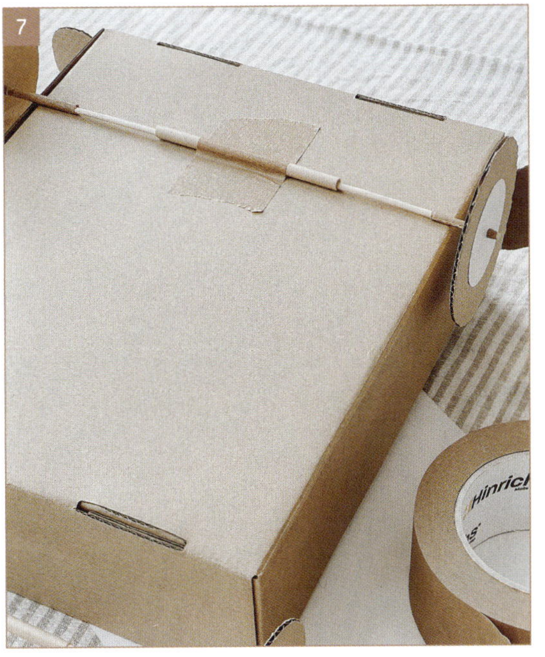

6. Für den Puppenwagen werden zwei lange Holzspieße benötigt, die etwas breiter als die Pappkiste sind. Einen Papierstrohhalm halbieren und mittig auf den Holzspieß schieben. Anschließend wird je Holzspieß links und rechts ein Rad aufgesteckt.

   TIPP: Sollte das Loch zu groß sein, den Holzspieß mit etwas Klebeband umwickeln.

7. Die Radkonstruktion von unten mit Klebeband an der Pappkiste festkleben.

8. Damit der Wagen gezogen werden kann, wird mittig im Gesicht ein Loch durchgestochen. Durch dieses Loch kann man die Kordel in der gewünschten Länge durchstecken und auf der inneren Seite der Kiste so verknoten, dass sie festsitzt.

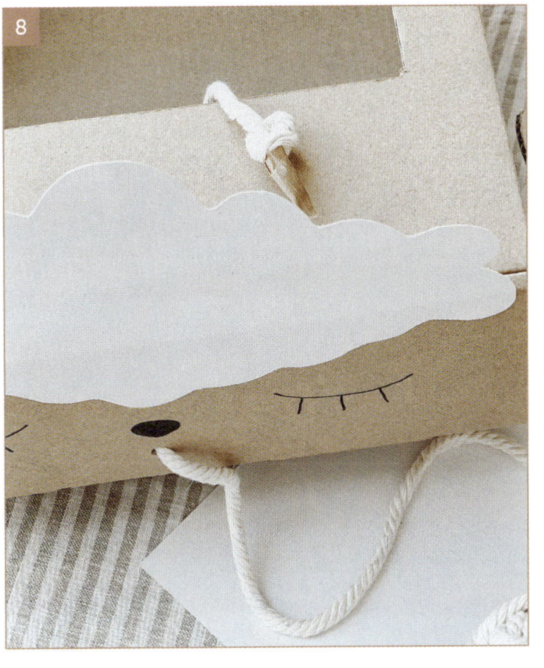

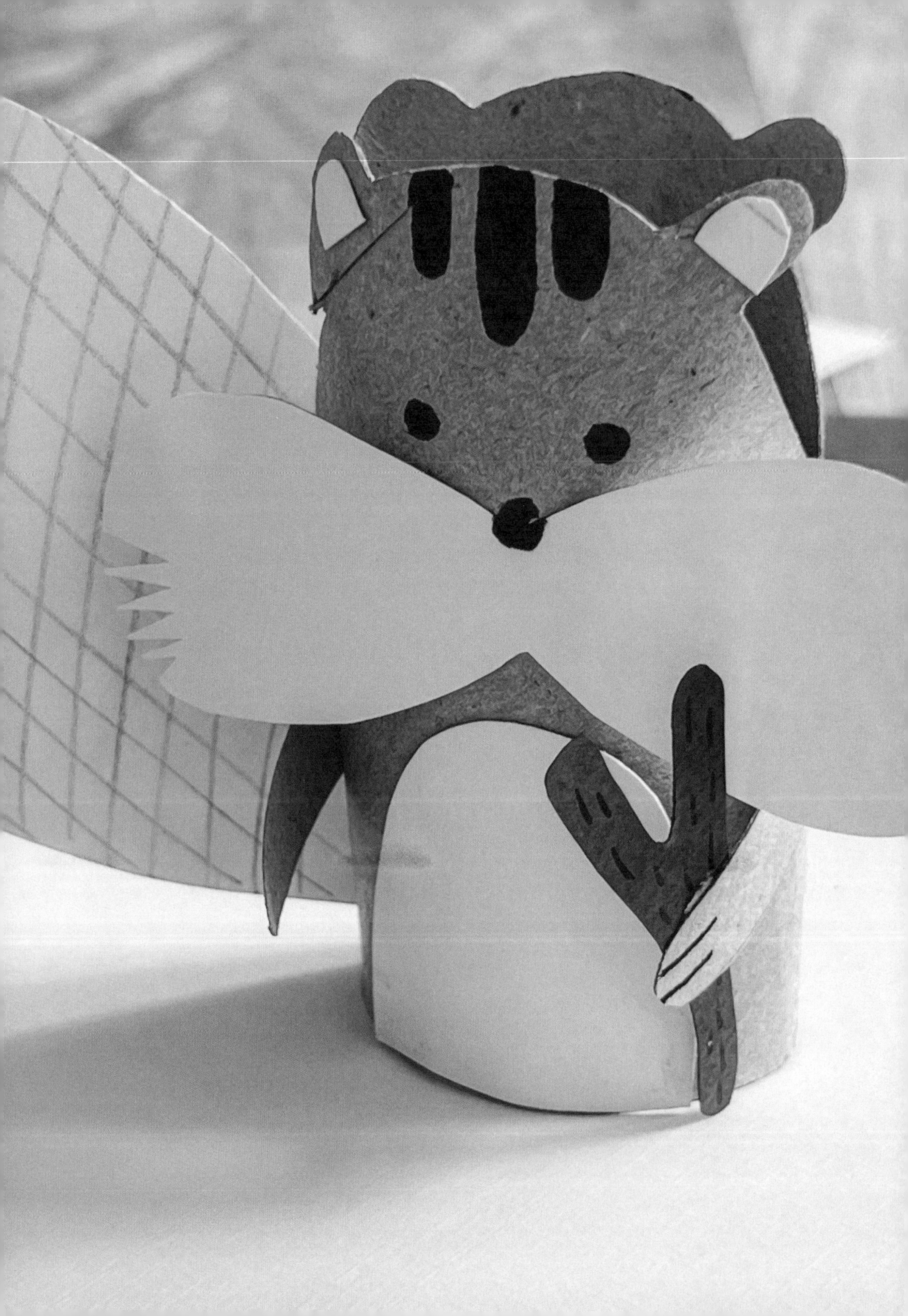

Bert Biber

Leere Toilettenpapierrollen sind für mich sehr vielseitig einsetzbar. Es macht mir unglaublichen Spaß, aus ihnen kleine Tiere zu basteln, bei denen ich nicht mehr als Stift und Bastelpapier brauche. Diese sind eine schöne Deko im Kinderzimmer, wobei sie bei uns auch gerne mal als Spielgefährten im Puppenhaus genommen werden.

Du benötigst: Leere Toilettenpapierrolle · Bastelpapier · Bleistift · Permanentmarker · Schere · Kleber

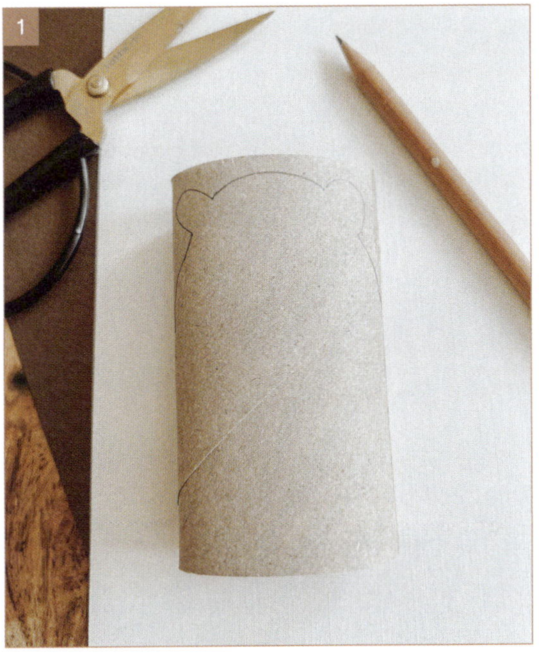

1

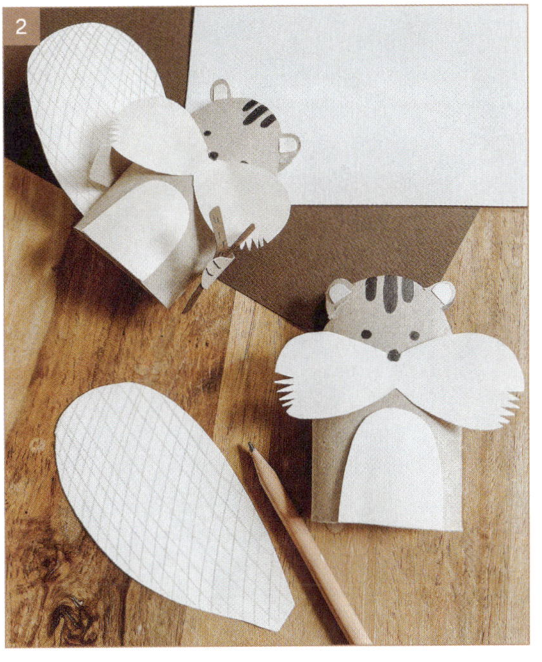

2

Für dieses Bastelprojekt gibt es auf Seite 130 die Bastelvorlagen.

1. Eine leere Toilettenpapierrolle einmal flach andrücken und den Körper des Bibers mithilfe der Vorlage und einem Bleistift auf der Rolle aufzeichnen und ausschneiden.

2. Die restlichen Körperteile des Bibers anhand der Vorlagen auf Bastelpapier aufzeichnen und ausschneiden. Dem Biberschwanz habe ich mit einem Bleistift etwas Struktur gegeben. Danach werden die Körperteile an die passend ausgeschnittene Toilettenpapierrolle geklebt. Mit einem Permanentmarker können die Augen und die Akzente gezeichnet werden.

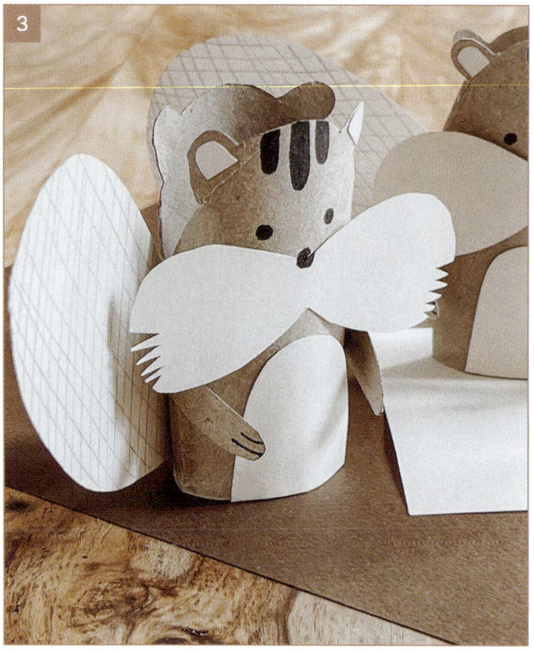

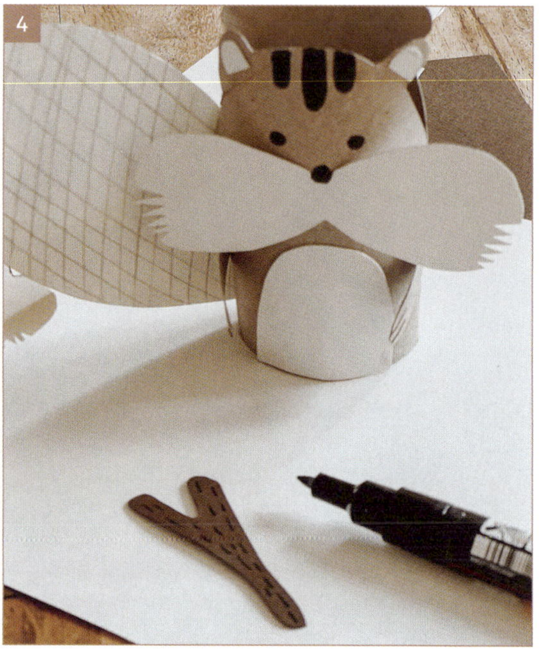

3. Für die Arme des Bibers wird ein ca. 2 cm breiter Streifen einer weiteren Toilettenpapierrolle abgeschnitten. Auf diesen Streifen werden die Arme gezeichnet und ausgeschnitten. Anschließend die Arme an den Biberkörper festkleben.

4. Wenn man möchte, kann man aus braunem Bastelpapier einen Ast zuschneiden und diesen am Arm des Bibers festkleben.

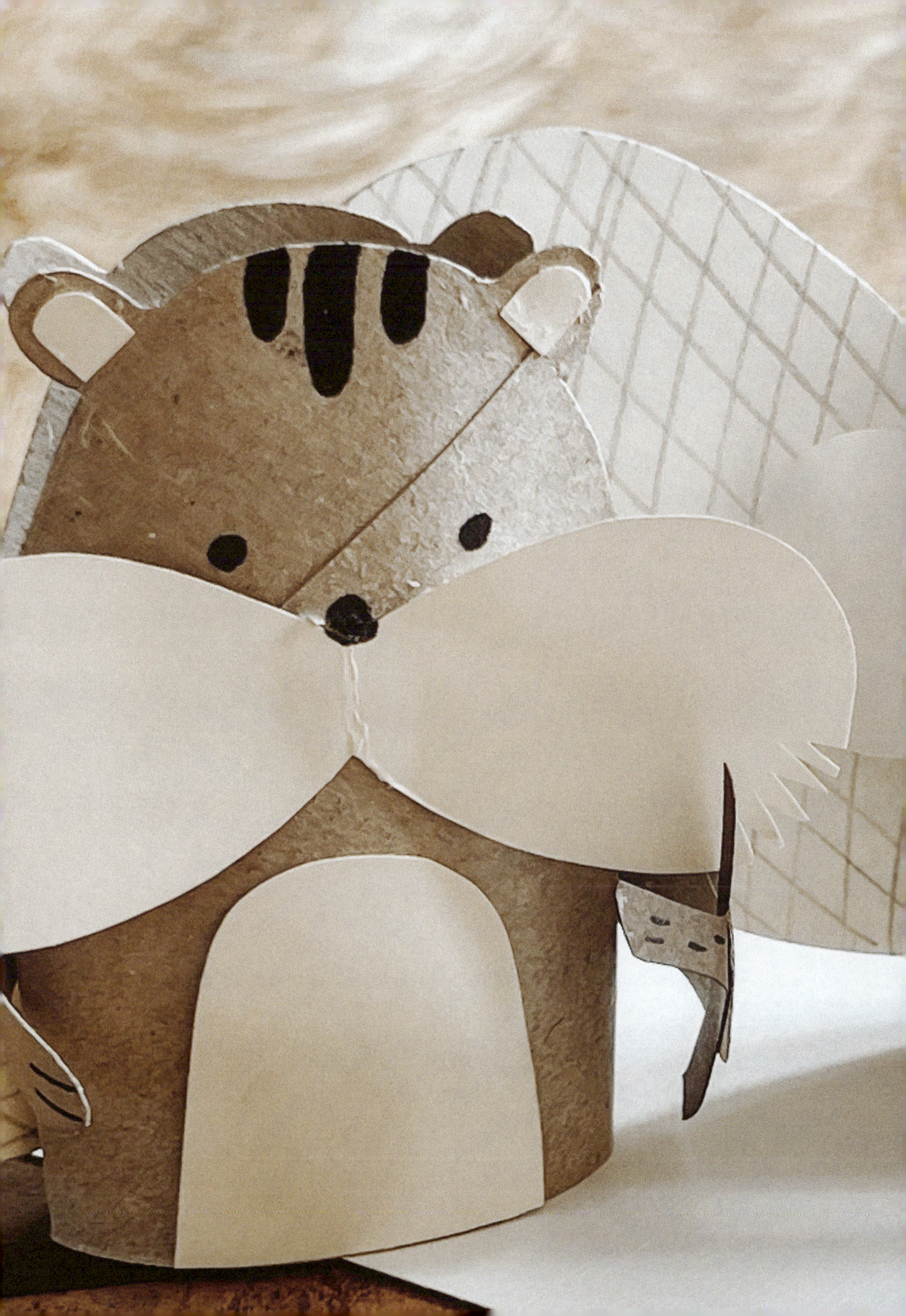

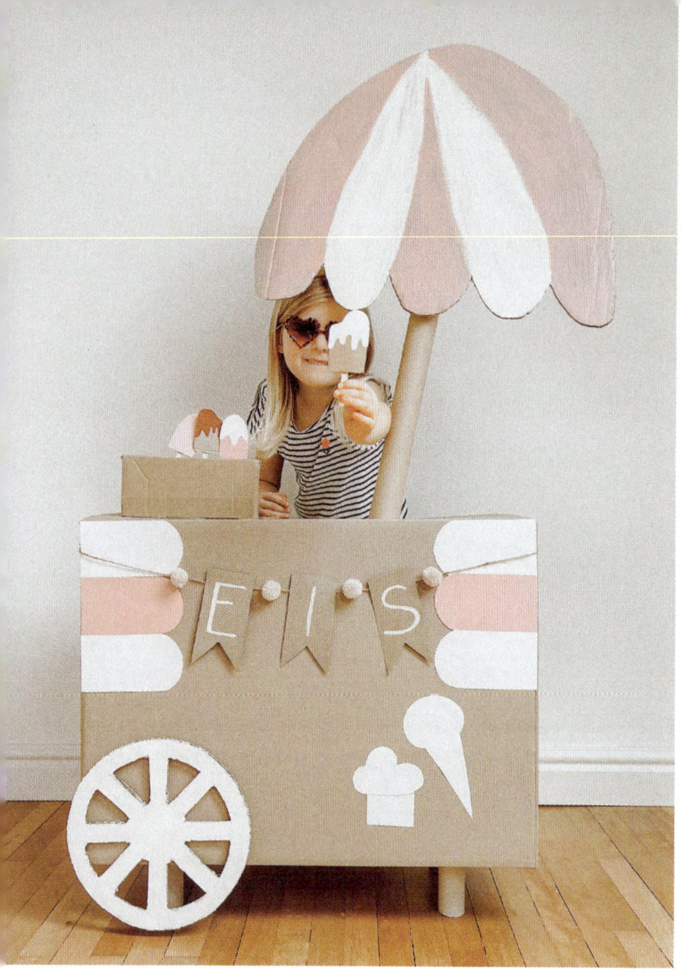
EIS

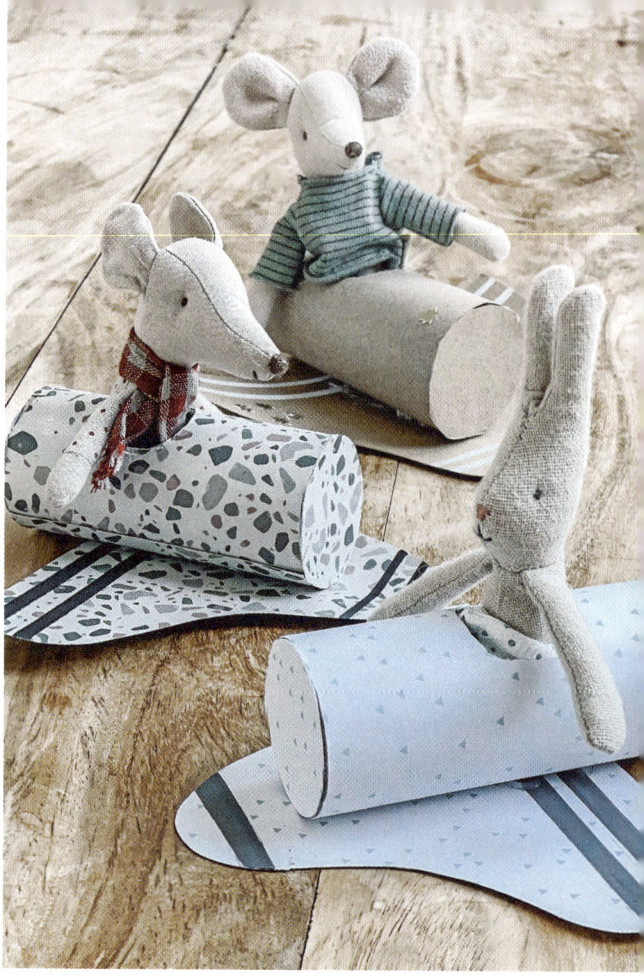

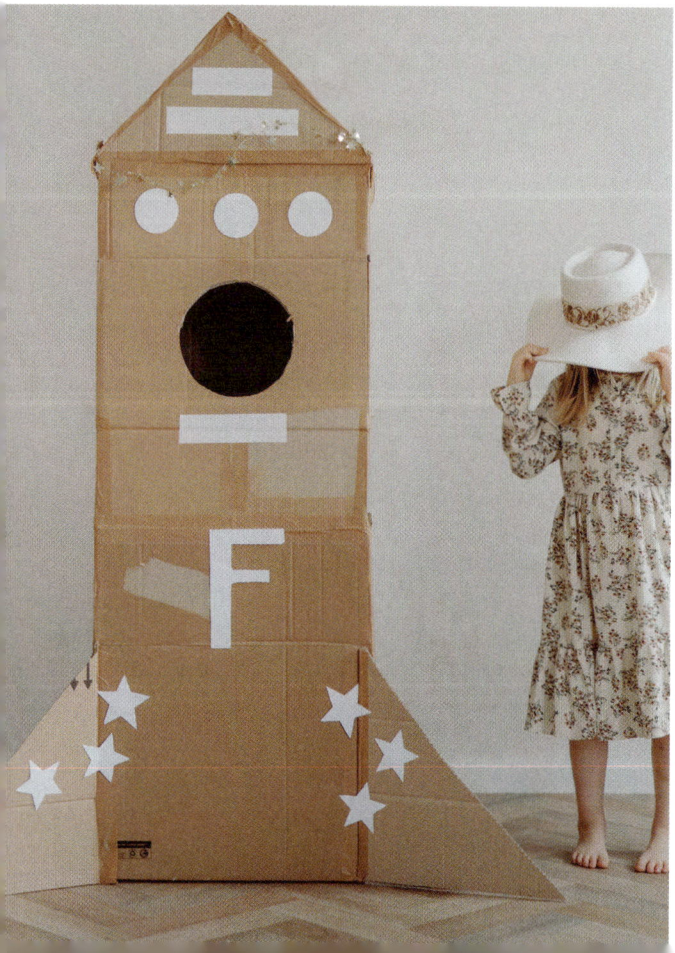
F

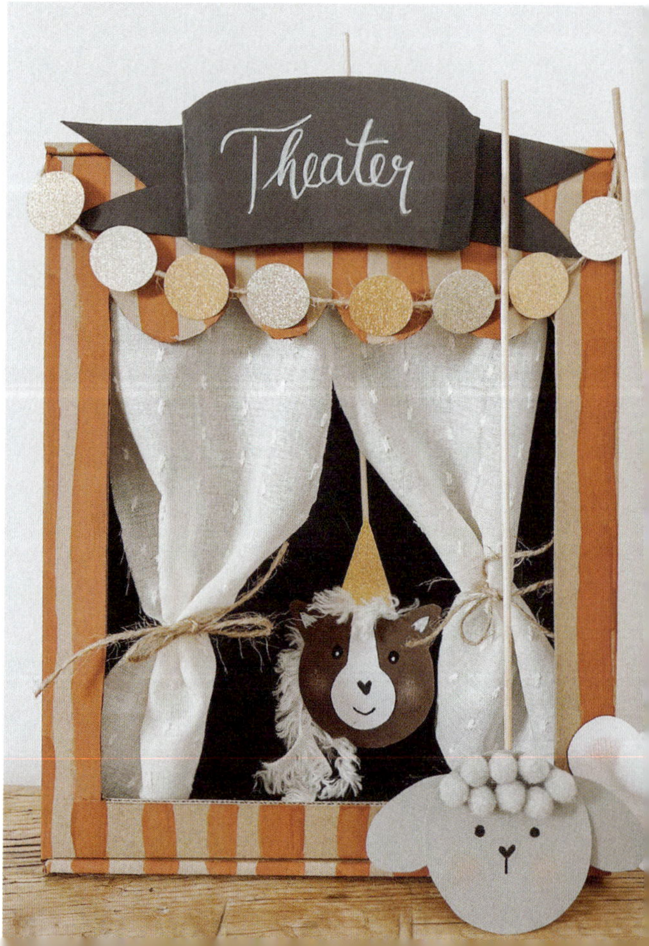
Theater

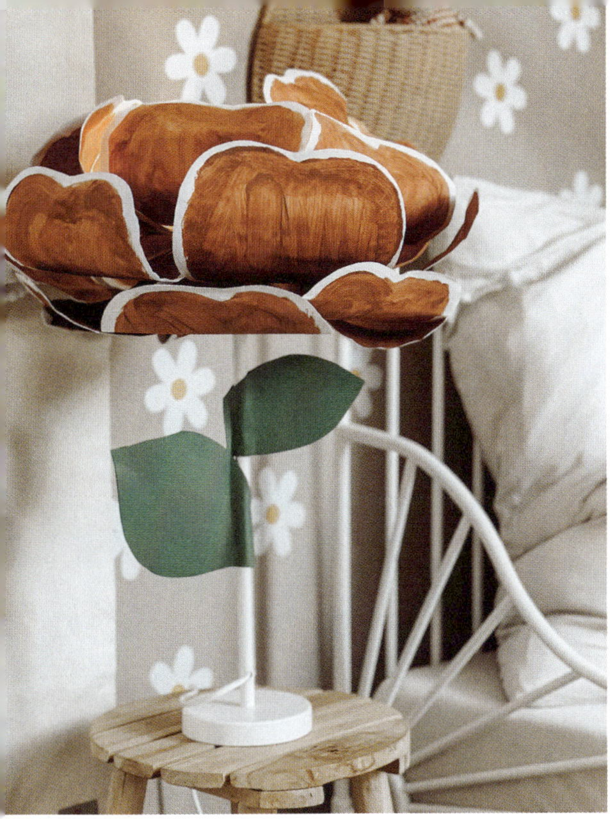

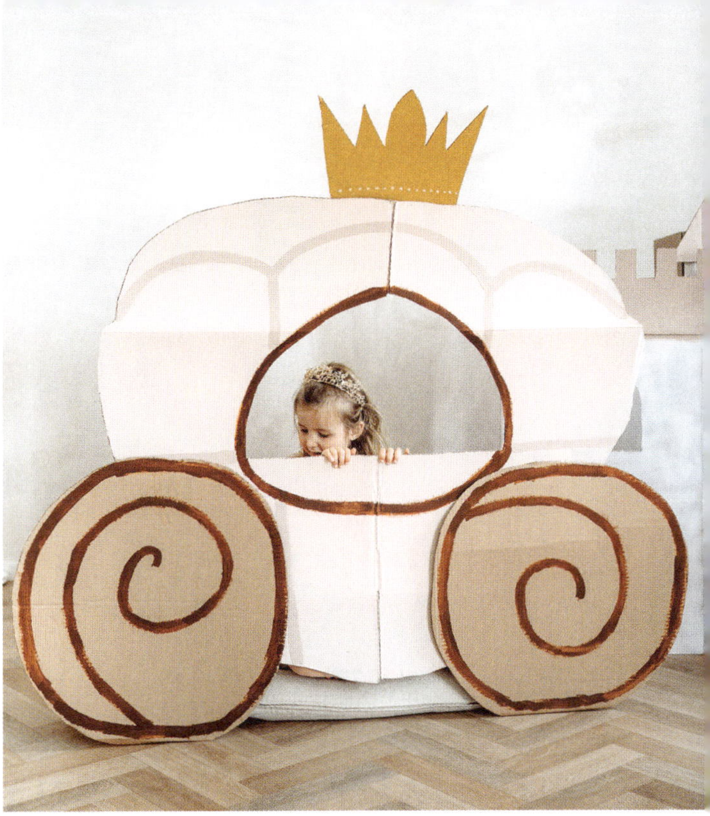

Spiele und Basteleien für das Kinderzimmer

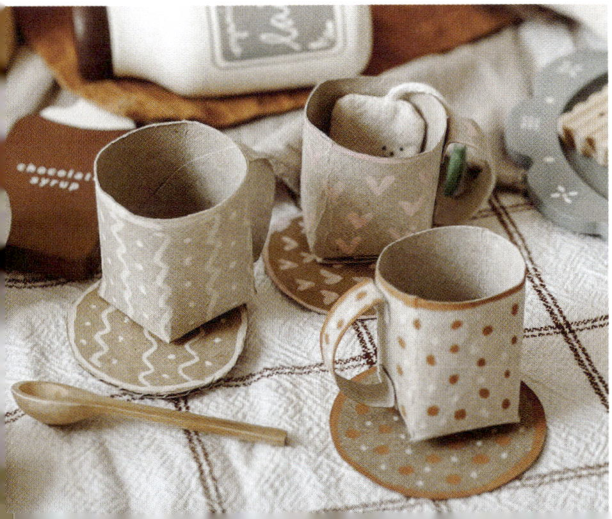

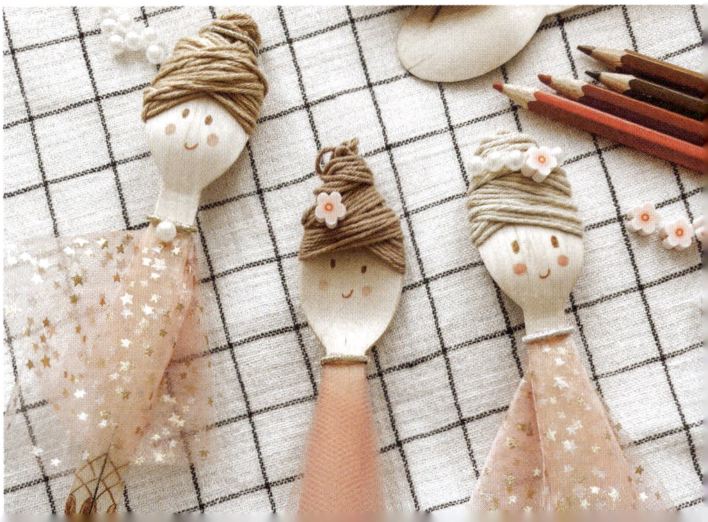

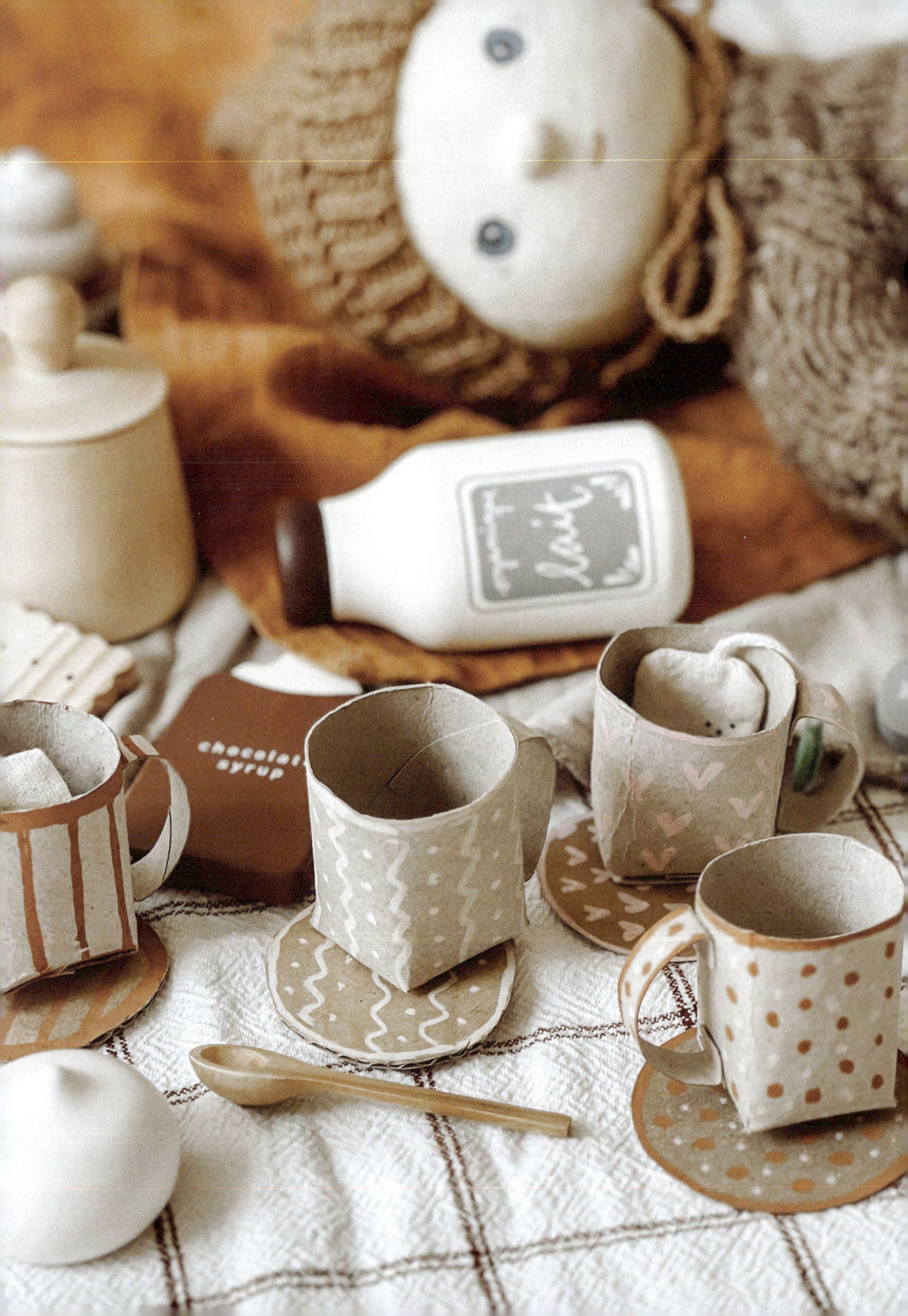
lait
syrup

Tassen für die Kinderküche

Bei uns ist die Kinderküche aus dem Spielbereich nicht mehr wegzudenken. Egal ob für die Puppen oder uns Eltern, es wird immer gekocht, gebacken und Rezepte zubereitet. Natürlich darf dort dann auch das nötige Equipment nicht fehlen. Für ein Kaffeekränzchen haben uns noch ein paar Tassen gefehlt, da mussten schnell welche her. Warum also nicht selbst welche basteln, anstatt sie zu kaufen. Und diese Materialien hat man normalerweise alle zu Hause.

Du benötigst: Leere Toilettenpapierrollen · Kartonreste oder festes Bastelpapier · Buntstifte · Bleistift · Schere · Kleber

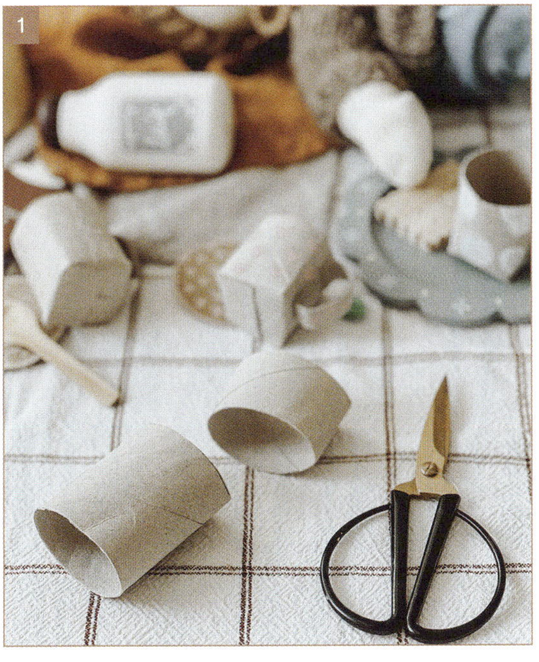

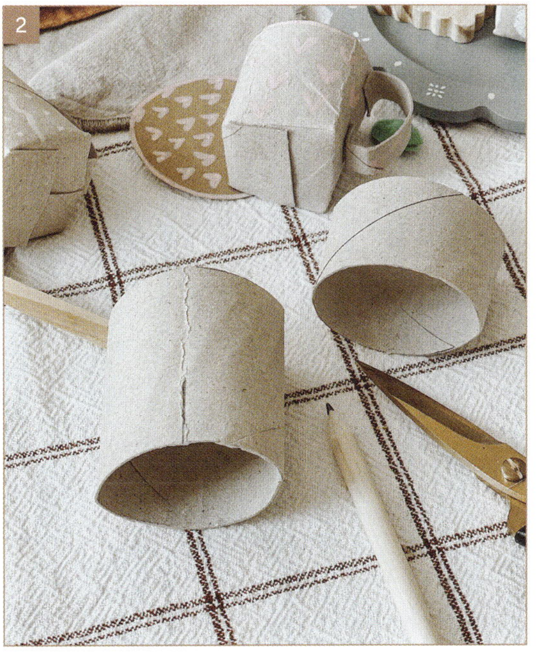

1. Die leere Toilettenpapierrolle wird in zwei Teile geschnitten. Dabei sollte der eine Teil ca. 6 cm lang sein – dieser Teil wird die Tasse werden.
2. Dieser Teil wird nun am unteren Ende, jeweils gegenüber liegend, viermal für ca. 1,5 cm eingeschnitten, sodass man vier Einschnitte erhält und diese einklappen und festkleben kann. Die Basis der Tasse ist somit fertig.

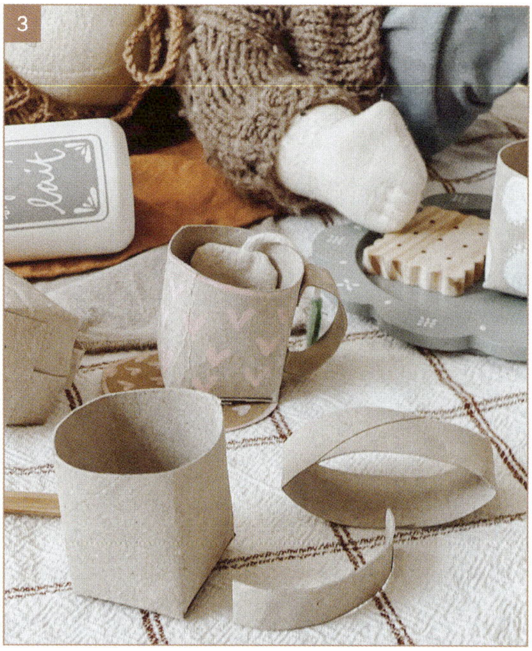

3

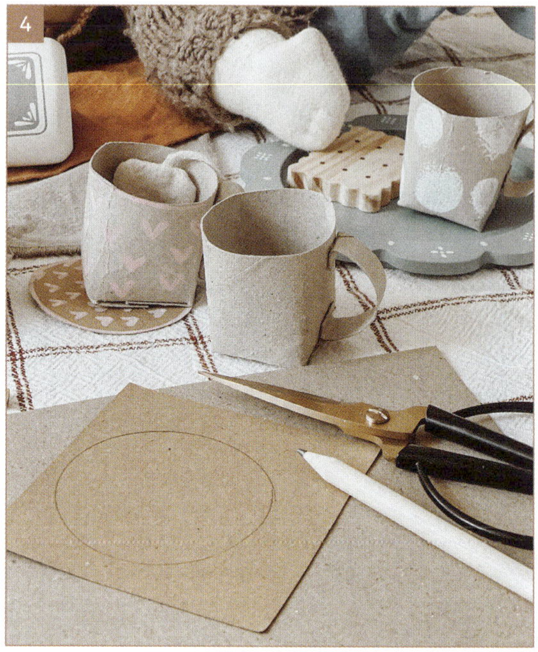

4

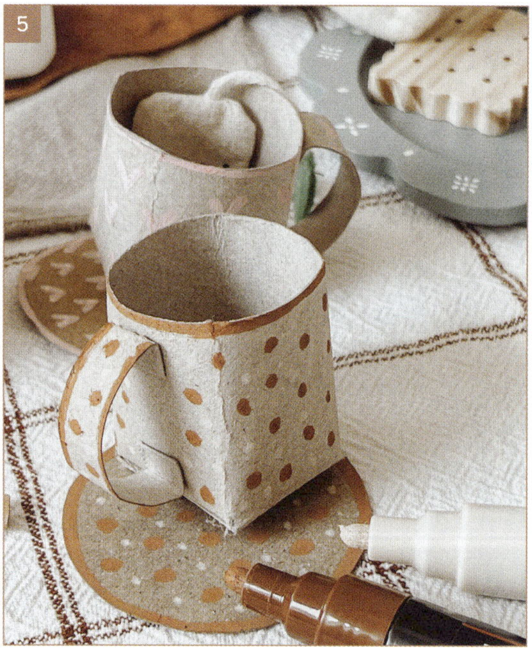

5

3. Für den Henkel wird vom anderen abgeschnittenen Teil der leeren Toilettenpapierrolle ein ca. 1 cm breiter Streifen abgeschnitten und halbiert, sodass man einen Streifen mit den Maßen 1 x 6 cm erhält. Diesen nun jeweils an den Enden ca. 0,5 cm einklappen und als Henkel an der Tasse festkleben.

4. Für den Tassen-Untersetzer nimmt man sich Kartonreste oder festes Bastelpapier und zeichnet darauf einen Kreis und schneidet ihn aus.

   TIPP: Ein kleines Glas kann hier als Schablone dienen.

5. Nun sind der Kreativität keine Grenzen gesetzt: Die Tasse und der Untersetzer können mit Buntstiften ganz nach Belieben angemalt werden.

Mäuseraketen

In unserem Puppenhaus leben kleine Mäuse, und diese Mäuse haben wie meine Tochter eine blühende Fantasie. Als das Thema Raumfahrt bei uns aufkam, war schnell klar, die Mäuse wollen auch mal ins All fliegen. Da fehlte also noch die passende Rakete für die Mäuse. Also setzten wir uns an den Basteltisch und haben ein paar Raketen gebastelt.

Du benötigst: Leere Toilettenpapierrollen · Bastelpapier · Bleistift · Buntstifte · Schere · Cuttermesser · Kleber · evtl. ein paar Sticker zur Dekoration

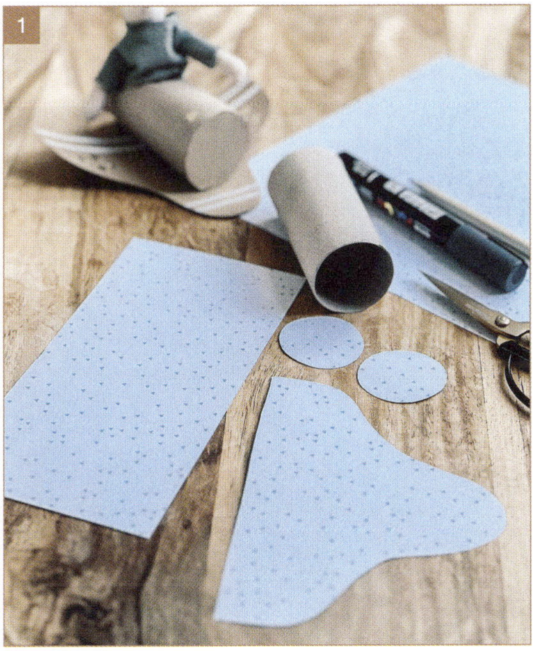

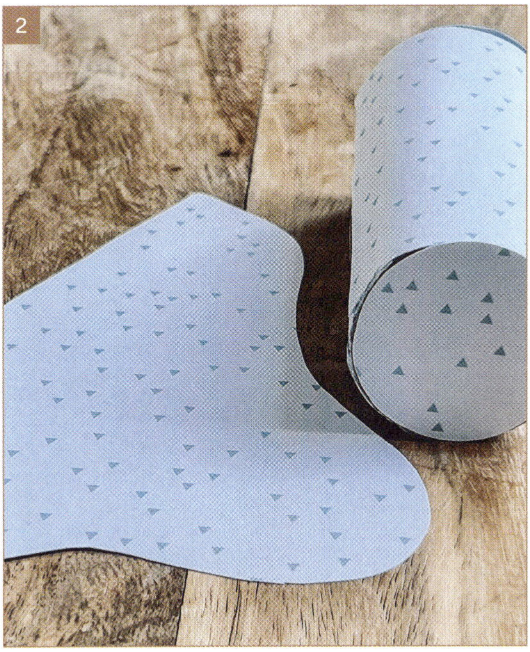

1. Aus dem Bastelpapier wird ein breiter Streifen geschnitten, der so hoch und breit wie die leere Toilettenpapierrolle ist. Mit etwas Kleber wird der Streifen um die leere Toilettenpapierrolle geklebt.

2. Um die Öffnungen zu bedecken, werden auf Bastelpapier zwei Kreise gezeichnet, die so groß wie die Toilettenpapierrolle sind. Hier kann man sich super die Toilettenpapierrolle als Schablone nehmen. Danach schneidet man die beiden Kreise aus und klebt sie an die Toilettenpapierrolle, um die Öffnungen zu bedecken.

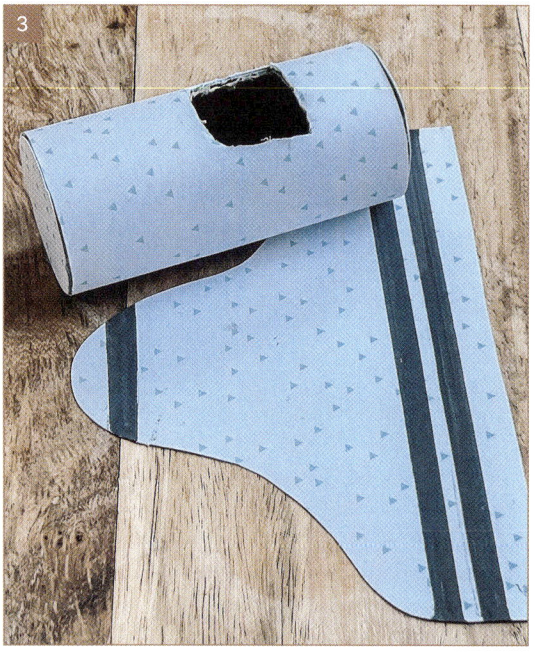

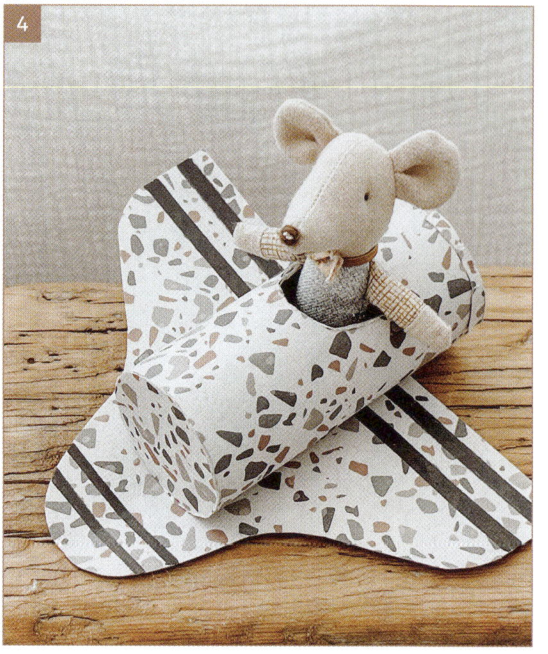

3. Mithilfe der Schablone von Seite 132 wird der Flügel der Rakete auf Papier gezeichnet und ausgeschnitten. Dieser kann dann mit Buntstiften verziert werden. Wir haben uns für ein paar Streifen entschieden, aber hier sind der Fantasie natürlich keine Grenzen gesetzt. Die Öffnung für den Sitz zeichnet man sich mit einem Bleistift am besten vor. Anschließend kann dieser mit einem Cuttermesser oder einer scharfen Schere vorsichtig ausgeschnitten werden.

4. Danach kann die Toilettenpapierrolle auf den Flügel geklebt werden. Dabei sollte die Spitze des Flügels ein Stück hervorragen. Wer mag, kann die Rakete mit Stickern verzieren. Jetzt heißt es 3, 2, 1 … Start!

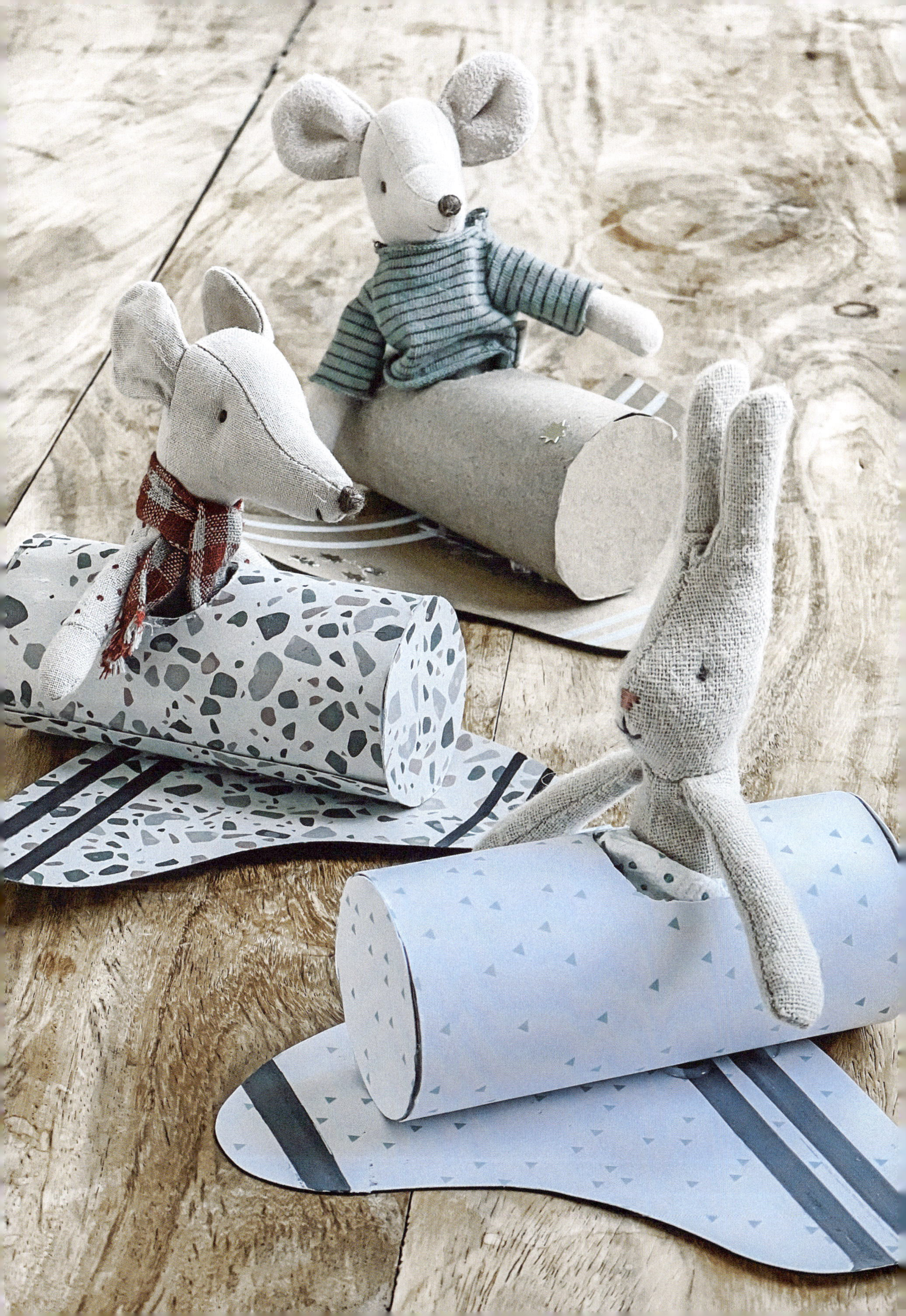

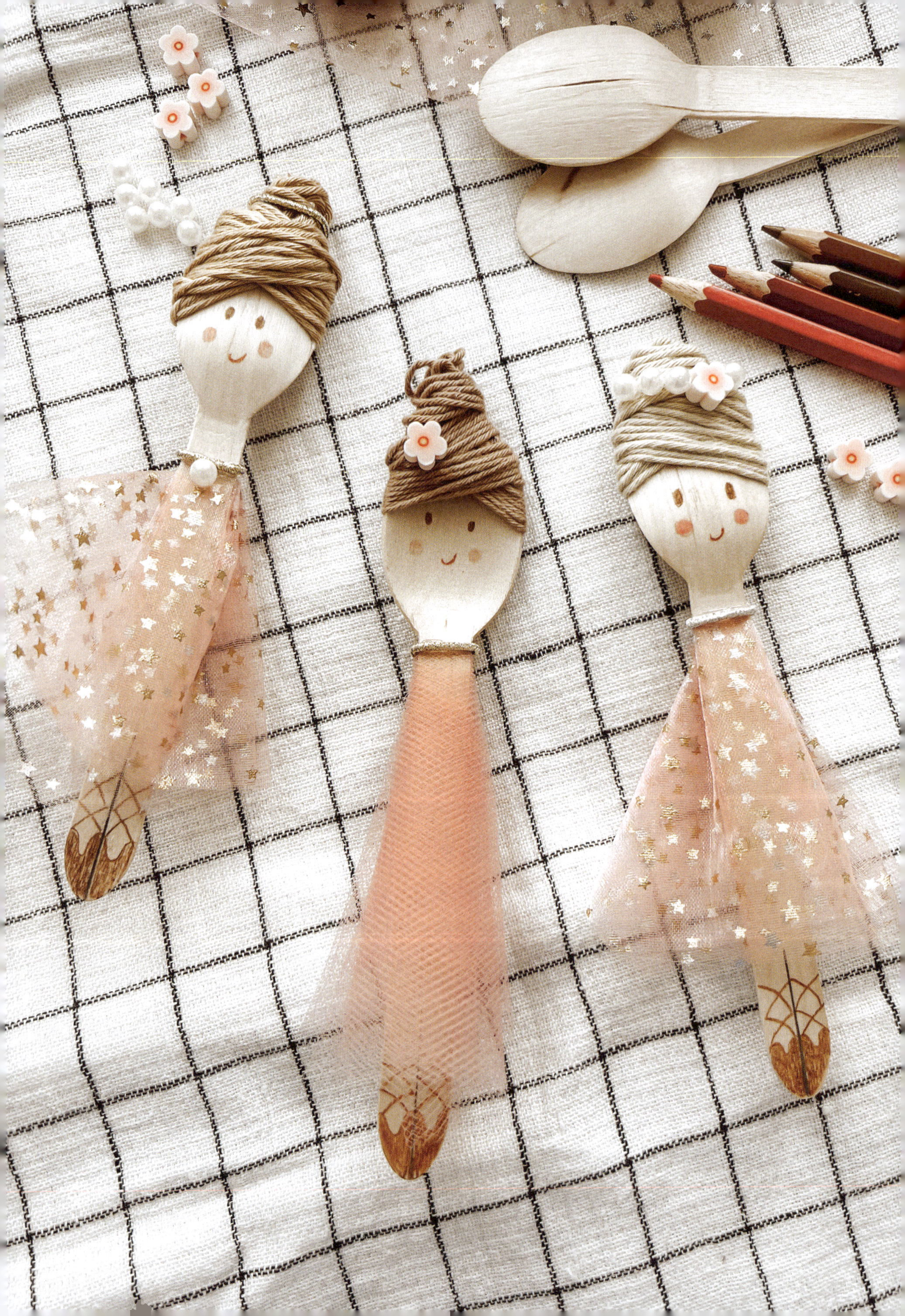

Puppentheater-Ballerinas

Meine Tochter ist eine leidenschaftliche Tänzerin. Da ist es nicht verwunderlich, dass sie gerne Ballerina spielt. Und genau deshalb durften Ballerinas für das Puppentheater auch nicht fehlen. Die Basis hierfür bilden Holzlöffel. Ich finde, sie sind ein super Bastelmaterial, aus dem man wirklich allerhand zaubern kann. Und für Jungs lassen sich daraus anstelle von Ballerinas mit Sicherheit kleine Piraten basteln.

Du benötigst: Holzlöffel · Wolle oder Wollreste · Holzstifte · Tüllstoff oder andere Stoffreste · kleine Perlen · Schnur · Holzspieße · Schere · Kleber

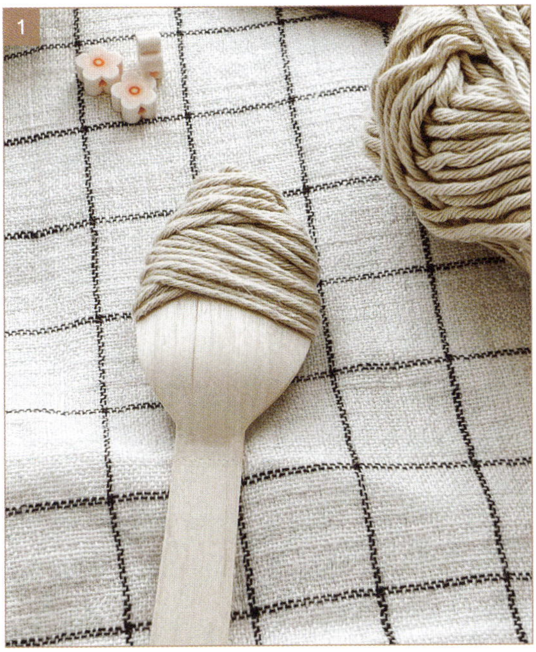

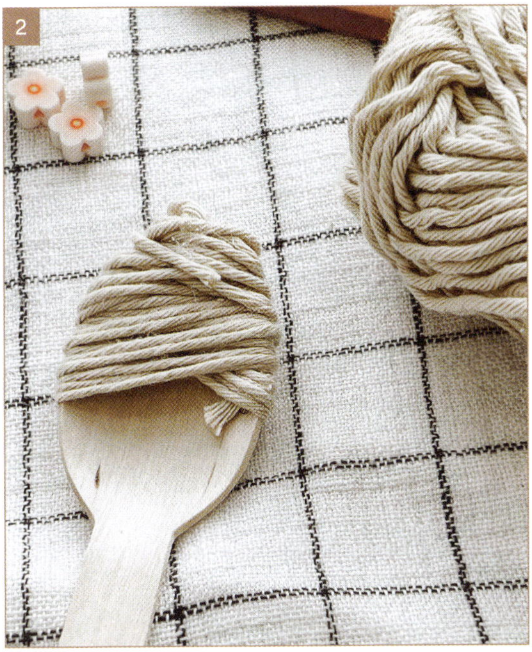

1. Zuerst werden an einem Holzlöffel die Haare befestigt. Hierzu hinten mit etwas Kleber den Anfang der Wolle fixieren. Dann die Wolle mehrmals um den Löffel wickeln.

   TIPP: Die Wolle beim Umwickeln immer mal wieder mit etwas Kleber zwischendrin befestigen, so kann im Nachgang nichts verrutschen und alles hält sicher.

2. Wenn der Löffel genug Haare bekommen hat, wird die Wolle noch einmal hinten angeklebt und abgeschnitten.

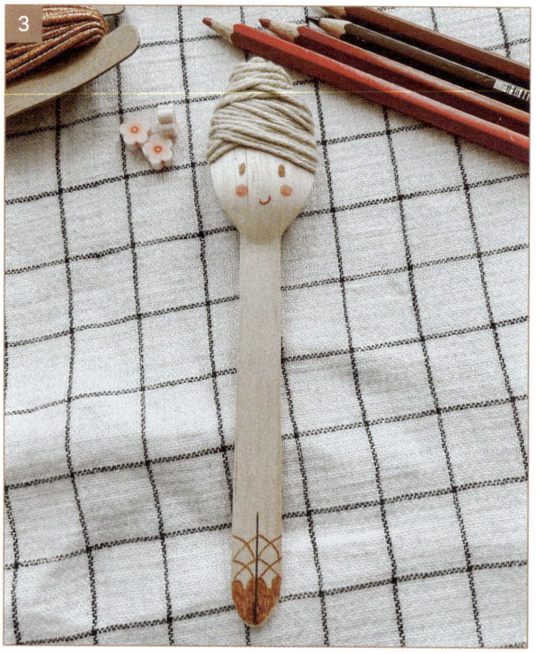

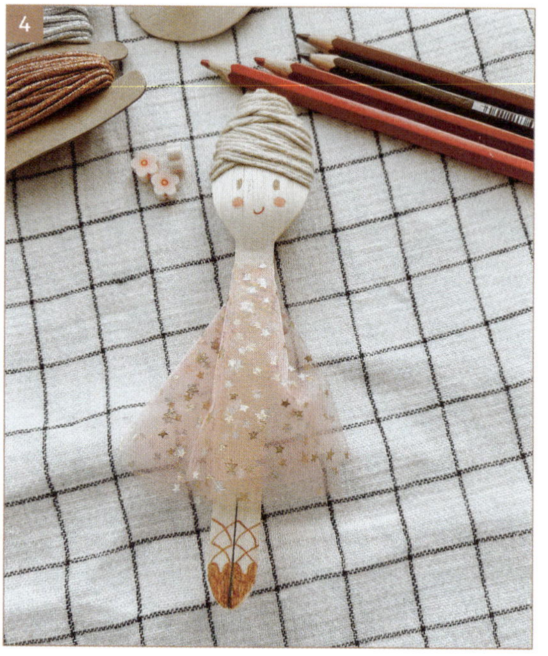

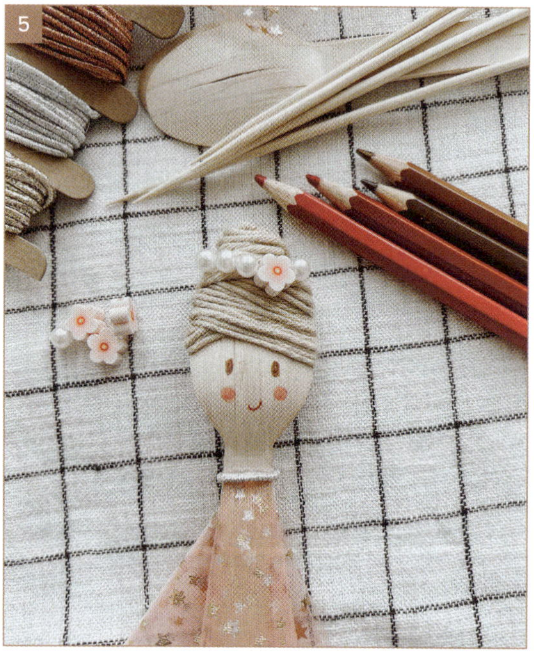

3. Nun werden mit bunten Holzstiften die Gesichter und die Beine bzw. Schuhe auf die Löffel gezeichnet.

   TIPP: Es geht auch mit Filzstiften, jedoch verläuft bei Holzlöffeln gerne die Farbe. Daher ist es einfacher, mit Holzstiften zu zeichnen.

4. Für den Rock wird ein Stück Stoff genommen, der mehrmals gefaltet wird, sodass dieser von der Länge an den Körper der Ballerina passt. Dieser wird mit etwas Kleber oberhalb des Holzstiels rundum befestigt.

5. Nun geht es ans Verzieren der Ballerina. Mit kleinen Perlen und etwas Schnur lässt sich ein Haarband oder eine Kette basteln. Diese einfach mit etwas Kleber an der Ballerina festkleben.
   Damit man die Ballerina auch als Figur für das Puppentheater von Seite 48 verwenden kann, wird ein Holzspieß am hinteren Teil der Haare mit Kleber befestigt.

Eiswagen

Bei uns zu Hause werden große Kartons immer gerne wiederverwendet. Denn aus ihnen lassen sich ganz unterschiedliche Projekte basteln. Im Sommer bei einem Besuch in der Eisdiele entschied ich, meiner Tochter einen eigenen Eisstand zu basteln. Denn ihr Kaufmannsladen wird gerne bespielt, warum dann nicht auch einen Eiswagen haben.

Du benötigst: Karton bzw. Kiste sowie einige Kartonreste · leere Toilettenpapierrollen · Bastelpapier · Paketband · Cutter · Schere · Kleber · Bleistift · Lineal · Acrylfarbe · Pinsel

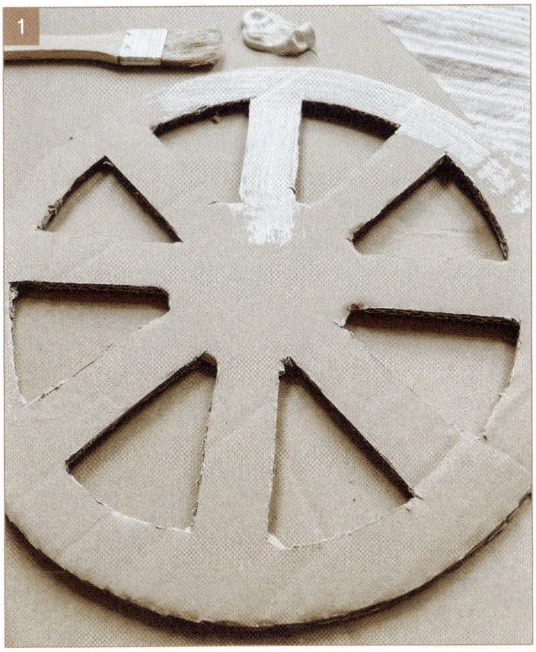

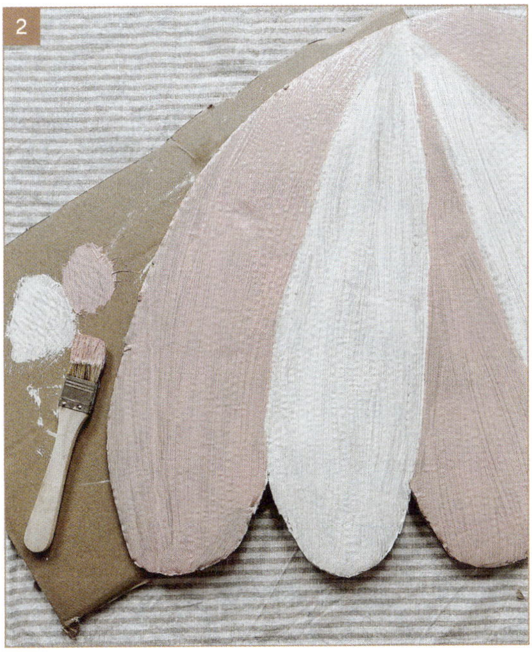

1. Die Kiste stellt die Basis für den Eiswagen dar. Das Rad des Eiswagens wird auf ein Stück Karton oder Pappreste gezeichnet. Als Hilfe kann man sich hier sehr gut verschieden große Teller und ein Lineal nehmen. Anschließend wird das Rad ausgeschnitten und mit Acrylfarbe bemalt.

2. Der Schirm des Eiswagens wird mit einem Bleistift auf ein Stück Karton oder Pappreste gezeichnet und ausgeschnitten. Das Muster bzw. die Streifen können mit einem Bleistift vorgezeichnet werden. Gerne kann der Schirm aber auch nur in einer Farbe bemalt werden, ganz nach Lust und Laune. Anschließend das Rad und den Schirm gut trocknen lassen.

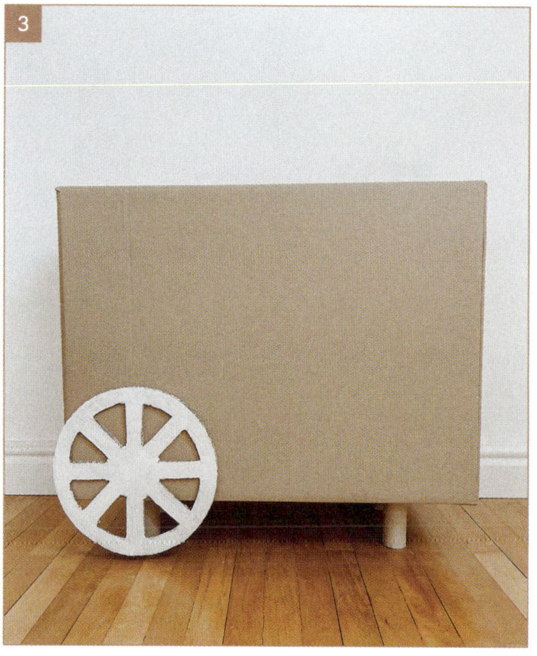

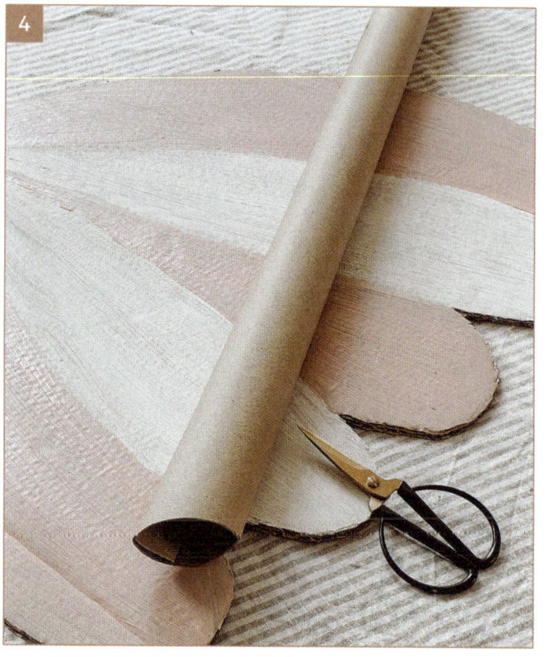

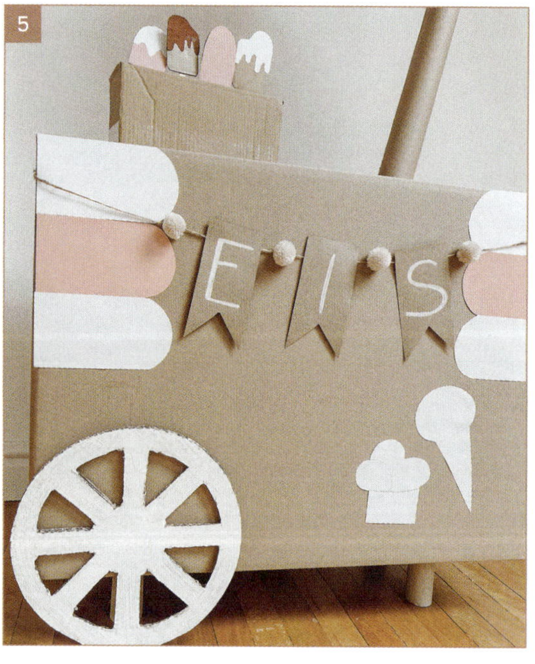

3. Als Füße für den Eiswagen eignen sich leere Toilettenpapierrollen perfekt. Diese einfach unterhalb der Kiste mit Kleber befestigen, dadurch steht der Eiswagen etwas höher, und das Rad lässt sich besser daran befestigen.

4. Um den Schirm am Eiswagen zu fixieren, kann entweder starkes Bastelpapier als Rolle geformt werden, oder man hat noch stabile, leere Geschenkpapierrollen zu Hause, welche man seitlich etwas abschneidet, sodass der Schirm eine leichte Neigung gewinnt. Den Schirm nun an der Rolle befestigen und diese am Eiswagen anbringen.

5. Nun kann man sich kreativ austoben und den Eiswagen verzieren. Für unseren Eiswagen habe ich mit etwas Bastelpapier eine Girlande und kleine Verzierungen gebastelt und diese mit Kleber am Eiswagen angebracht.

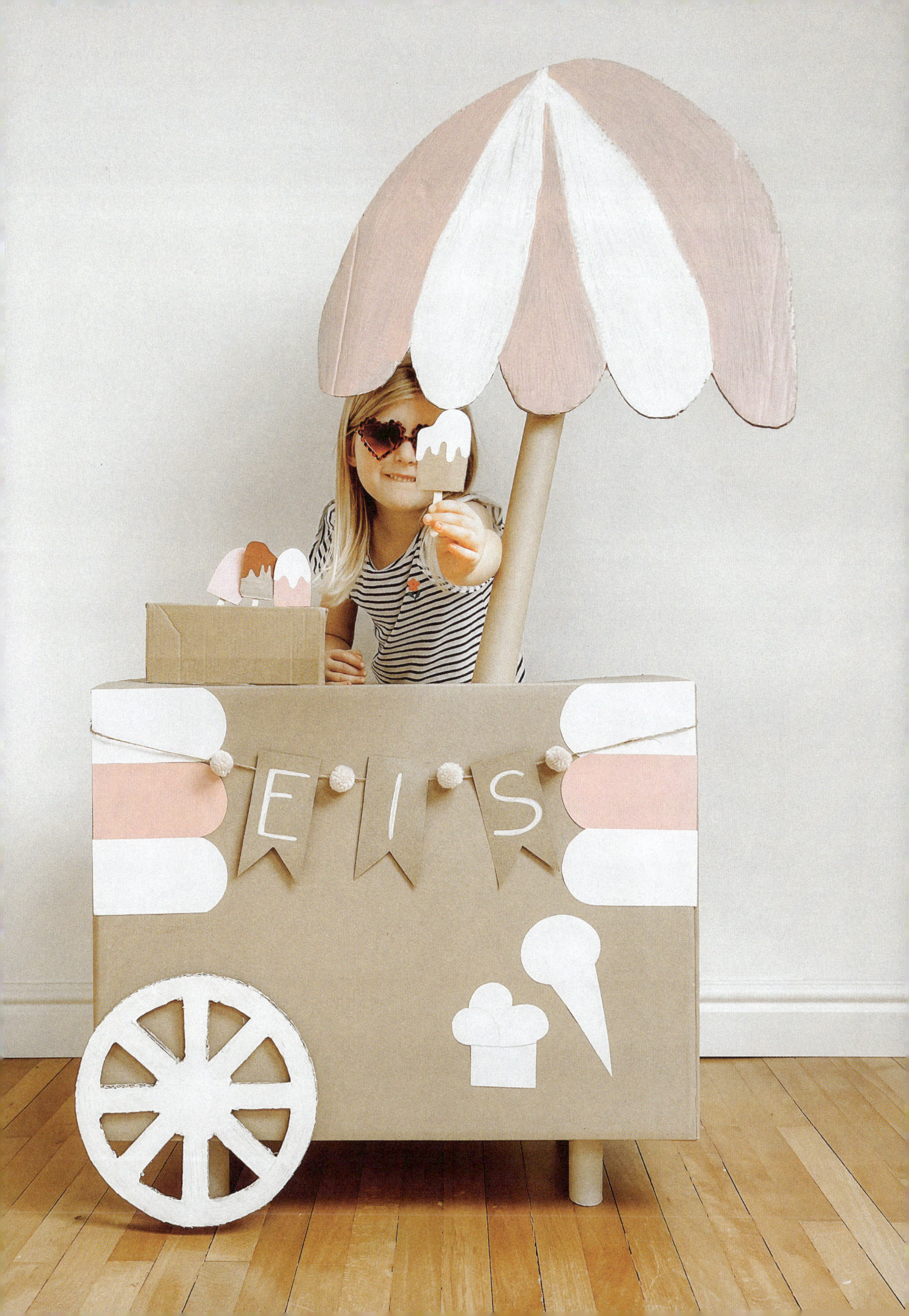
EIS

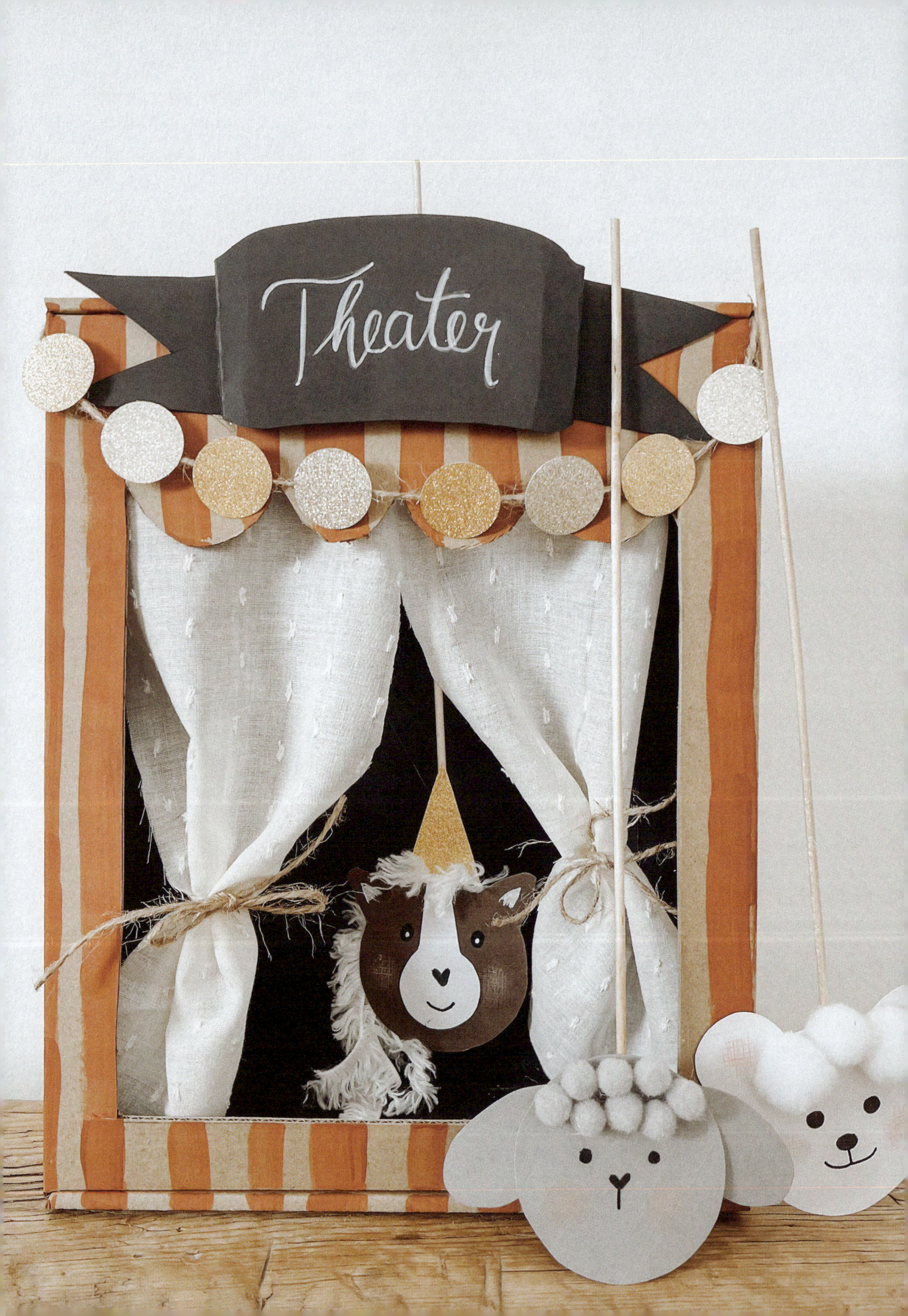
Theater

Puppentheater

Ein Puppentheater ist einfach eine schöne Spielmöglichkeit für Groß und Klein. Dabei sind der Fantasien keine Grenzen gesetzt. Und mit nur wenigen Materialien lässt sich solch ein Puppentheater auch schnell selbst basteln. Die dazu notwendigen Figuren kann man gleich mitbasteln, sodass man nach einem Bastelnachmittag auch direkt mit dem Spielen loslegen kann. Dann heißt es Vorhang auf!

Du benötigst: Schmale Kiste · Bastelpapier · Acrylfarbe · Permanentmarker · Bleistift · Lineal · Pinsel · Schere · Cuttermesser · Jutekordel oder Schnur · etwas Stoff · Kleber · ggf. Lochstanzer · Holzspieße · bunte, kleine Filzkugeln

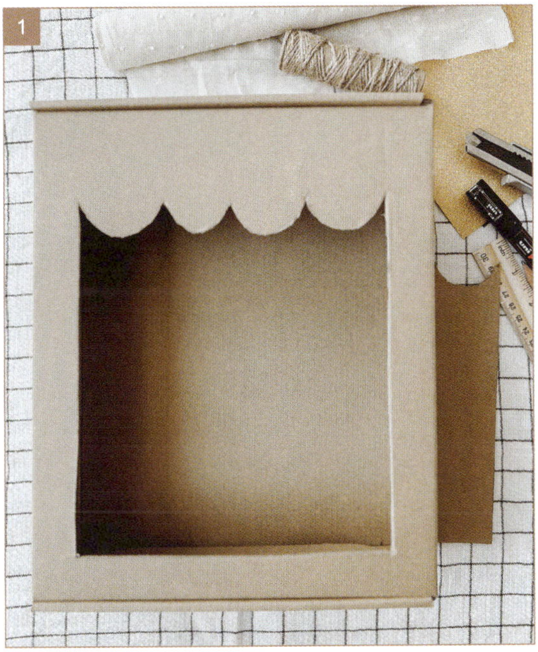

1

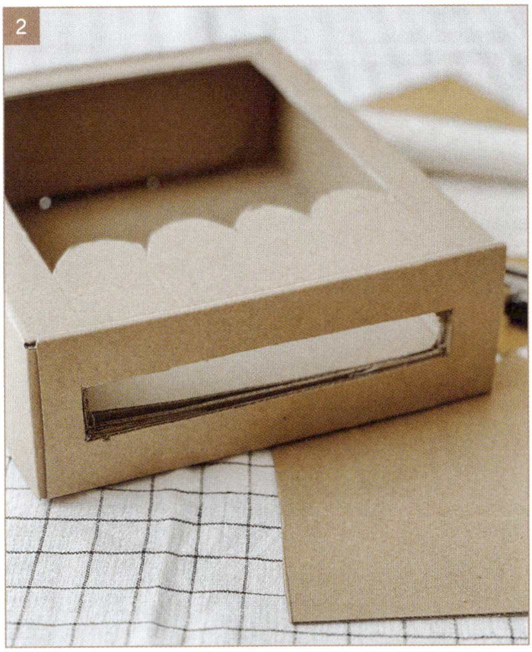

2

1. Auf der leeren, geschlossenen Kiste wird der Ausschnitt für das Theater aufgezeichnet. Dabei unbedingt einen ausreichenden Rand lassen. Ich habe mich dafür entschieden, am oberen Rand Wellen zu zeichnen, es kann aber gerne eine gerade Linie gezeichnet werden. Diesen gezeichneten Innenteil nun vorsichtig mit einem Cuttermesser ausschneiden.

2. Damit später beim fertigen Theater die Puppen eingeführt werden können, benötigt die Kiste einen Schlitz am oberen Deckel. Diesen mithilfe eines Lineals aufzeichnen und ausschneiden. Hier sollte darauf geachtet werden, dass der Schlitz breit genug ist, um die Figuren einzuführen, aber auch noch genug Rand hat, damit die Kiste stabil bleibt.

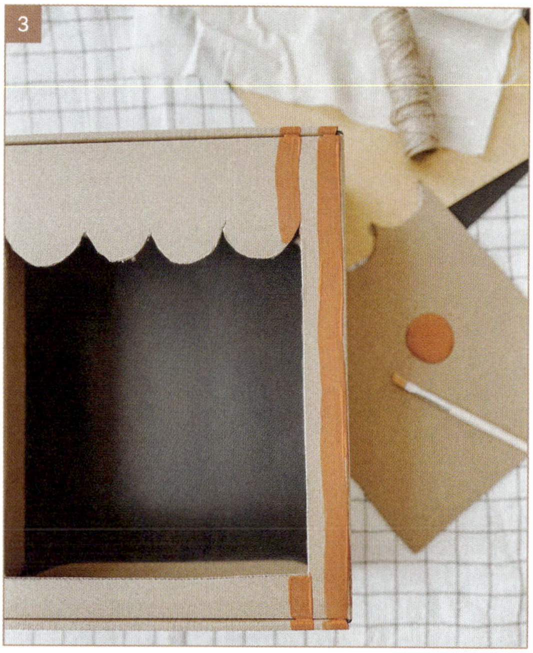

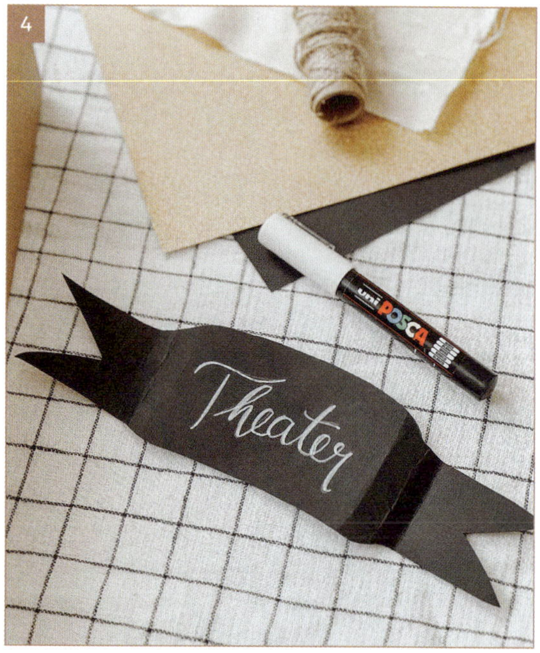

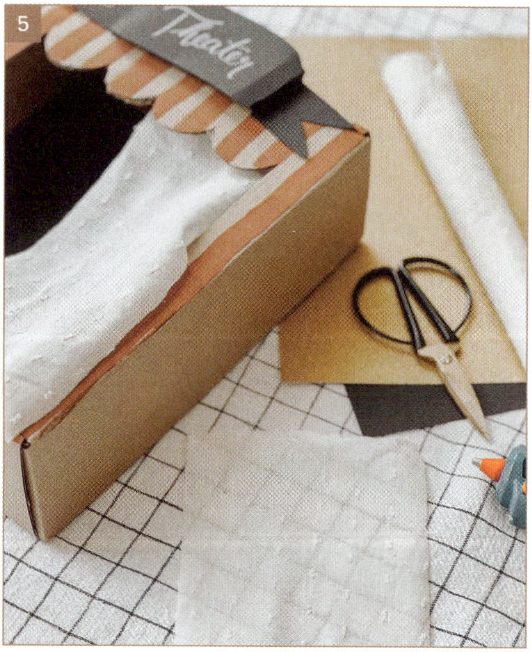

3. Die Kiste öffnen und den inneren Teil mit Bastelpapier verkleiden, das ist der Hintergrund des Theaters. Hier eignet sich eine neutrale Farbe am besten, damit sich die Puppenfiguren gut davon abheben. Die Kiste wieder schließen und von außen mit Pinsel und Farbe nach Wunsch bemalen, anschließend gut trocknen lassen.

4. Aus etwas Bastelpapier wird nun ein Theaterschild gebastelt und beschriftet. Dieses Schild wird an die Kiste geklebt.

5. Mithilfe von ein paar Stoffresten können die Vorhänge genäht werden. Der Stoff sollte etwas länger und breiter als der ausgeschnittene Innenteil der Kiste und in der Mitte zu halbieren sein. Die Vorhänge werden am oberen Teil in der Kiste festgeklebt. Mithilfe von etwas Schnur lassen sie sich zusammenbinden und sehen so wie echte Vorhänge aus.

TIPP: Wer mag, kann das Theater noch verzieren. Ich habe mich in unserem Fall für eine Konfetti-Girlande entschieden.

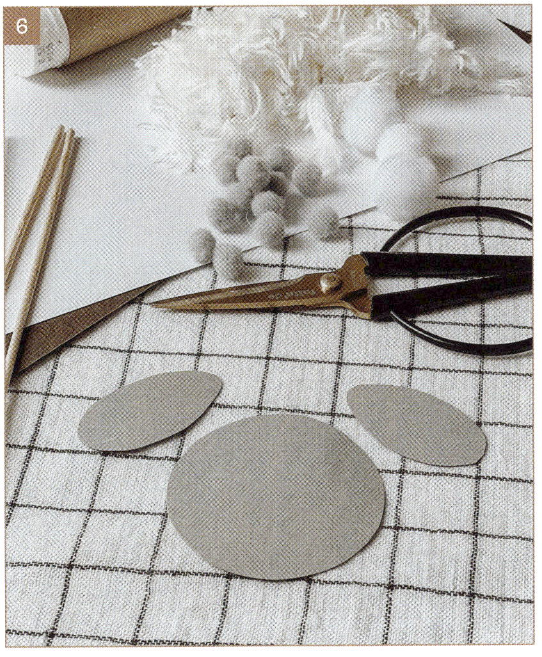

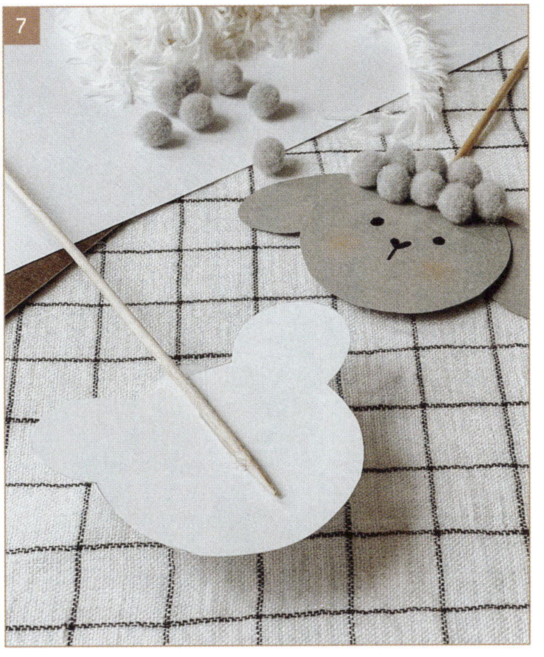

Hierzu habe ich mit einem Lochstanzer aus Bastelpapier kleine Kreise gestanzt, welche ich auf ein Stück Schnur als Girlande geklebt habe. Diese habe ich dann am Theater befestigt.

6. Für die Puppentheaterfiguren gibt es in diesem Buch Vorlagen, siehe Seite 133. Hierzu werden die Schablonen der Gesichter der Puppentheaterfiguren auf Bastelpapier gezeichnet und ausgeschnitten. Danach werden die einzelnen Teile zusammengefügt und mit Kleber fixiert.

7. Nun können mit einem Permanentmarker die Gesichter aufgezeichnet werden. Abschließend den Holzspieß hinter dem Gesicht mit Kleber befestigen.

   TIPP: Für die Wangen nehme ich gern Rouge aus meiner Schminkschublade. Ich finde, das verleiht jedem Gesicht eine besondere Note. Dazu einfach etwas auf die Finger geben und die Wangen damit zeichnen.

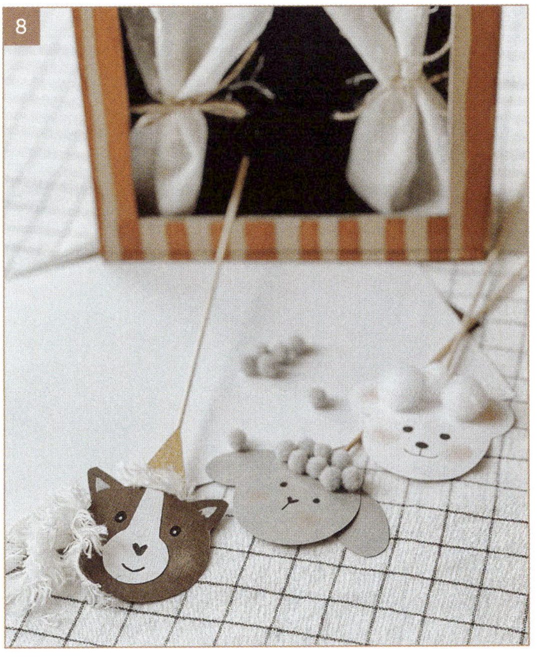

8. Um den Puppentheaterfiguren noch etwas mehr Ausdruck zu geben, habe ich kleine Filzkugeln als Haare auf die Gesichter geklebt. Alternativ können diese auch gezeichnet werden.

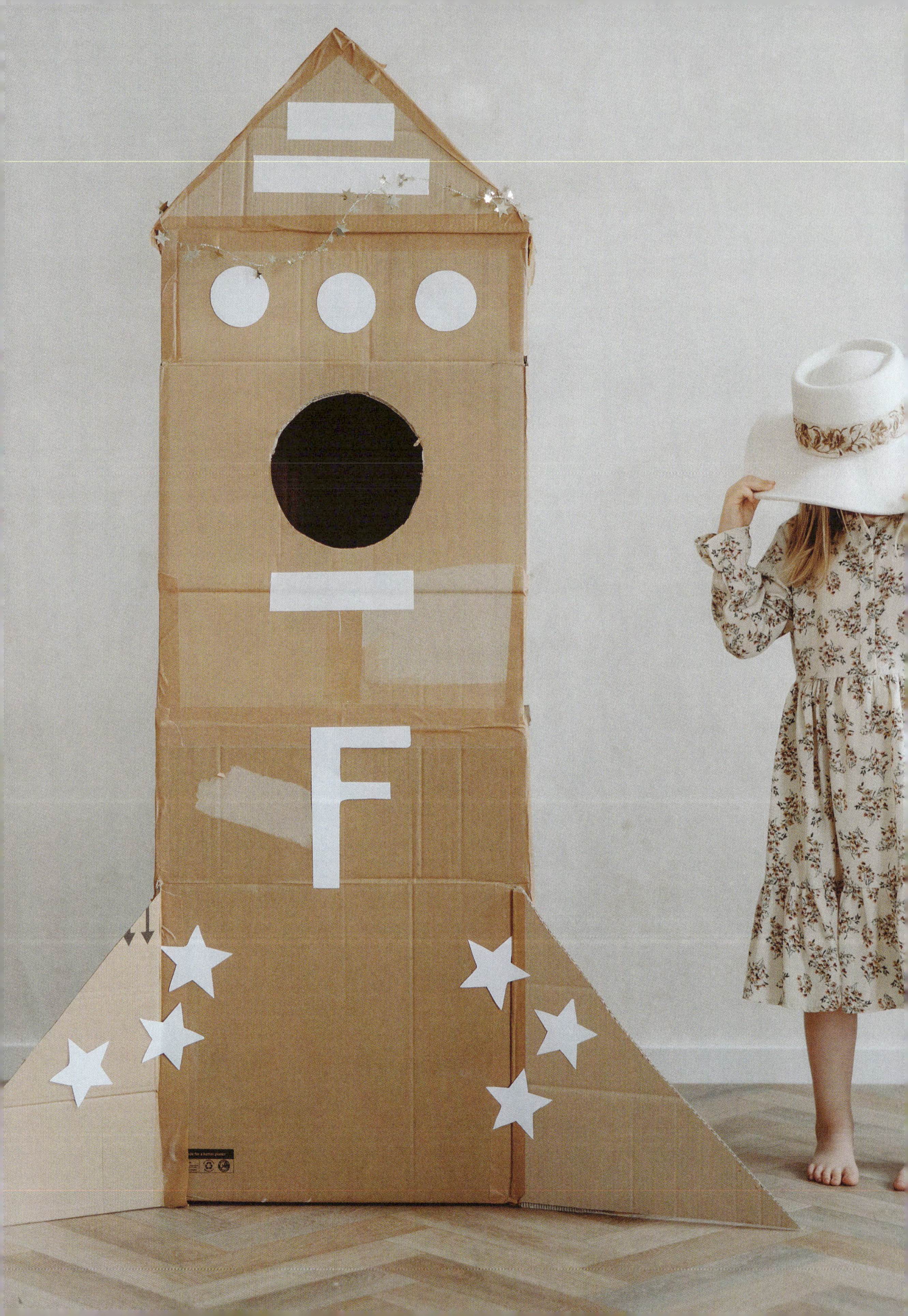
F

Rakete

Damit nicht nur die Mäuse aus dem Puppenhaus ins All fliegen können, sondern auch meine Tochter eine eigene Rakete für den Weltraumflug hat, wurde mithilfe einiger leerer Kisten eine gebastelt. Dies ist ein tolles DIY-Projekt, bei dem es auch den Kleinen Freude macht, mitzubasteln. Denn gemeinsam kann man die Rakete wunderbar gestalten. Und mit einer kleinen Lichterkette, einer Decke und Kissen ist es in der Rakete auch richtig gemütlich.

Du benötigst: Leere Kisten / Pappkartons · Paketband · Cuttermesser · Schere

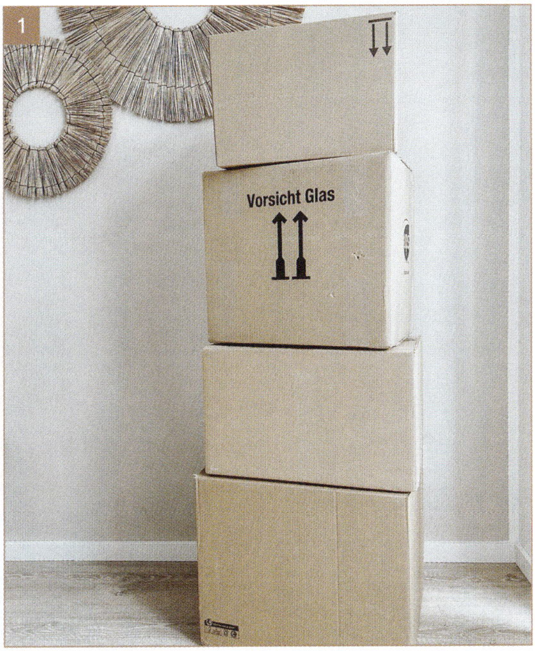

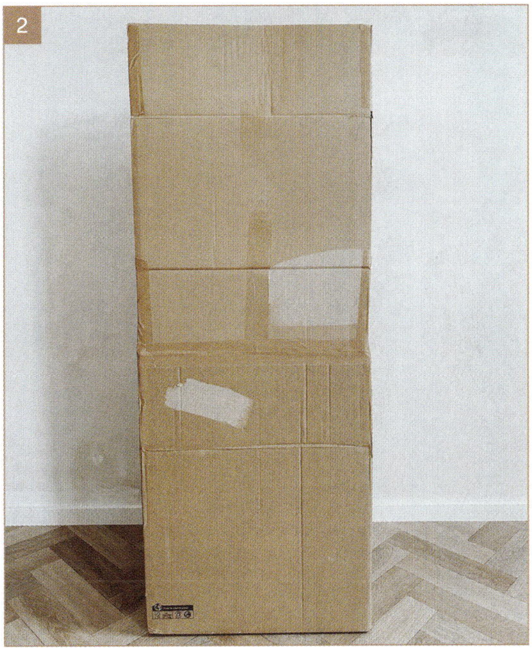

1. Sollte man keine ausreichend hohe Kiste zur Verfügung haben, so lässt sich diese Rakete auch aus mehreren verschiedenen Kisten basteln. Dabei ist es nur wichtig, dass sie alle ungefähr gleich breit sind.

2. In unserem Fall habe ich die Rakete aus unterschiedlich hohen Kisten gebastelt. Gestartet wird mit der unteren Kiste. Der Boden bleibt geschlossen, der Deckel wird aufgeklappt und mit Paketband fixiert, sodass die Kiste mehr Höhe gewinnt. Diesen Vorgang bei der zweiten Kiste wiederholen, hier jedoch ebenso mit dem Boden, sodass diese Kiste oben und unten offen ist. Diese Kiste wird nun auf die unterste Kiste gestellt und mit Paketband fest fixiert.

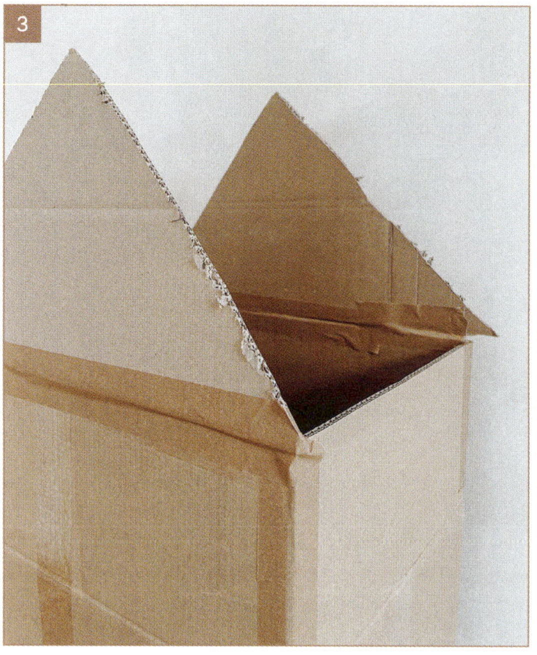

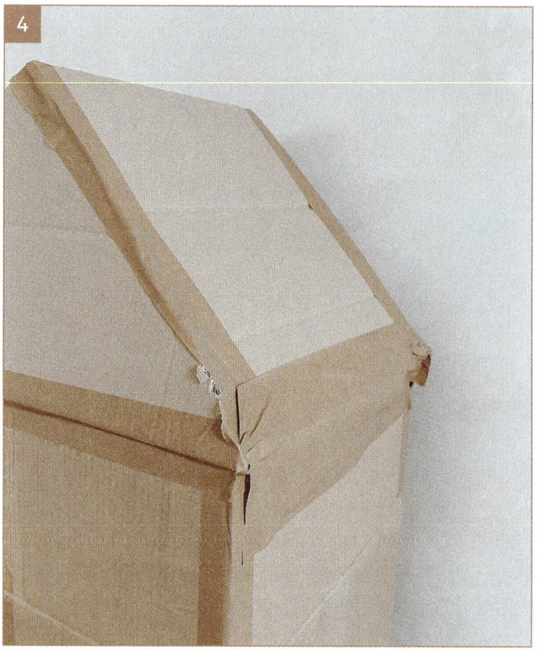

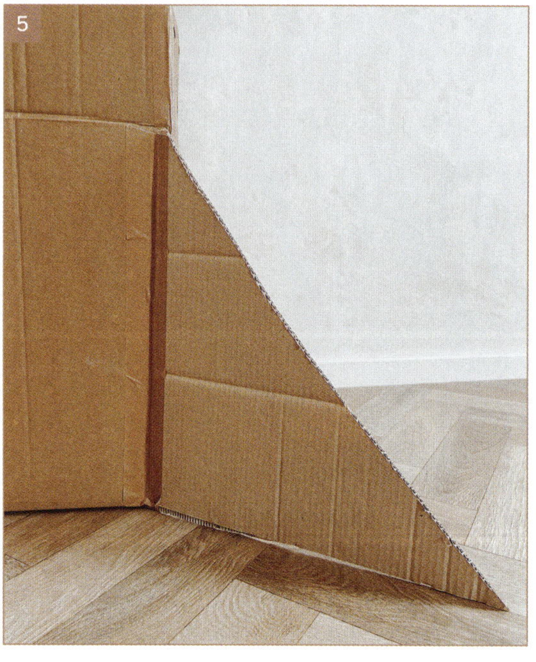

3. Um das Dach der Rakete bauen zu können, benötigt man eine weitere Kiste, aus der man die Teile schneiden kann. Man beginnt mit zwei Dreiecken, die so breit wie die Kistenkonstruktion sind. Diese Dreiecke werden mit Paketband an der Raketenbasis befestigt.

4. Um das Dach der Rakete schließen zu können, benötigt man zwei Rechtecke, die an den Dreiecken und der Raketenbasis mit Paketband befestigt werden.

5. Aus den restlichen Pappresten werden die Raketenflügel geschnitten und an der Rakete befestigt.

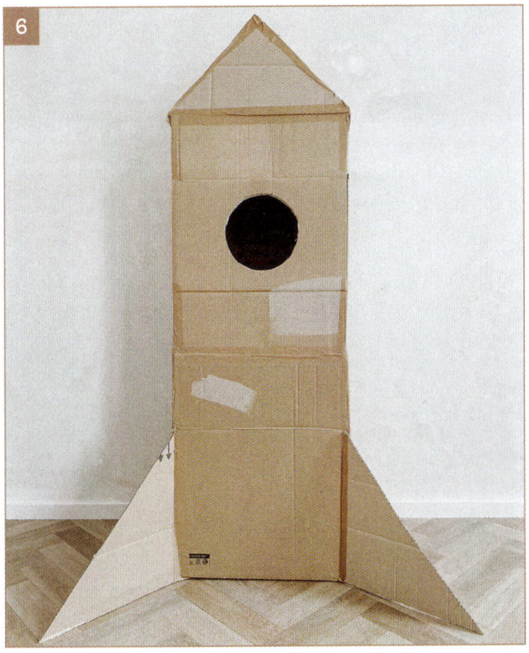

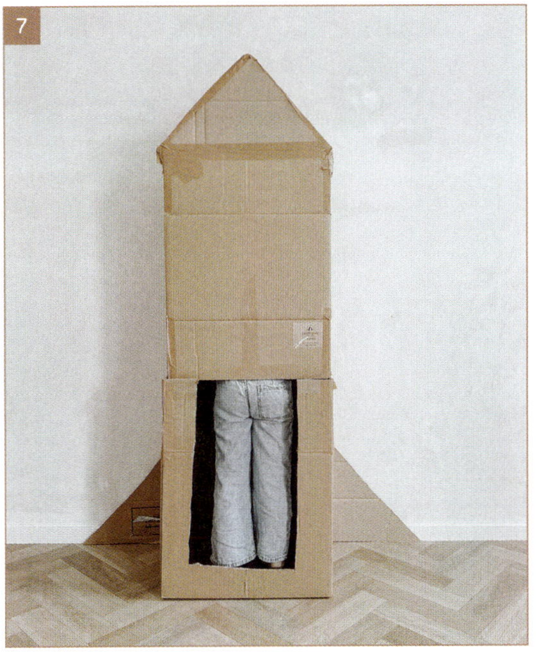

6. Damit jeder Astronaut und jede Astronautin auch aus der Rakete rausschauen kann, wird ein Fenster aufgezeichnet und ausgeschnitten. Hier kann man sich prima einen Teller als Schablone nehmen.

7. Für den Einstieg in die Rakete auf der Rückseite entweder einen entsprechend großen Ausschnitt schneiden oder eine Tür einschneiden, die sich auf- und zuklappen lässt. Anschließend kann man die Rakete nach Wunsch dekorieren oder mit Farbe bunt anmalen.

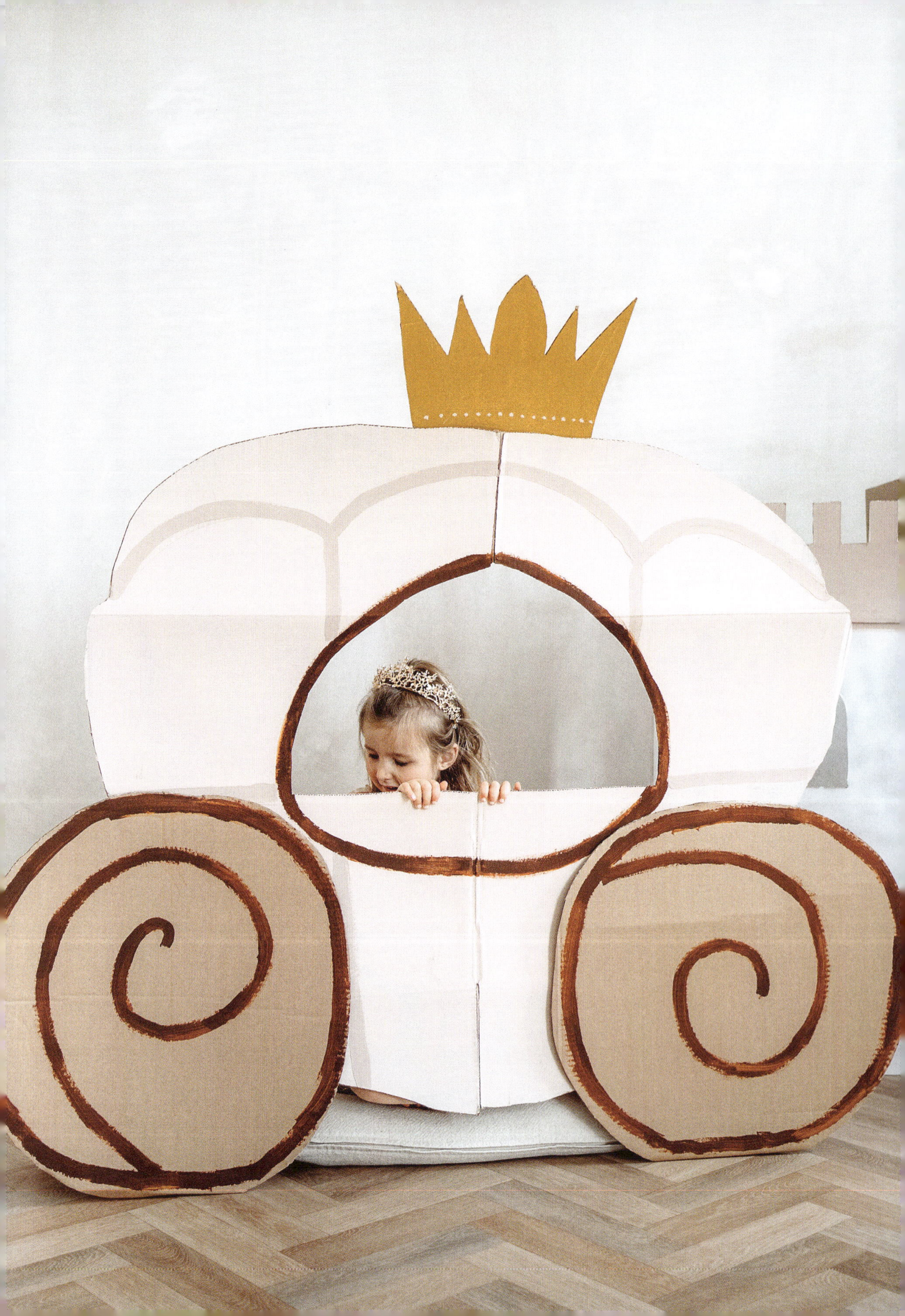

Prinzessinnenkutsche aus Karton

Der fünfte Geburtstag meiner Tochter stand ganz unter dem Motto Prinzessinnenparty. Kein Wunder, denn Cinderella ist ihr Lieblingsfilm, und das Verkleiden als Prinzessin wird fast täglich durchgeführt. Da durfte also eine standesgemäße Kutsche zur Party nicht fehlen. Diese war ein toller Hintergrund für Fotos, und die Kinder hatten alle viel Spaß, sich dahinter zu verstecken.

Du benötigst: Große Pappkiste oder mehrere große Pappreste · Paketband · Bleistift · Cuttermesser · Schere · Pinsel · Acrylfarben

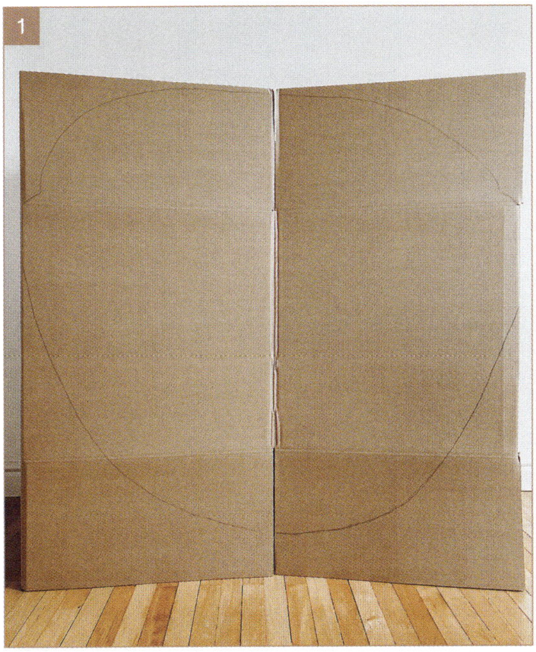

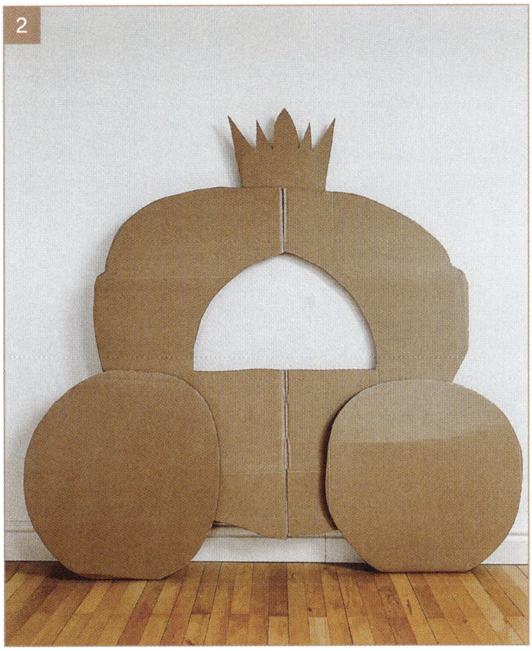

1. Für die Kutsche wird eine große Pappkiste benötigt. Sollte man keine zur Hand haben, kann man auch mehrere größere Pappreste mit Paketband zusammenkleben. Man benötigt später eine sehr große Pappscheibe, auf die man die Form der Kutsche zeichnen und anschließend ausschneiden kann.

2. Auf weiteren Pappresten werden dann die beiden Räder und eine Krone gezeichnet. Alle Teile mit einem Cuttermesser sorgfältig ausschneiden. Die Krone mit Paketband von hinten an der Kutsche befestigen. Damit die Räder es nachher einfacher haben zu stehen, kann man sie entweder unten schmal gerade abschneiden, oder man knickt diese fest ein. Anschließend werden auch sie mit Paketband von hinten an der Kutsche befestigt.

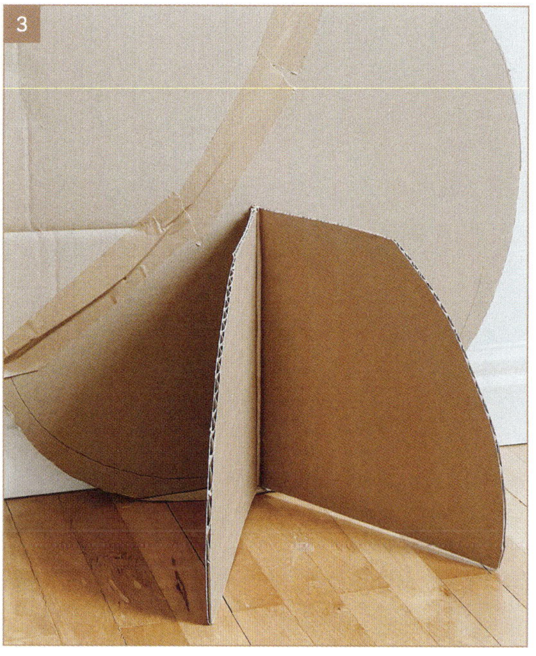

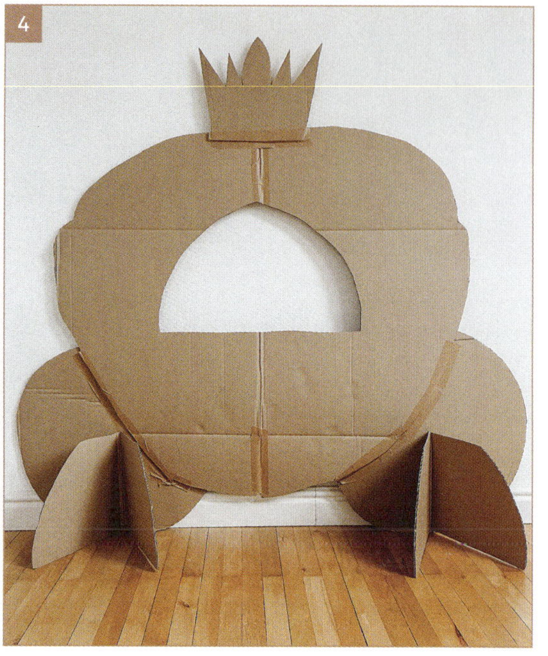

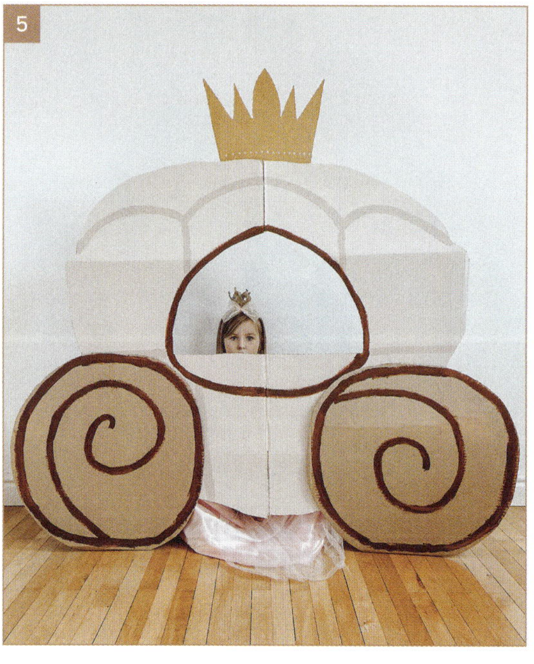

3. Um der Kutsche mehr Stabilität beim Stehen geben zu können, werden aus weiteren Pappresten zwei Winkel geschnitten.

4. Diese werden von hinten an den Rädern befestigt und dienen quasi als Füße. So kann die Kutsche frei im Raum stehen.

5. Nun kann man sich mit Farbe austoben. Die Kutsche in der Wunschfarbe streichen und trocknen lassen. Anschließend die weiteren Details mit Pinsel und Farbe auf der Kutsche auftragen und danach gut trocknen lassen.

Blumenlampe

Kleine Tischlampen geben einem immer ein Gefühl von Gemütlichkeit. Auch im Kinderzimmer dürfen solche kleine Lichtquellen nicht fehlen. Warum also nicht einfach selbst eine Tischlampe basteln? Mit ein wenig Papier und Farbe lässt sich diese Blumenlampe herstellen. Das Besondere an ihr ist, dass man sie sogar als Deckenlampe benutzen kann, wenn man anstelle eines Lampenfußes eine Lampenfassung benutzt.

Du benötigst: Lampenfuß · DIN A4 Bastelpapier · Kartonreste · Acrylfarbe · Stupfpinsel / Pinsel · Schere · Basteldraht · Kleber

1

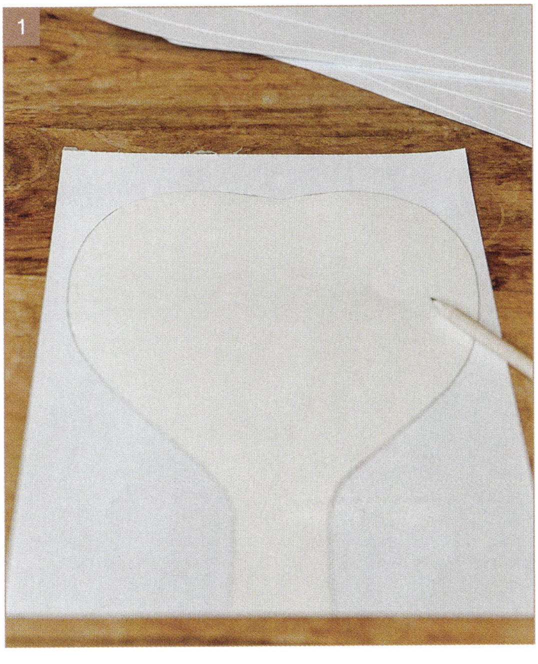

2

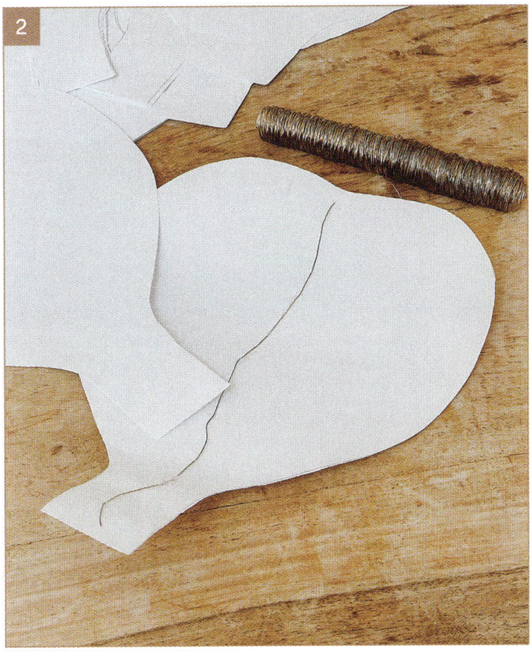

1. Auf das Bastelpapier werden mithilfe der Vorlage von Seite 134 die Blütenblätter gezeichnet und ausgeschnitten. Für die Lampe werden insgesamt 36 einzelne Blütenblätter benötigt.

2. Danach Basteldraht mit der Länge der Blütenblätter abschneiden, insgesamt 18-mal. In die Mitte der 18 Blütenblätter wird je ein Stück Basteldraht geklebt. Der Draht sorgt später dafür, dass sich die Blätter an der Lampe in Form biegen lassen. Anschließend wird jedes mit Draht beklebte Blütenblatt mit einem losen Blütenblatt abgedeckt und zusammengeklebt. Dadurch erhält man 18 biegsame Blütenblätter.

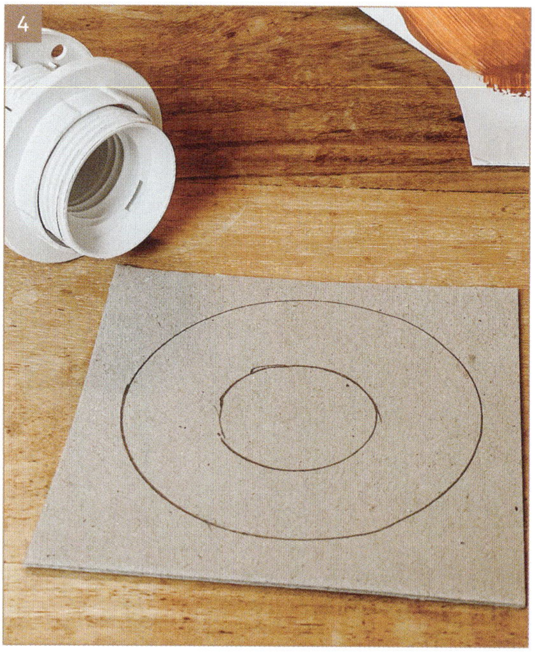

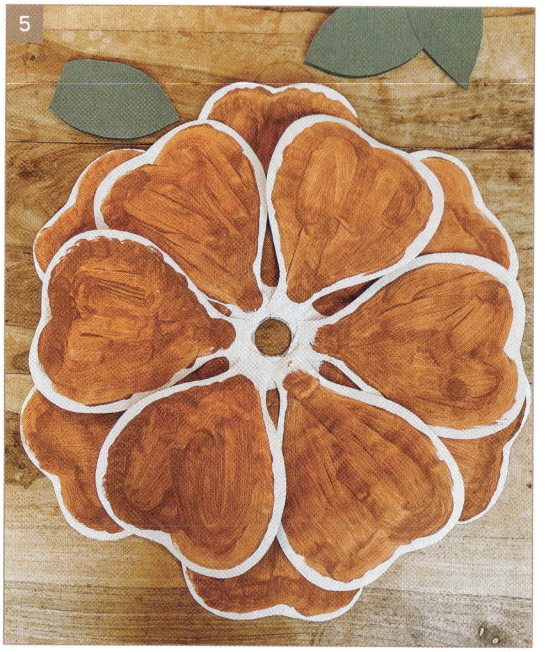

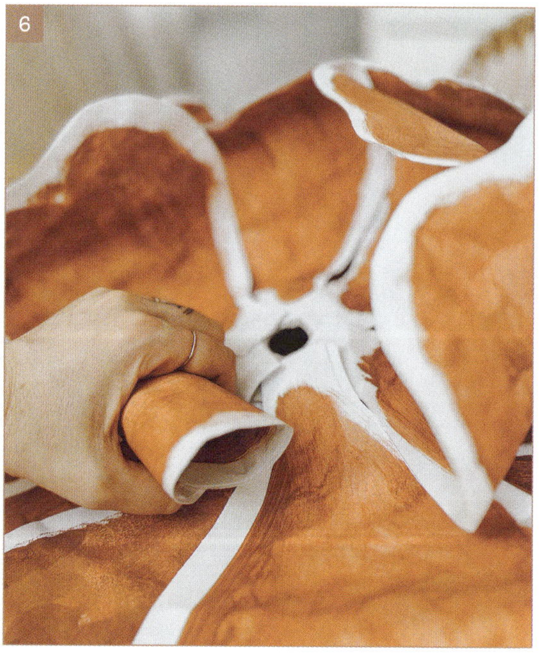

3. Diese Blütenblätter werden nun mit einem Stupfpinsel und der gewünschten Acrylfarbe auf beiden Seiten betupft. Alternativ kann man die Blätter auch mit einem Pinsel bemalen. Durch das Tupfen bekommt das Blütenblatt jedoch individuelle Muster. Anschließend die Farbe gut trocknen lassen.

4. Um die Blütenblätter als Lampe befestigen zu können, benötigt man einen aus einem Kartonrest ausgeschnittenen Kreis, in den in der Mitte ein Loch für die Lampenfassung geschnitten wird. Der Rand dieses Kreises sollte mindestens 3 cm breit sein.

5. Auf diesen Kreis kann man nun die Blütenblätter kleben. Für die Lampe werden 3 Schichten benötigt. Daher werden die Blütenblätter bei der zweiten Schicht versetzt zur ersten Schicht geklebt. Dies gilt auch für die dritte Schicht.

6. Nachdem alle Blütenblätter festgeklebt wurden, muss man diese in Form biegen. Am einfachsten geht dies, wenn man die Blätter vorsichtig einrollt, jedes Blütenblatt einzeln. Anschließend kann die Lampe auf die Fassung gesetzt werden.

TIPP: Aus grünem Bastelpapier Blätter ausschneiden, die an den Lampenfuß geklebt werden.

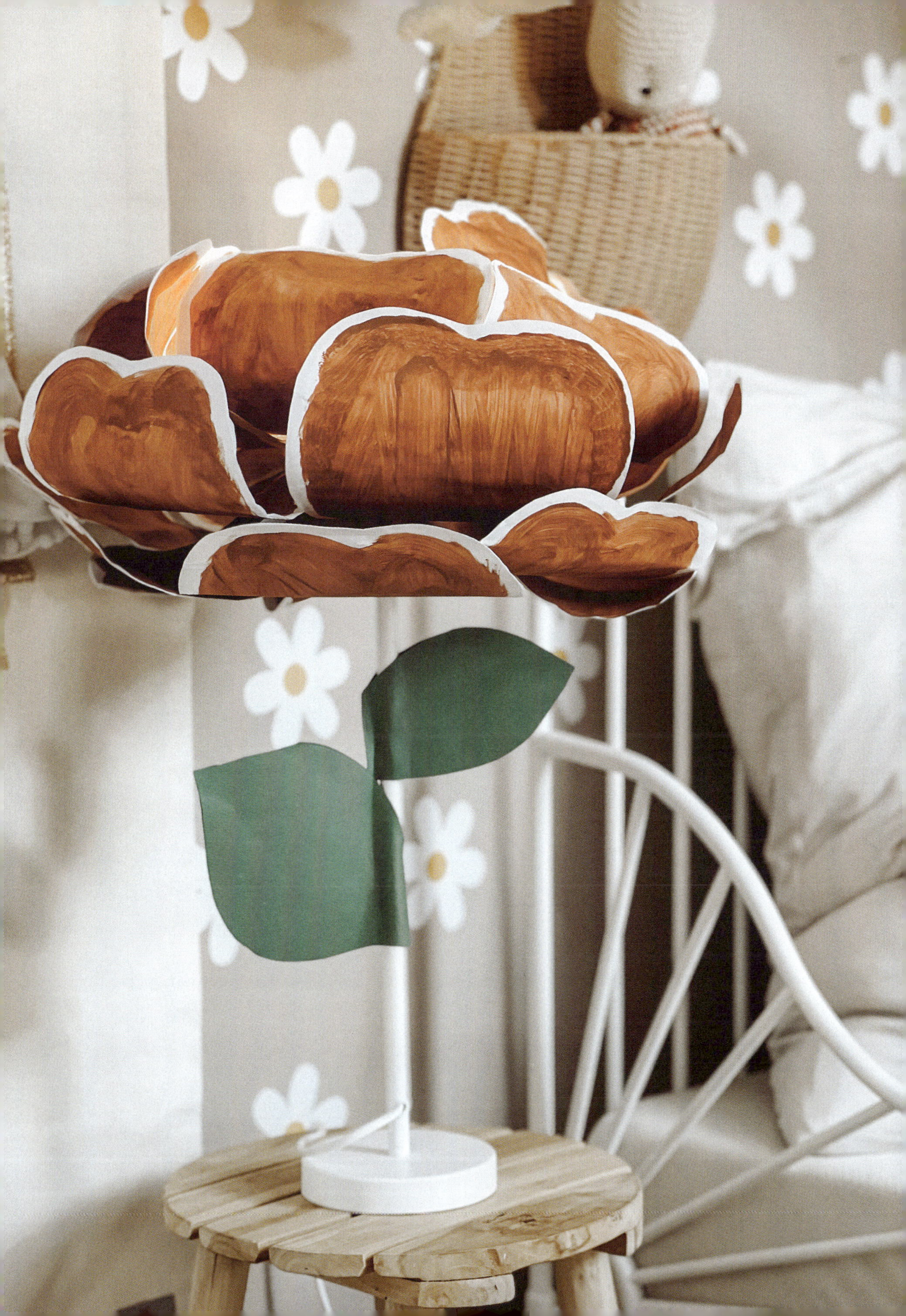

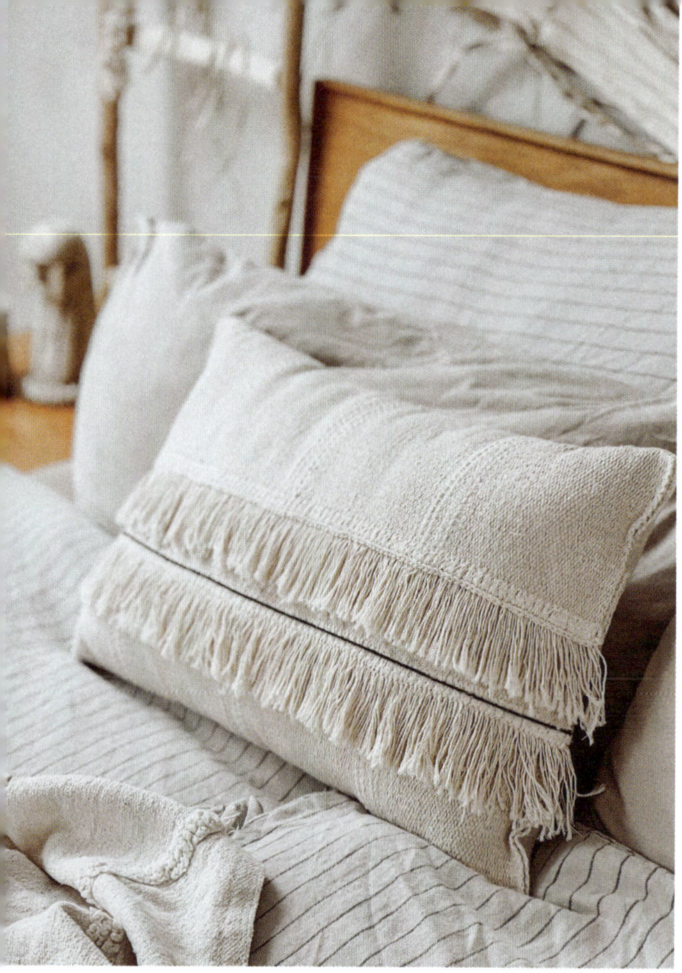
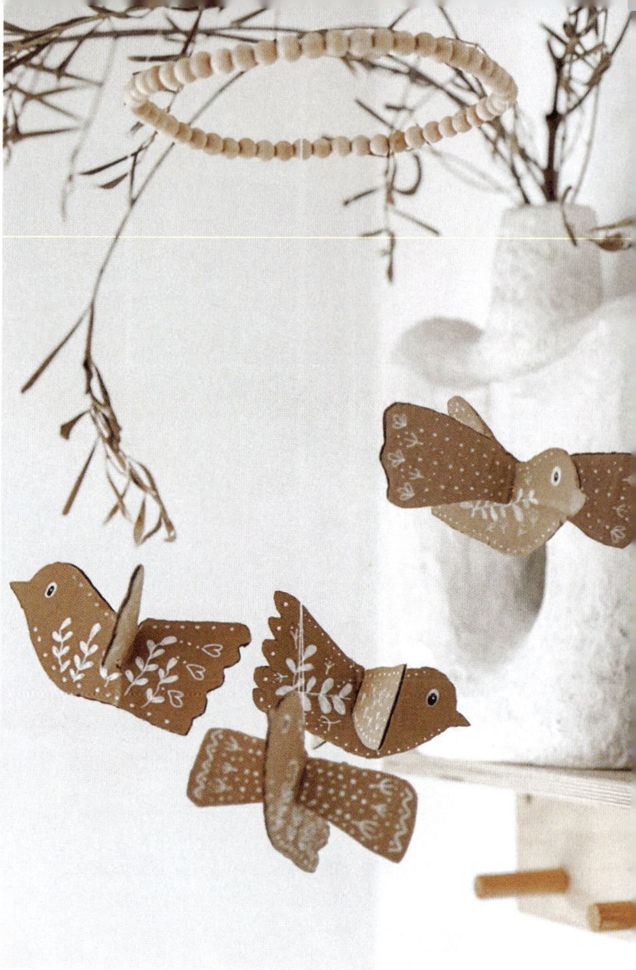
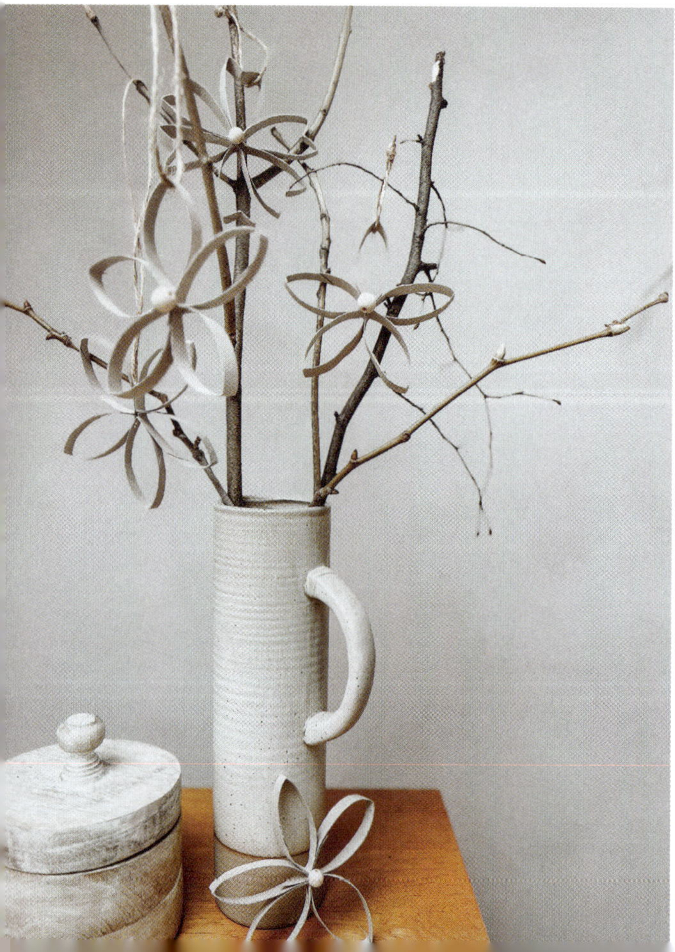
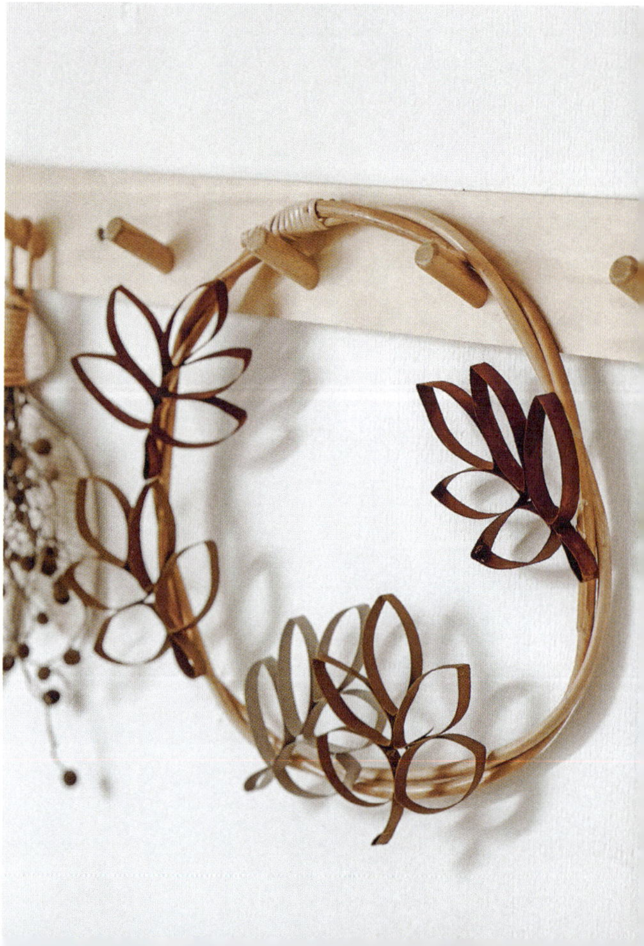

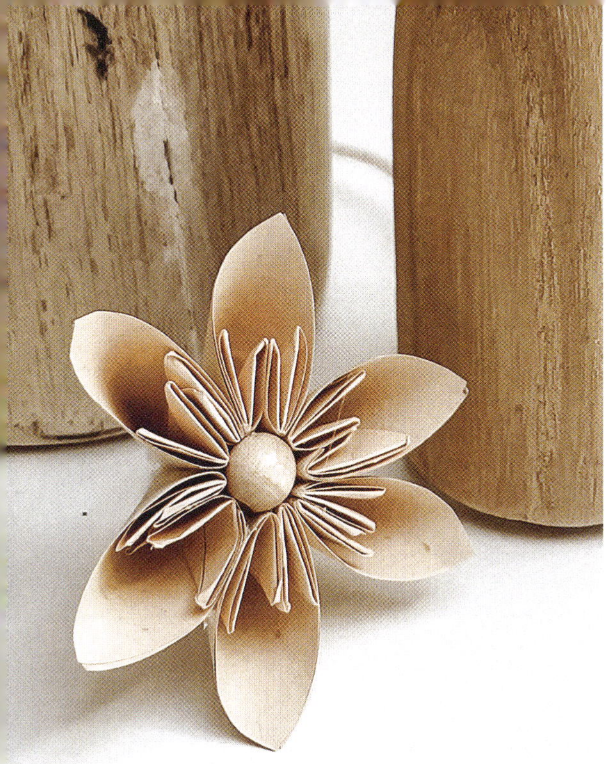

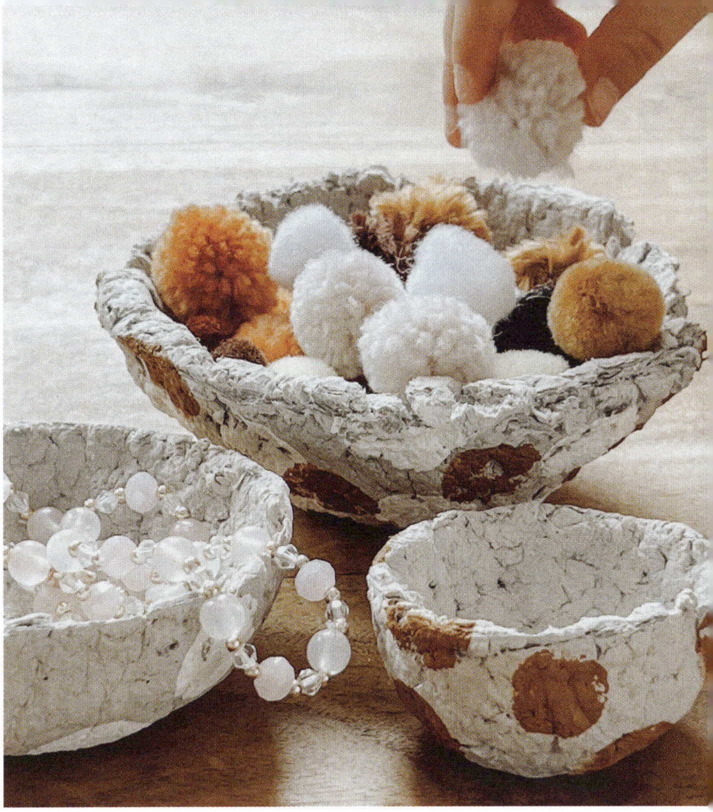

Dekoration für die ganze Familie

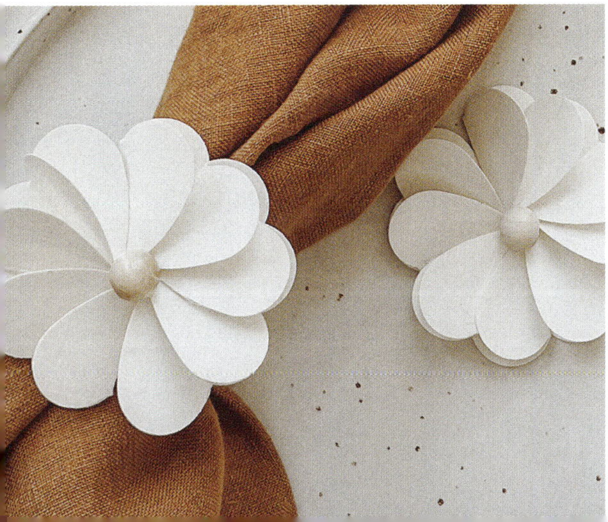

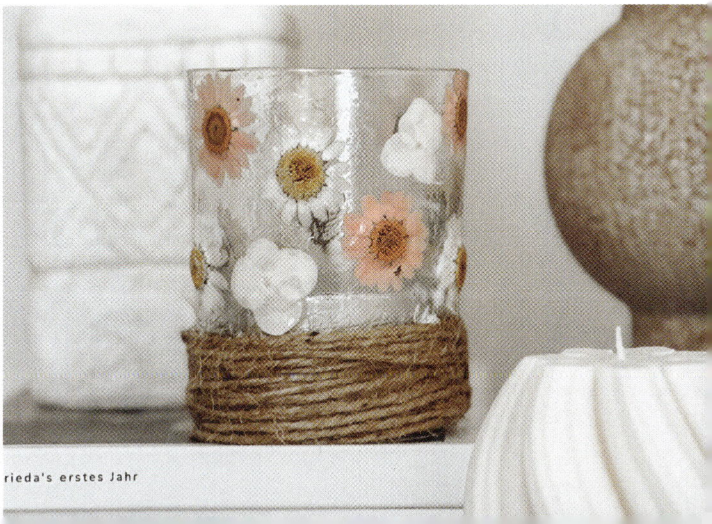

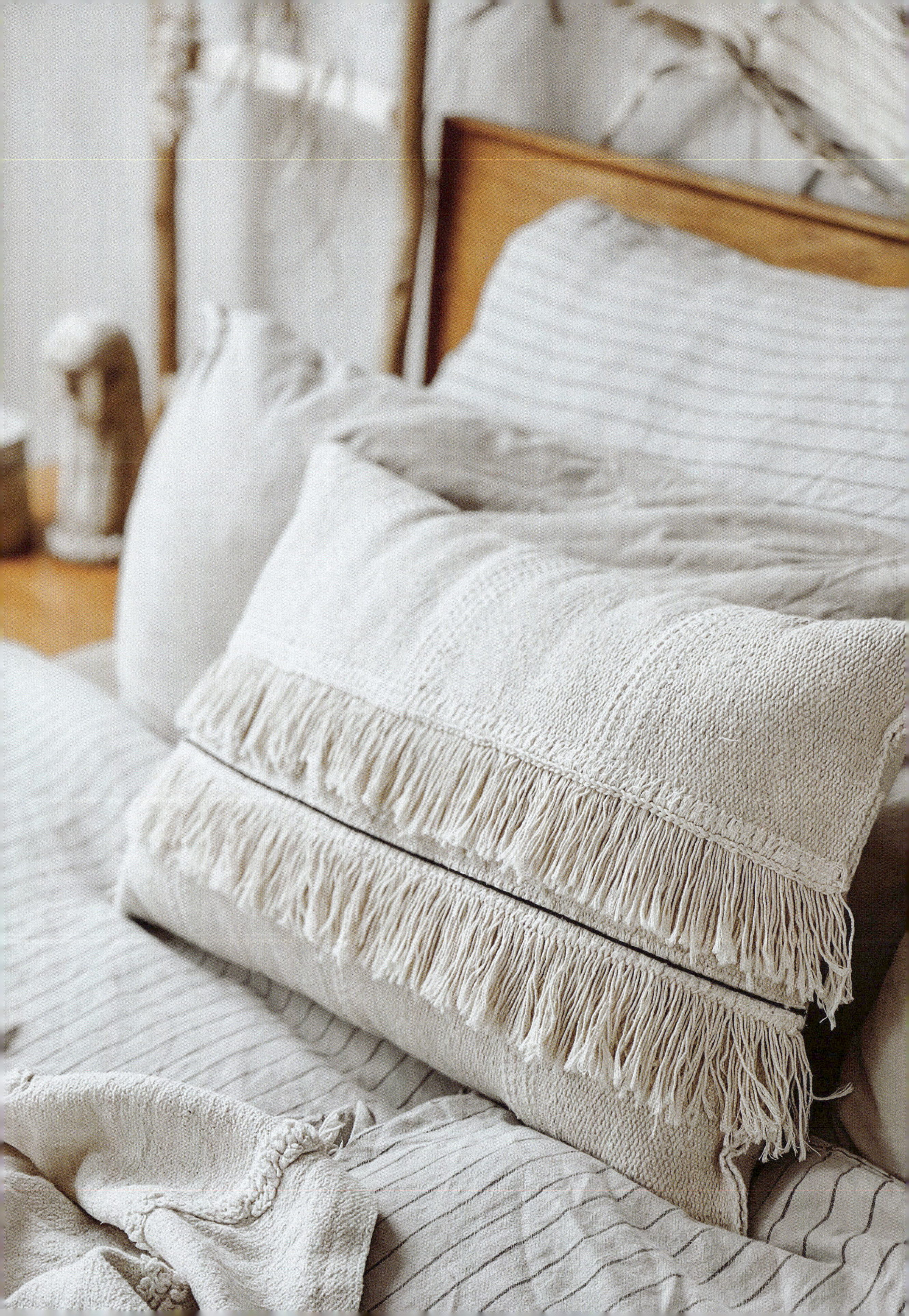

Kuschlige Kissen

Von Kissen kann ich nie genug haben. Egal ob auf der Couch oder im Bett, Kissen verkörpern für mich Gemütlichkeit. Dazu sollen sie aber auch in den Wohnstil passen. Bei uns zu Hause ist der Boho-Stil schon lange nicht mehr wegzudenken. Da mir aber oftmals Kissenbezüge im Boho-Stil zu teuer sind, gestaltete ich welche selbst. Für diese Kissen braucht man lediglich vier Dinge. Das Kissen ist perfekt, um ein Bett, ein Sofa oder einen Sessel gemütlich zu schmücken.

Du benötigst: Kleiner Teppich mit den Maßen 55 x 85 cm · Heißkleber · Kissenfüllung mit den Maßen 40 x 60 cm oder Füllwatte · schwarze Wolle

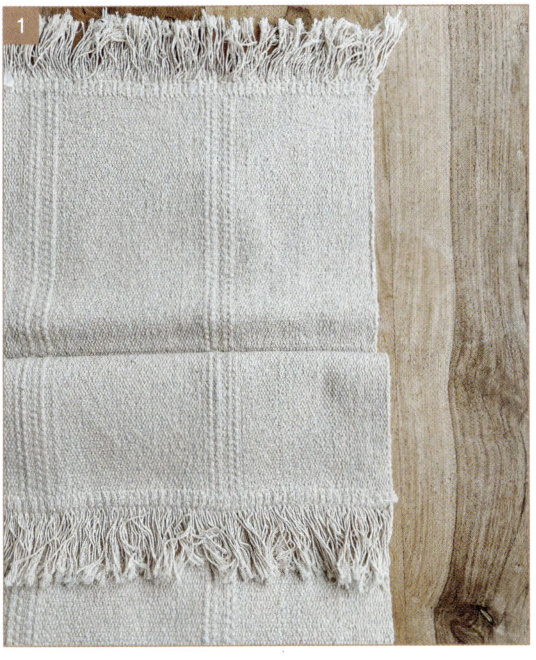

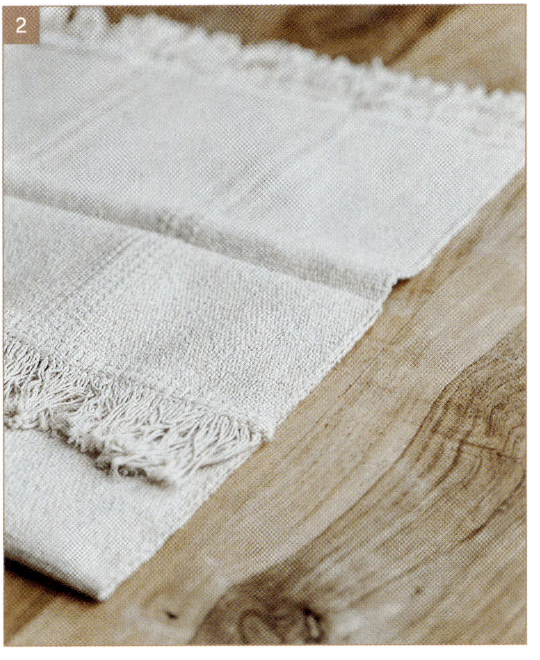

1. Den Teppich vor sich auslegen, dann geht es direkt ans Falten. Eine Fransenkante mittig einschlagen und davon wieder die Hälfte in die andere Richtung einschlagen.

2. Mit der Heißklebepistole einen Rand der eingeschlagenen Seite festkleben, den anderen unbedingt offen lassen. Anschließend den Kleber unter die Fransen auftragen, um diese Falte zu fixieren.

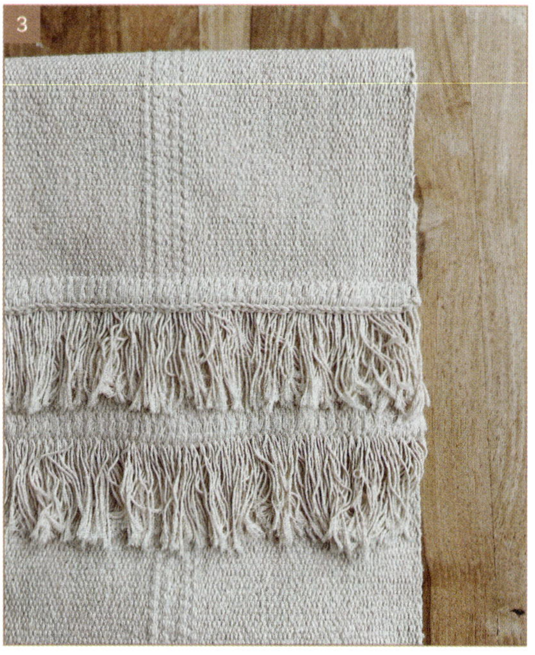

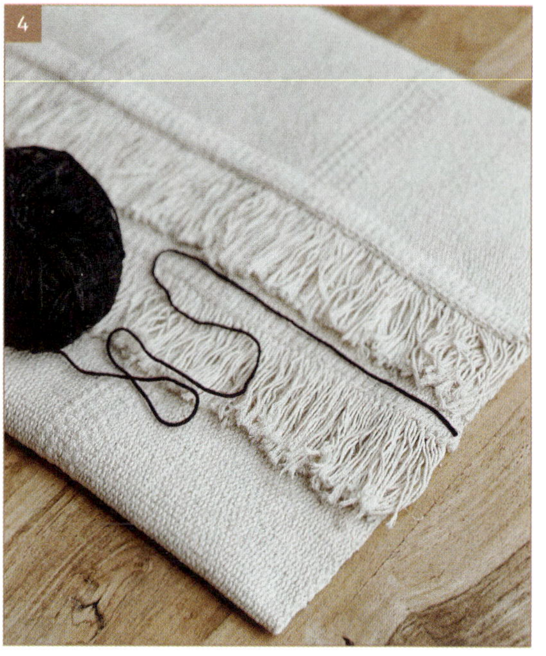

3. Damit das Kissen geschlossen wird, die zweite Fransenkante oberhalb der ersten falten und mit Kleber fixieren. Die Seite, die bereits zur Hälfte geschlossen ist, ebenfalls mit Kleber schließen. Nun hat man schon seinen fertigen Kissenbezug, welcher zu einer Seite geöffnet ist. Durch diese Öffnung die Kissenfüllung oder die Füllwatte geben, anschließend auch diese Seite mit Kleber verschließen.

4. Um dem Kissen einen persönlichen Boho-Touch zu verleihen, habe ich ihm eine schwarze Linie aus Wolle hinzugefügt. Dazu ein Stück schwarze Wolle auf das Kissen auflegen, vorsichtig mit dem Kleber fixieren und die überschüssigen Seiten abschneiden – schon ist das Kissen fertig.

TIPP: Wer möchte, kann auch gerne farbige Wolle oder Pompons als Highlight verwenden. Aus der Wolle lassen sich auf dem Kissen auch verschiedene Muster formen.

Vogelmobile

Wenn im Frühling die Tage wieder länger werden und man morgens bei geöffnetem Fenster das erste Vogelgezwitscher hört, dann genieße ich das richtig. Dieses kleine Konzert vor dem Fenster gibt mir immer das Gefühl, dass die Tage leichter und fröhlicher sind. So hatte ich eines Morgens auch die Idee, etwas mit Vögeln zu basteln. Da wir immer ein paar Pappreste im Haus haben, entstand ein Mobile aus Pappe. Man kann diese Vögel aber auch hübsch an einem Ast, in einer Vase oder einfach so als Dekoration auf einem Tisch drapieren.

Du benötigst: Pappreste · Bleistift · Permanentmarker · Schere · Nadel · Faden · Bastelring

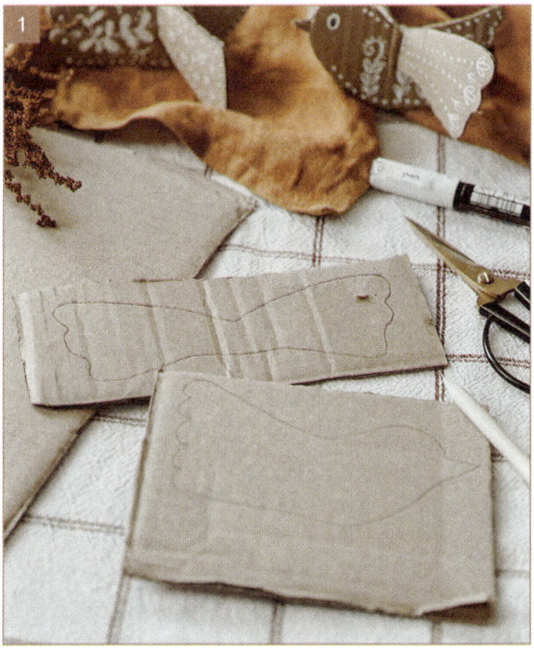

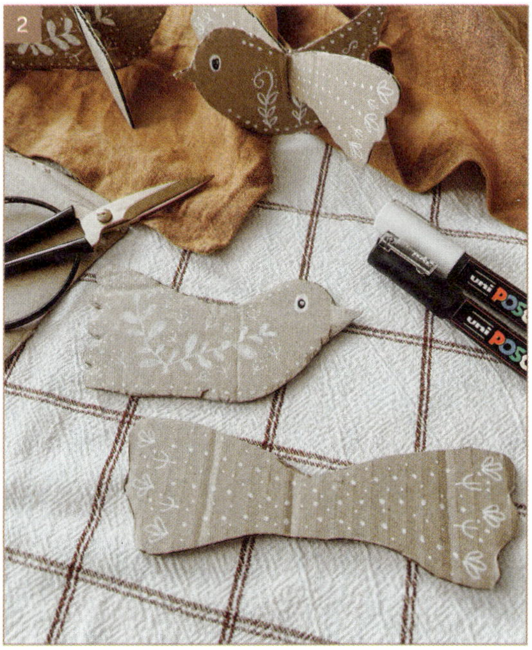

1. Auf Pappresten wird der Umriss des Vogelkörpers und ein Flügel gezeichnet. Dies kann entweder frei Hand getan werden, oder man verwendet die Vorlage von Seite 135. Anschließend beide Teile ausschneiden.
2. Nun können die Vögel dekoriert werden. Hierzu mit einem Permanentmarker ein Muster nach Wahl sowie ein Auge jeweils auf beiden Seiten zeichnen.

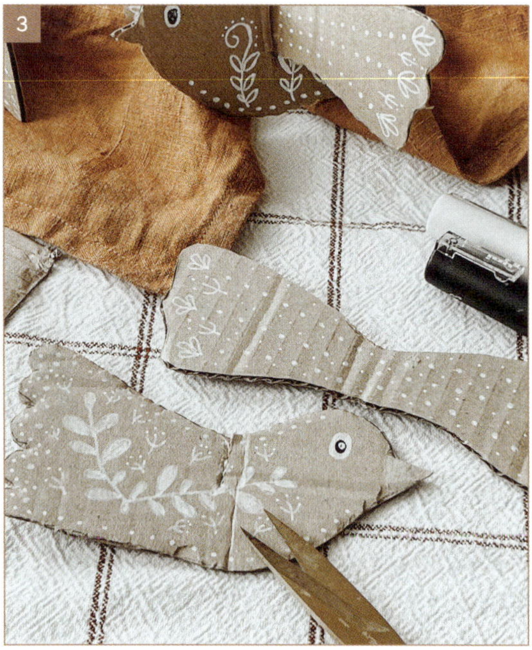

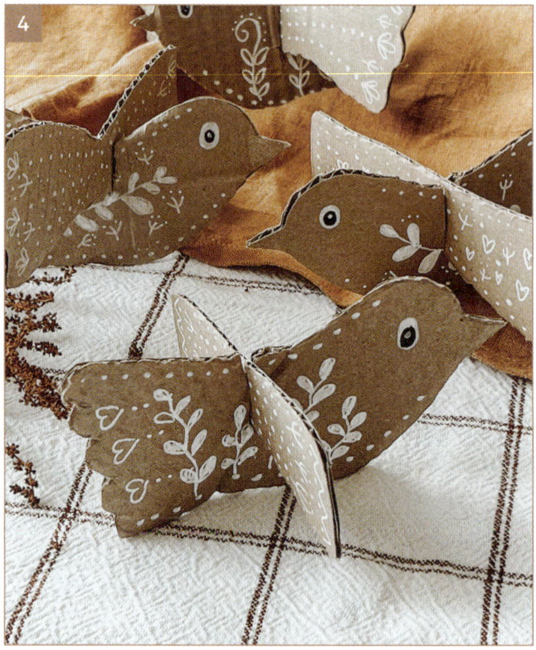

3. In den Körper des Vogels wird oben mittig ein Schlitz mit einer Schere eingeschnitten. Der Schnitt sollte so tief sein, dass der Flügel hineingesteckt werden kann. Fertig ist der Vogel.

4. Um die Vögel an einem Ring zum Mobile befestigen zu können, wird der Faden mithilfe einer Nadel hinter dem Flügel durchgezogen. Den Faden an einem Bastelring befestigen und die Vögel am Ring so ausbalancieren, dass man das Mobile aufhängen kann.

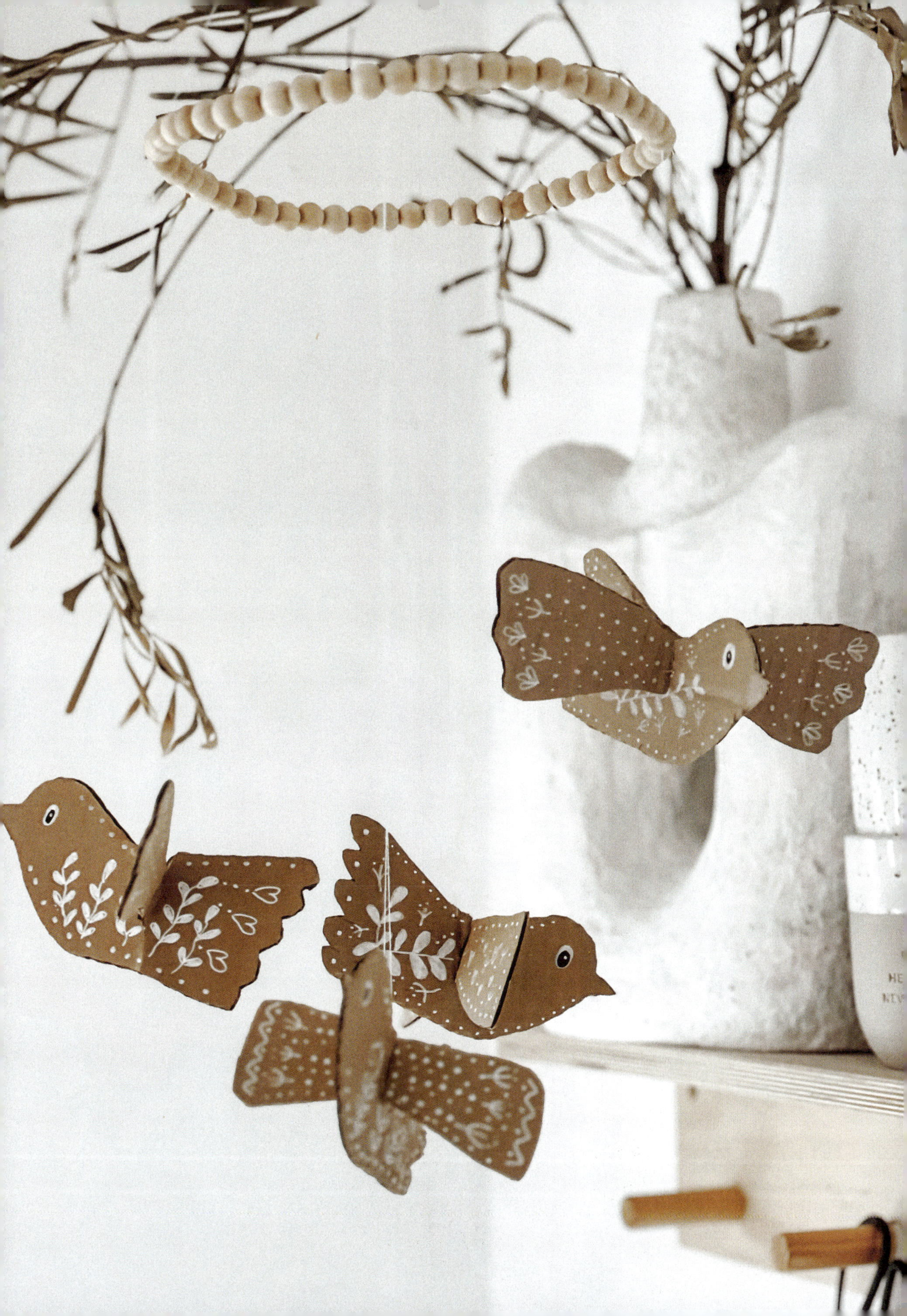

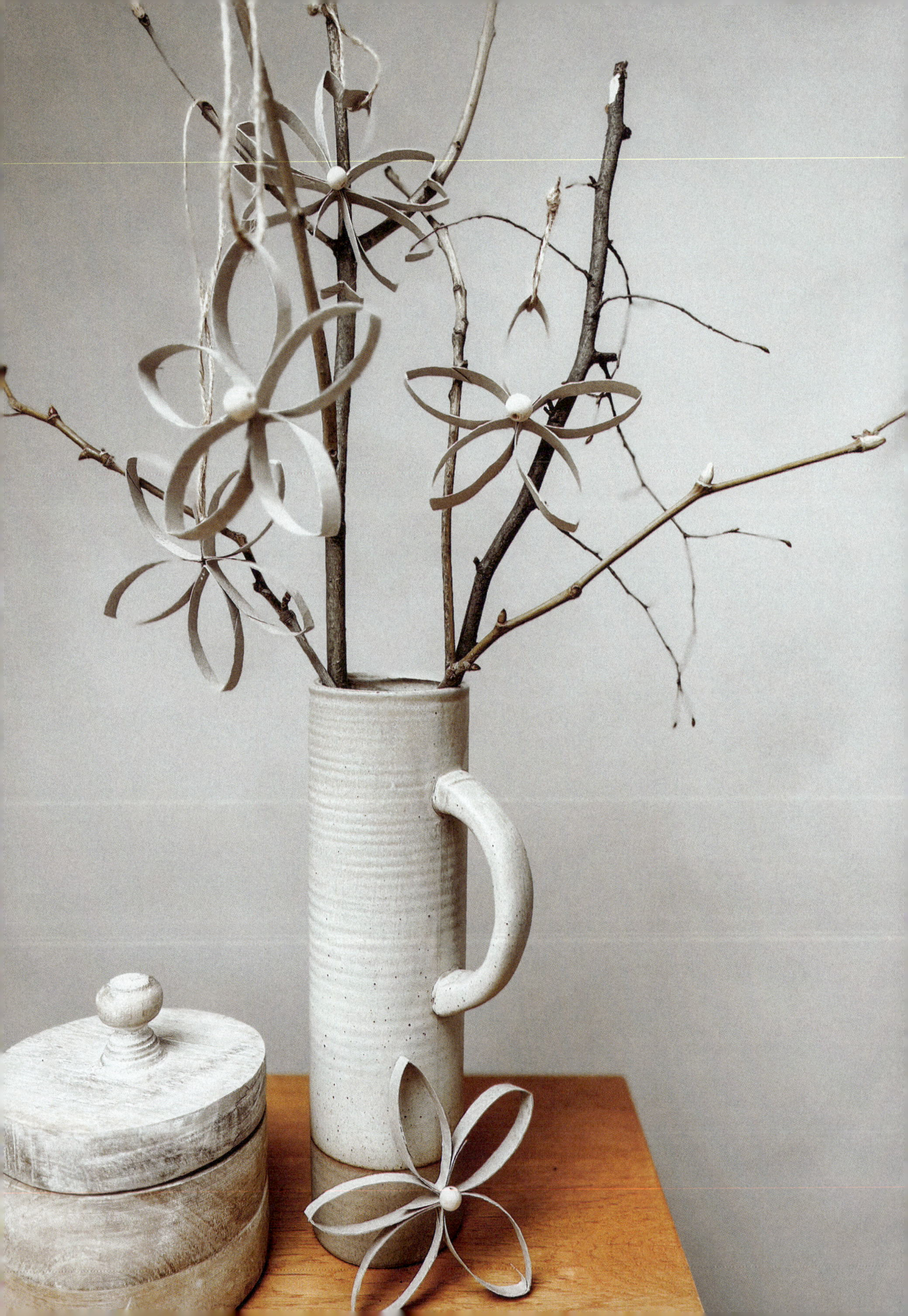

Blumenanhänger

Dass Toilettenpapierrollen für mich eines der besten Bastelmaterialien sind, ist in diesem Buch und auf meinem Instagram-Profil immer wieder sichtbar. Denn egal ob lustige Tiere, Serviettenhalter oder Stempel – man kann aus jeder Rolle ein kleines Kunstwerk zaubern. Daher lohnt es sich, die Rollen nicht in der Altpapiertonne zu entsorgen, sondern lieber wiederzuverwenden. Wie zum Beispiel für diese dekorativen Blumenanhänger, die überall ein wenig Frühlingsstimmung verbreiten.

Du benötigst: Leere Toilettenpapierrollen · Jutekordel · Holzperlen · Schere · Kleber

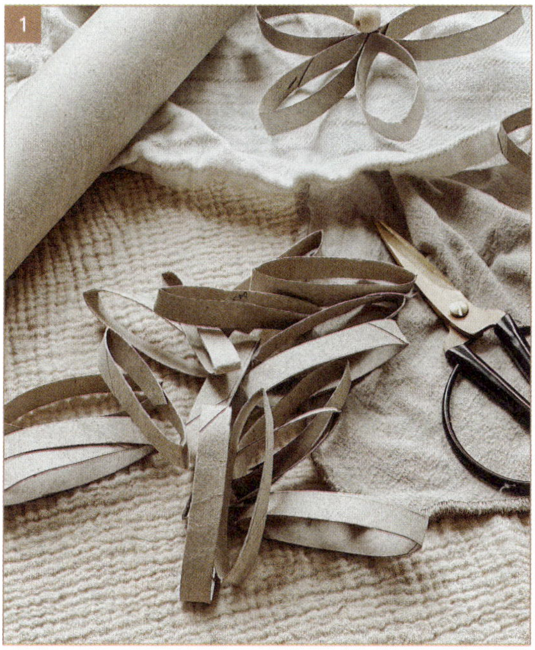

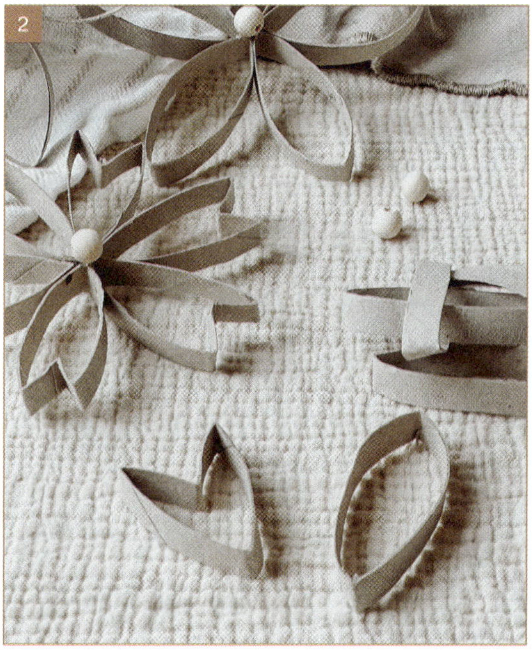

1. Mit einer Schere werden die leeren Rollen in ca. 1 cm breite Streifen geschnitten.
2. Für die klassische Variante werden fünf Streifen zu einer ovalen Form gedrückt. Für die gezackte Variante werden 6 Streifen zu einer Herzform gedrückt.

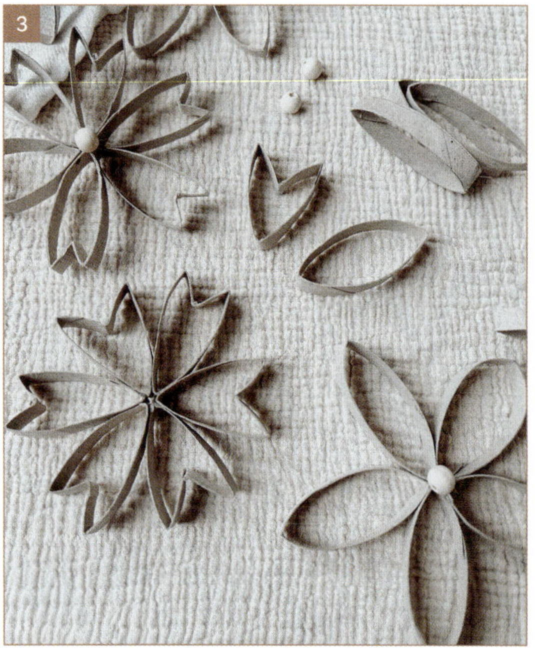

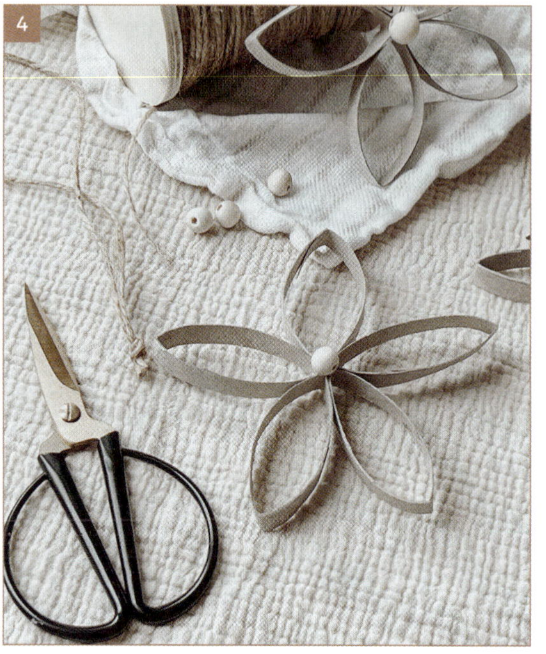

3. Die einzelnen Blütenblätter werden am unteren Drittel als Blume zusammengeklebt.

4. In der Mitte der Blume eine kleine Holzkugel aufkleben. Anschließend ein Stück Jutekordel nehmen und als Aufhänger an der Blume befestigen.

   TIPP: Man kann diese Blumen auch als Standblumen in der Vase verwenden. Denn bevor man das letzte Blütenblatt mit dem ersten zusammenklebt, kann man einen Holzspieß dazwischenkleben. Mit diesem kann man die Blumen in kleine mit Sand befüllte Vasen oder Gläser stellen. Wenn man die Toilettenpapierrollen vorher mit Acrylfarbe bunt anmalt, werden die Blumen noch frühlingshafter.

Eichenblattanhänger

Eine Alternative zu den Blumenanhängern sind Eichenblattanhänger aus Toilettenpapierrollen. Natürlich kann man auch beides zusammen als Dekoration verwenden. Entweder hängend an einem Zweig, an einem Bastelring oder einer langen Schnur befestigt – es entsteht eine wunderbare, nachhaltige Girlande. Besonders schön finde ich es, wenn man die Rollen mit Acrylfarbe in verschiedenen Brauntönen anmalt. So bekommen die Eichenblätter einen natürlicheren Touch.

Du benötigst: Leere Toilettenpapierrollen · Acrylfarbe · Schere · Kleber

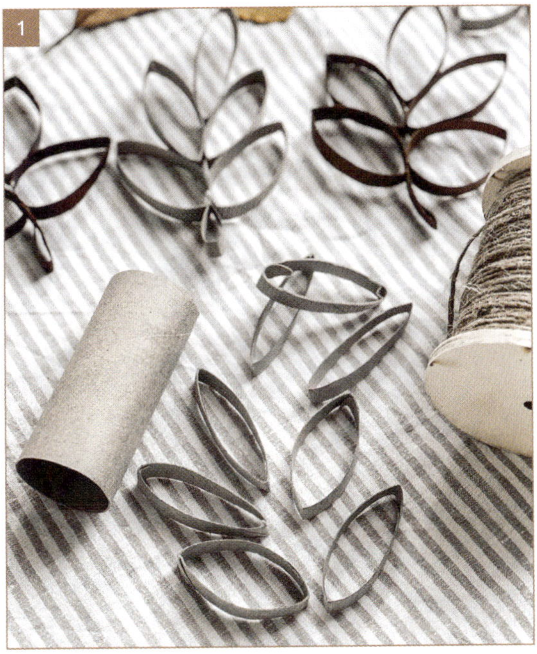

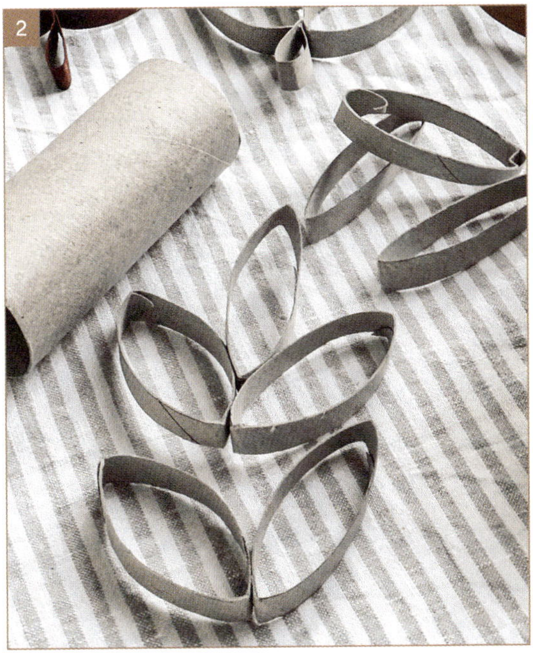

1. Mit einer Schere werden die leeren Rollen in ca. 1 cm breite Streifen geschnitten. Pro Eichenblatt werden 6 Streifen benötigt.
2. Die Streifen werden vor dem Kleben in eine ovale Form gedrückt. Für das Eichenblatt werden jeweils 2 x 2 Streifen am unteren Drittel zusammengeklebt. Diese werden anschließend untereinander zusammengeklebt. Danach den fünften Streifen mittig im unteren Drittel ankleben.

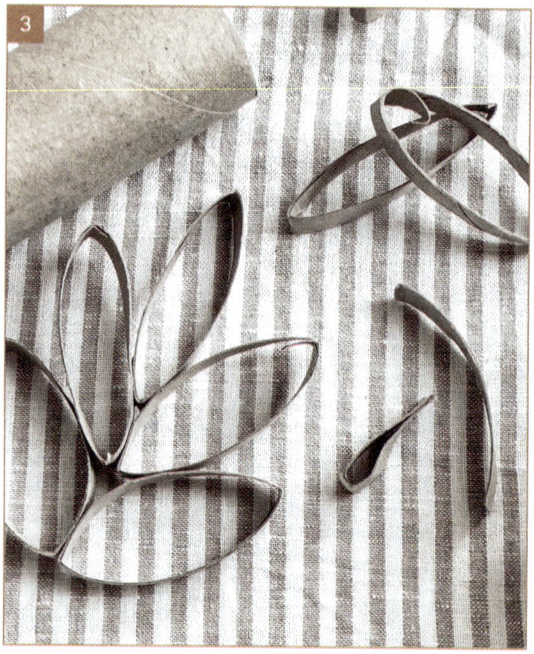

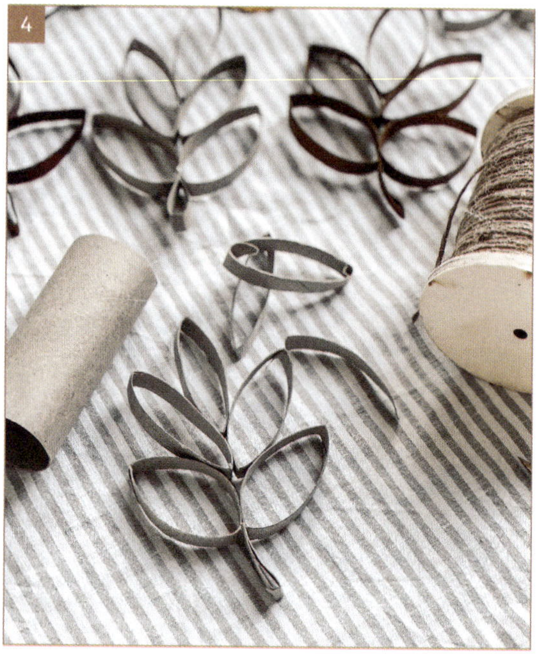

3. Für den Stiel des Eichenblattes wird ein geschnittener Streifen halbiert, einmal mittig gefaltet und oberhalb zusammengeklebt, sodass eine kleine Schlaufe entsteht.

4. Den Stiel zum Schluss an das Eichenblatt kleben.

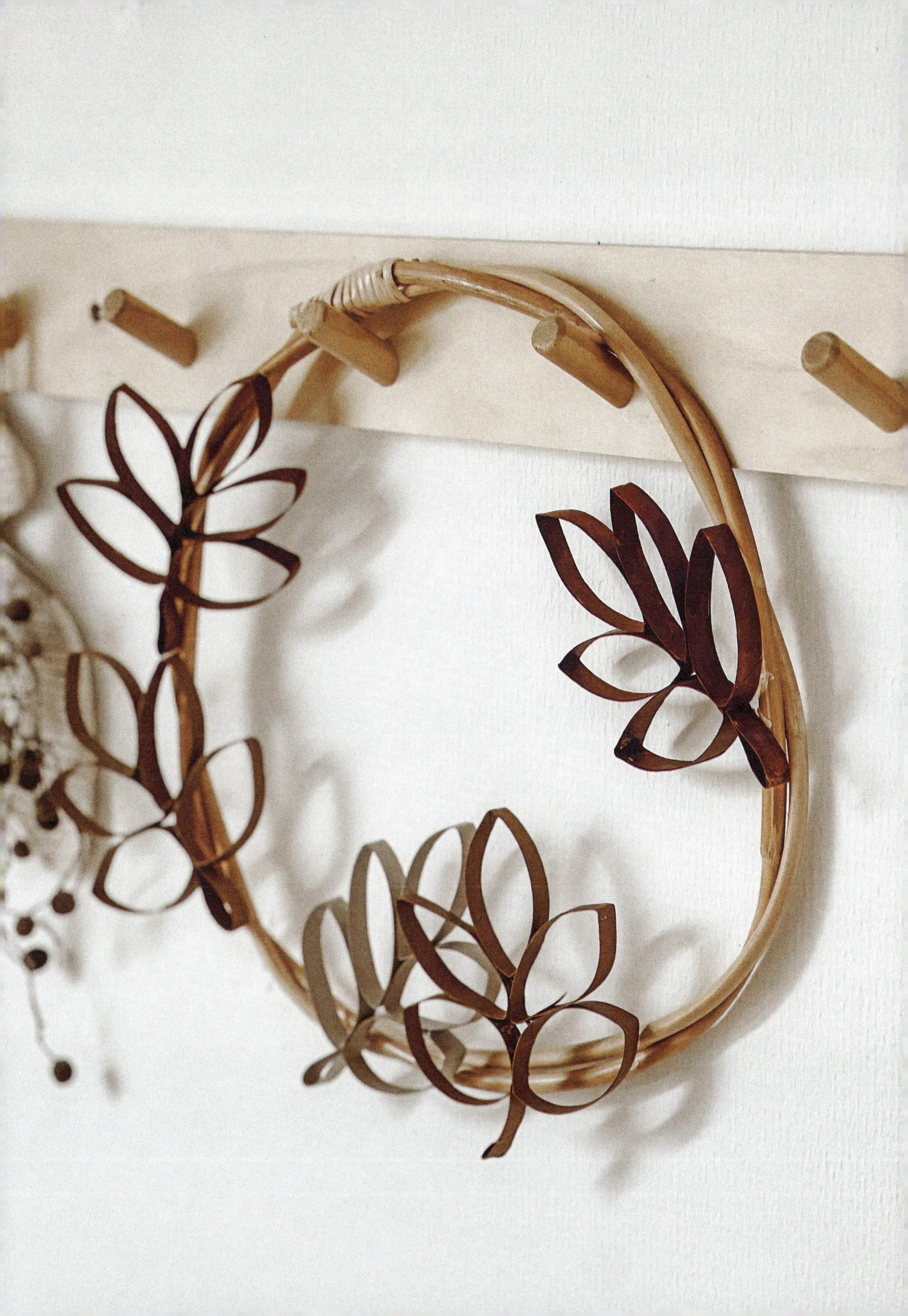

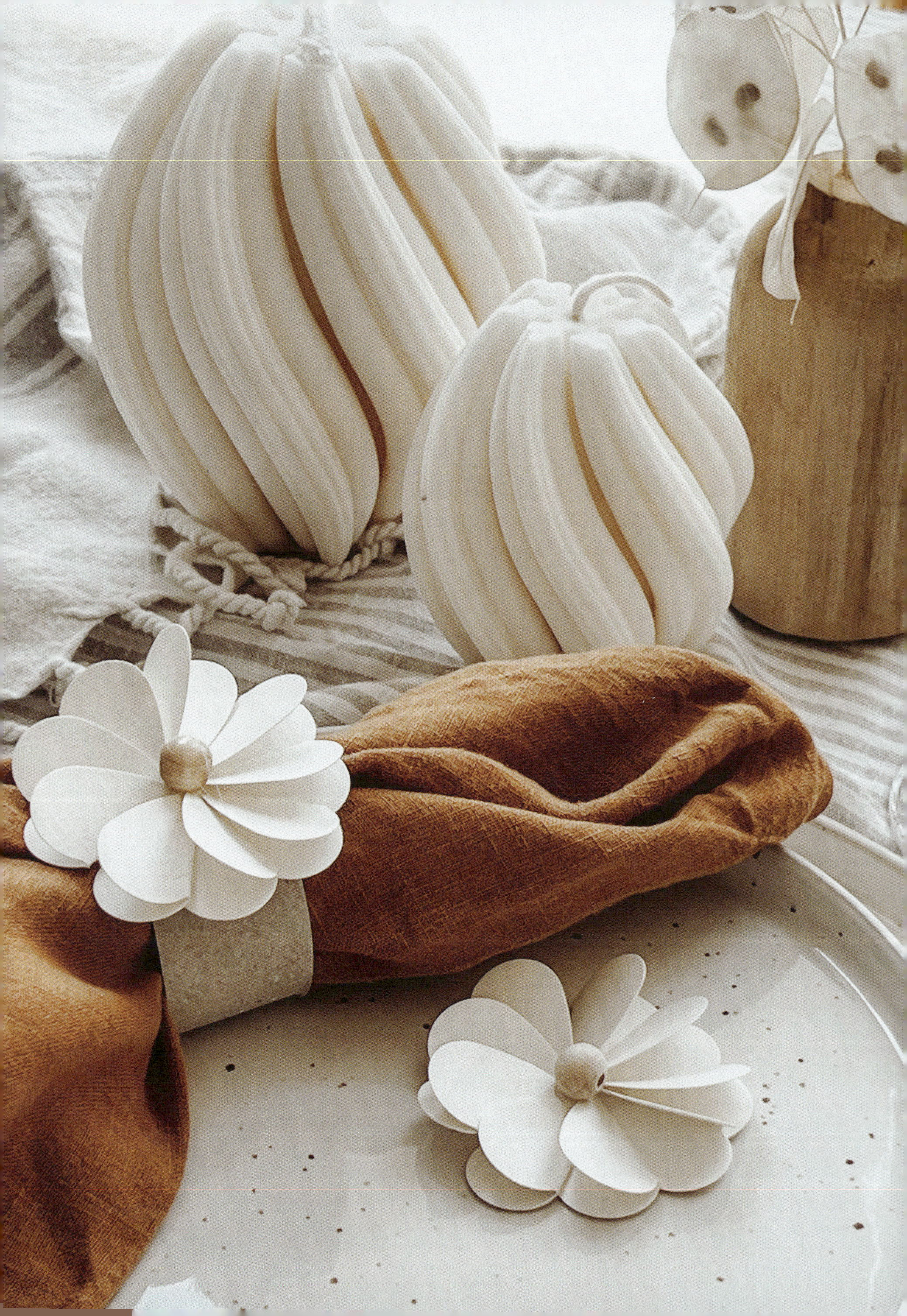

Serviettenringe

Eine meiner Leidenschaften ist es, den Tisch hübsch einzudecken. Dabei dürfen neben Kerzen und Blumen niemals Servietten fehlen. Doch nur einfach so möchte ich die Servietten nicht hinlegen. Mir gefällt es, wenn auch sie etwas in Szene gesetzt werden. Daher sind Serviettenringe für mich perfekt. Selbstgemachte finde ich da am schönsten. Als ich diese Blumen gebastelt habe, dachte ich mir, die würden mit Sicherheit hübsch als Dekoration auf dem gedeckten Tisch aussehen. Gedacht, getan – und so entstanden diese blumigen Serviettenringe.

Du benötigst: Bastelpapier · leere Toilettenpapierrollen · Holzperlen · Stanzer in Herz- und runder Form · Kleber

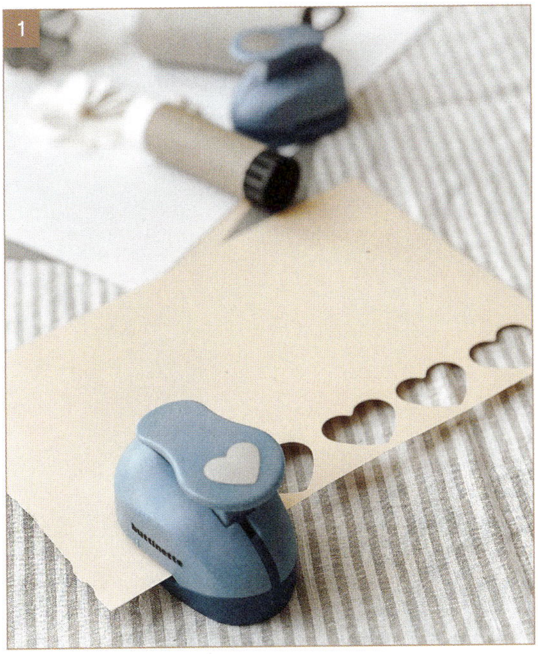

1. Aus dem Bastelpapier Herzen und einen Kreis ausstanzen. Pro Blume werden insgesamt neun Herzen und ein Kreis benötigt.

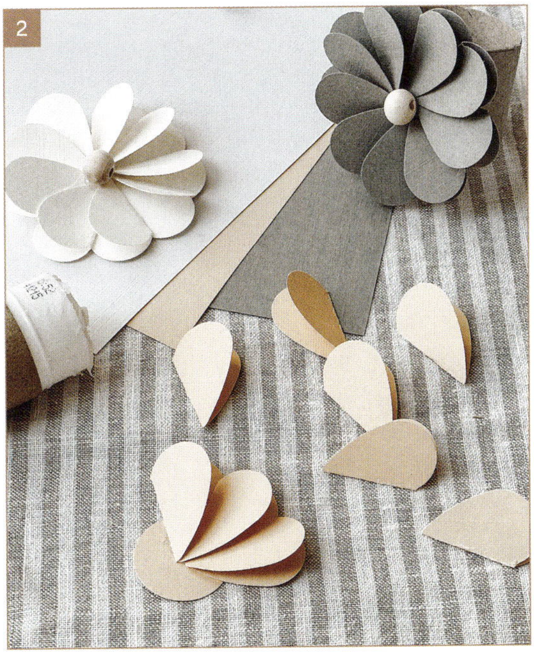

2. Die Herzen mittig falten.

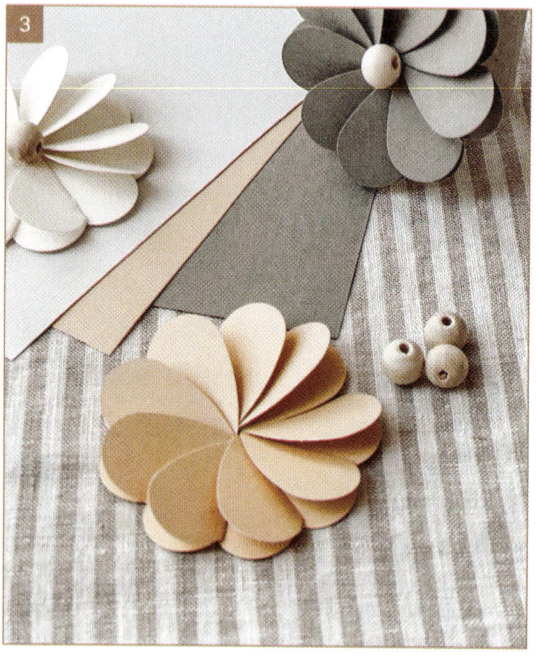

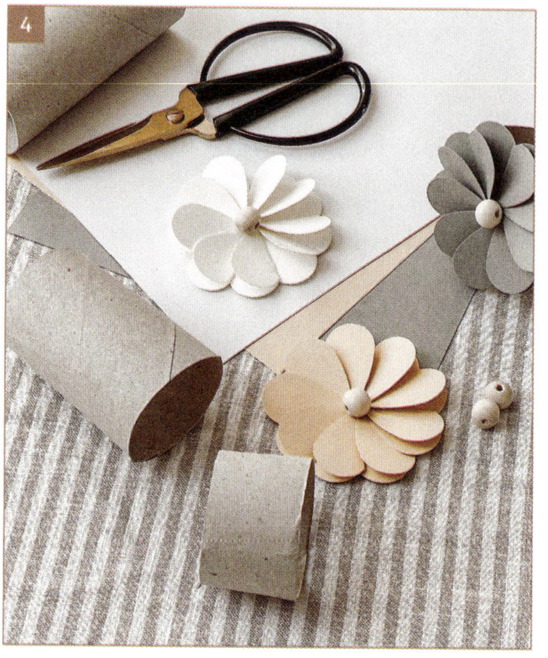

3. Anschließend werden die gefalteten Herzen reihum an den Kreis geklebt, sodass sie eine Blume ergeben. Darauf mittig eine Holzperle kleben.

4. Aus der leeren Toilettenpapierrolle einen ca. 3 cm breiten Streifen schneiden. Auf diesen Streifen wird die Blume geklebt. Fertig ist ein floraler und schnell gemachter Serviettenring.

TIPP: Wer mag, kann den Streifen der Toilettenpapierrolle noch farbig bemalen.

Blumiges Windlicht

Meine Tochter ist eine leidenschaftliche Blumensammlerin, und ihre Funde werden bei uns ganz oft trockengepresst. Denn damit lassen sich viele schöne DIY-Projekte verzieren und umsetzen. Eine hübsche Upcycling-Idee ist ein Windlicht aus leeren Marmeladen- oder Einmachgläsern, die mit den getrockneten Blumen verziert werden. Der Kleber, den ich verwendet habe, trocknet transparent aus, und dadurch sehen die Blumen im Kerzenlicht wunderschön aus. Dieses DIY ist kinderleicht umzusetzen und eignet sich auch perfekt als kleine Geschenkidee.

Du benötigst: Getrocknete und gepresste Blumen oder Gräser · leeres Glas · Serviettenkleber · Pinsel · Jutekordel · Kleber

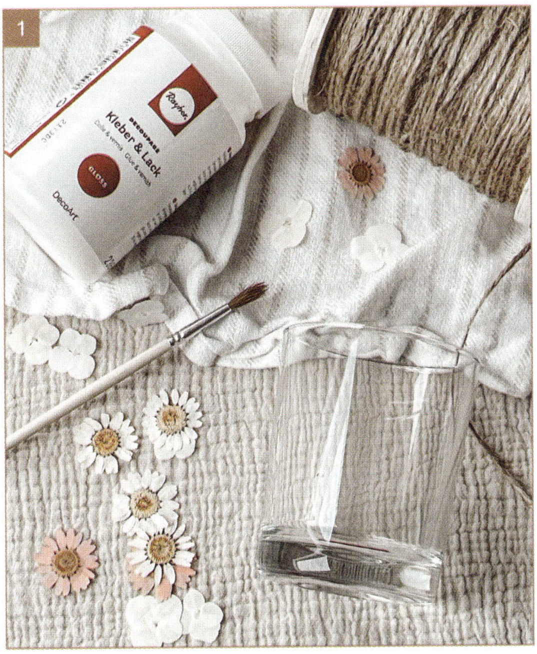

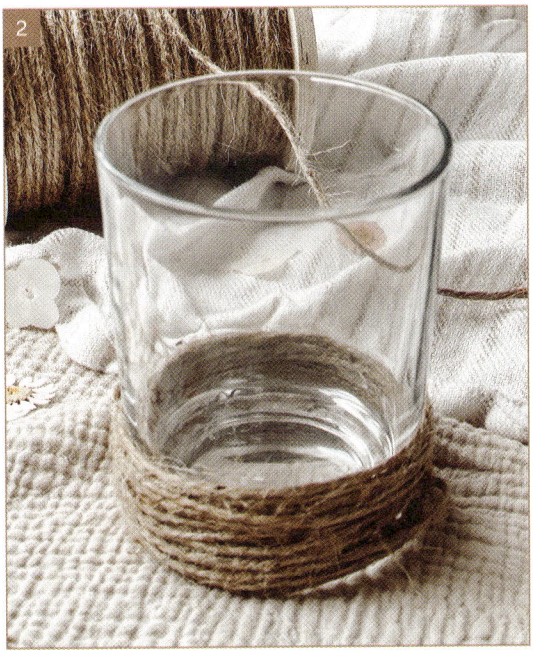

1. Das Glas, das man für das Windlicht verwenden möchte, sollte fett- und staubfrei sein.

2. Mit etwas Kleber und Jutekordel das untere Ende verzieren. Dabei die Kordel so oft um das Glas wickeln, dass es einen schönen Abschluss bildet. Zwischendrin immer wieder mit etwas Kleber fixieren. Das Ende der Kordel abschneiden.

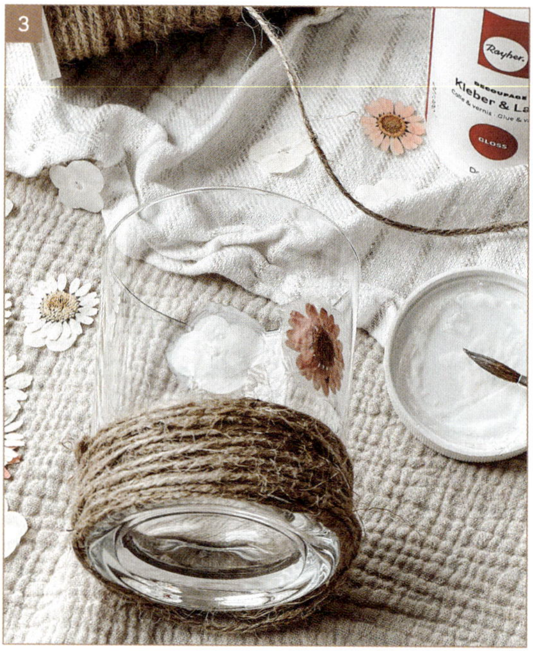

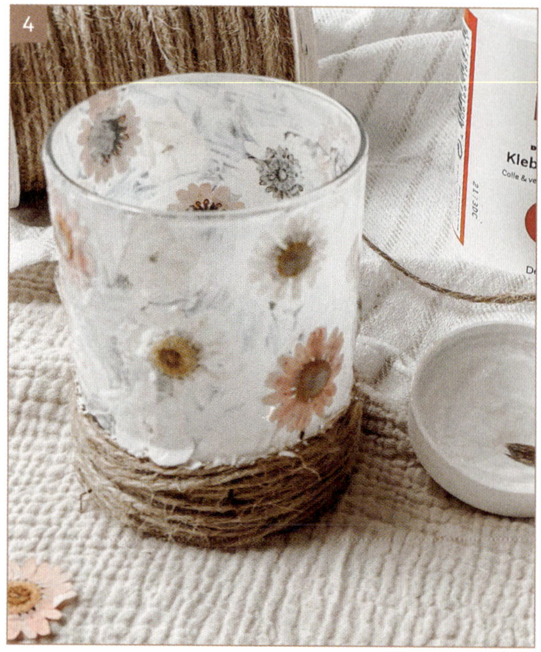

3. Nun wird mit einem Pinsel etwas Serviettenkleber auf das Glas gestrichen, darauf platziert man eine gepresste, getrocknete Blume.

4. Anschließend nochmal mit etwas Kleber fixieren. Mein Windlicht bekommt Gänseblümchen und Hortensien. Wenn alle Blumen am Glas angebracht sind, lässt man den Serviettenkleber trocknen. Dieser wird transparent und ist kaum mehr sichtbar. Im Kerzenlicht sehen die Blumen am Windlicht wunderschön aus.

TIPP: Für dieses DIY einen Pinsel mit weichen Haaren benutzen, ansonsten besteht die Gefahr, dass die Blumen kaputt gehen.

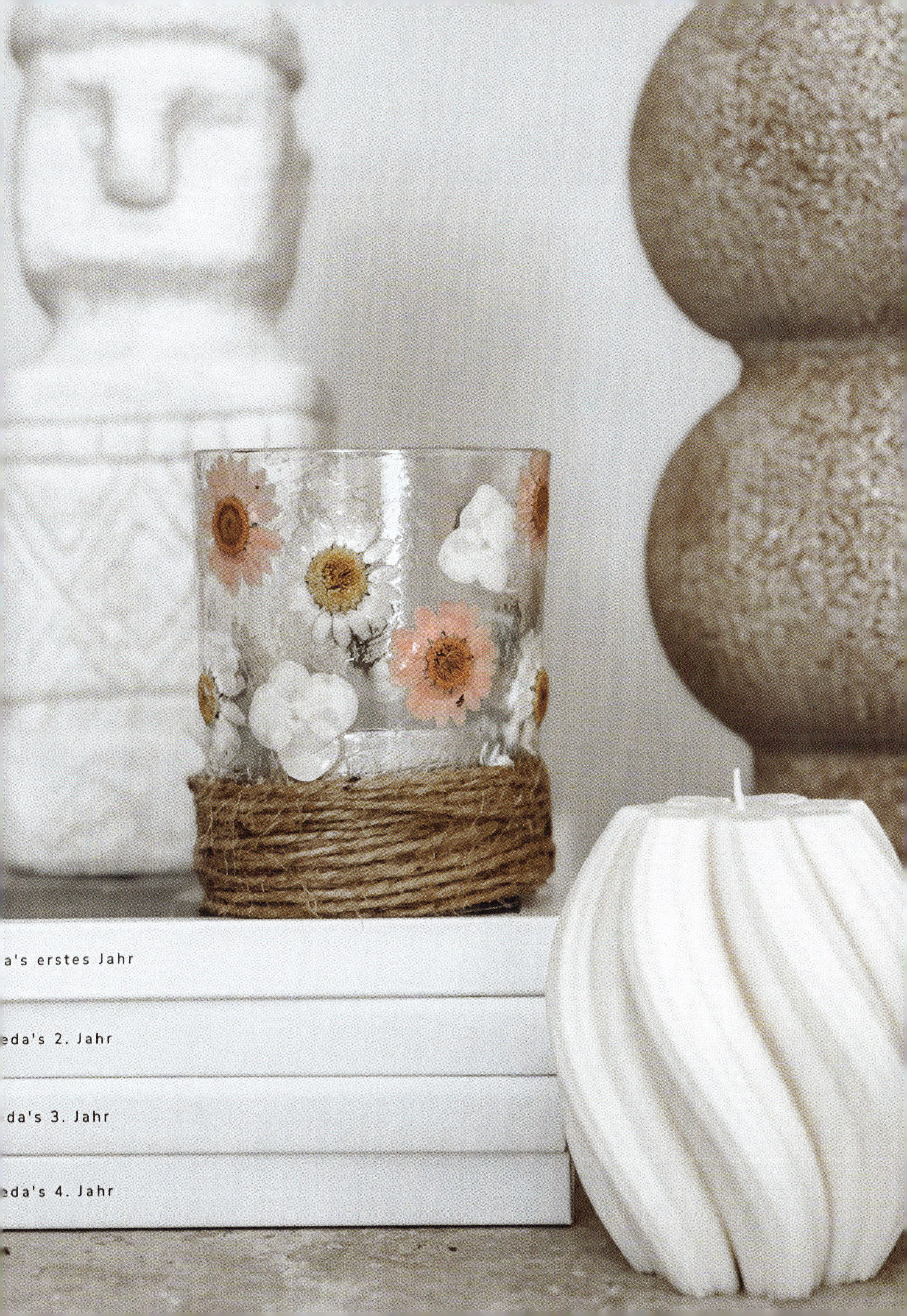
a's erstes Jahr
eda's 2. Jahr
da's 3. Jahr
eda's 4. Jahr

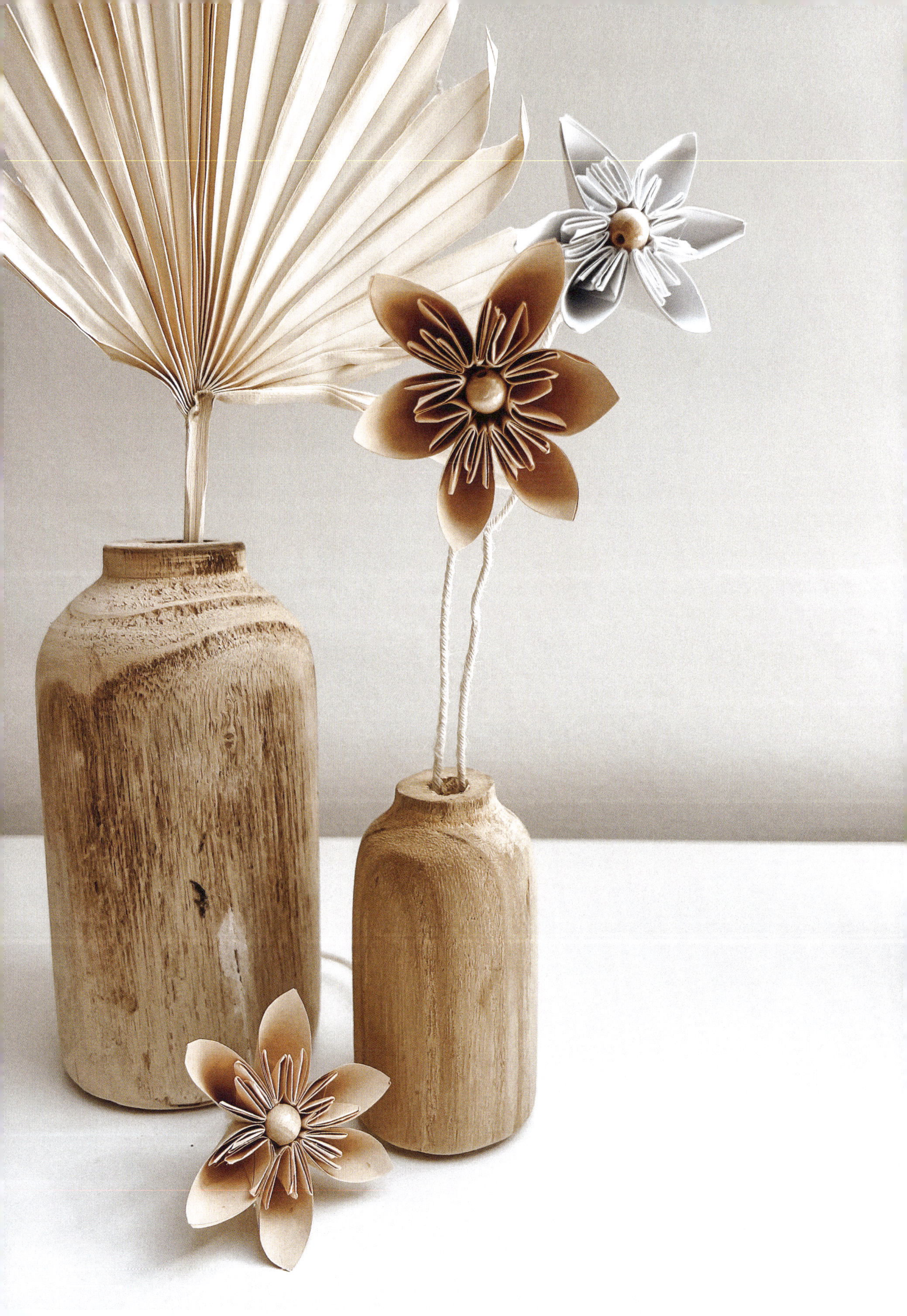

Origami-Papierblumen

Mit diesen Origami-Papierblumen kommt bei mir Frühlingsstimmung auf. Und das Beste: Sie werden nie verblühen. Das Falten der Blumen hat für mich etwas sehr Entspannendes, und so war es nicht verwunderlich, dass schnell ein kleiner Strauß entstanden ist. Sie sehen als Dekoration auf der Kaffeetafel oder auf der Fensterbank wunderschön aus. Oder man verschenkt sie mit einer kleinen, netten Botschaft an eine liebe Person. Die Origami-Blumen bestehen aus sechs Einzelteilen und lassen sich schnell und einfach umsetzen, obwohl sie aufwendig aussehen. Auch mit Kindern können sie gebastelt werden.

Du benötigst: Quadratisches Faltpapier (alternativ dünnes Bastelpapier) · Holzperlen · Bleistift · Lineal · Kleber · Schere · Basteldraht

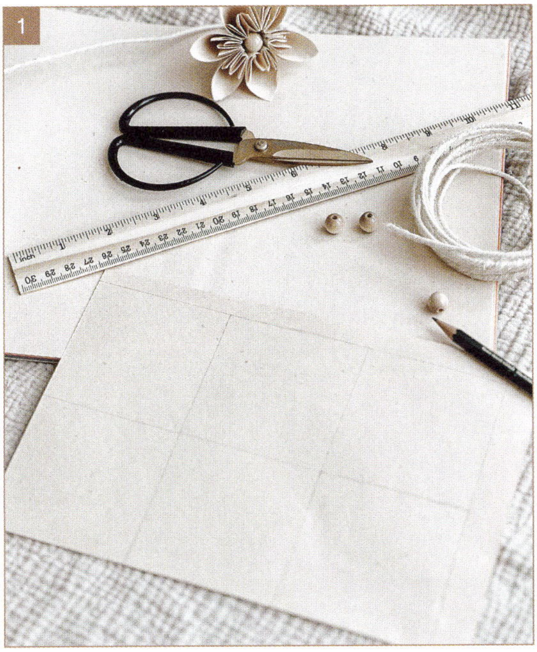

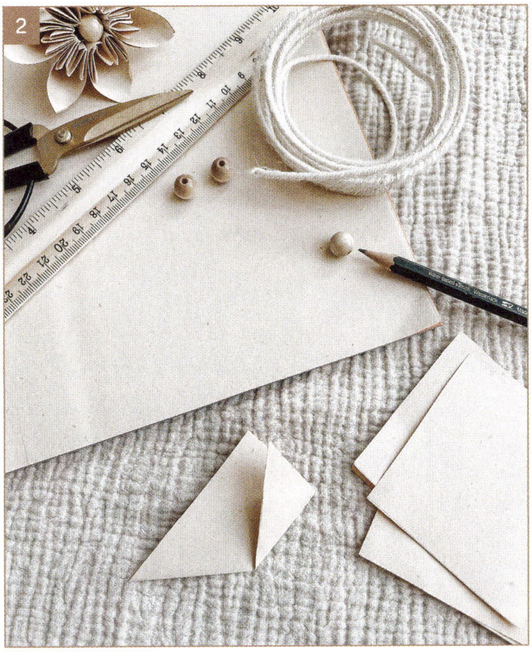

1. Für eine Blume werden 6 Faltpapiere mit den Maßen 6 x 6 cm benötigt. Alternativ kann man auch dünnes Bastelpapier in diesen Maßen ausschneiden.
2. Das Quadrat einmal diagonal falten, anschließend die beiden unteren Ecken nach oben zur Mitte falten.

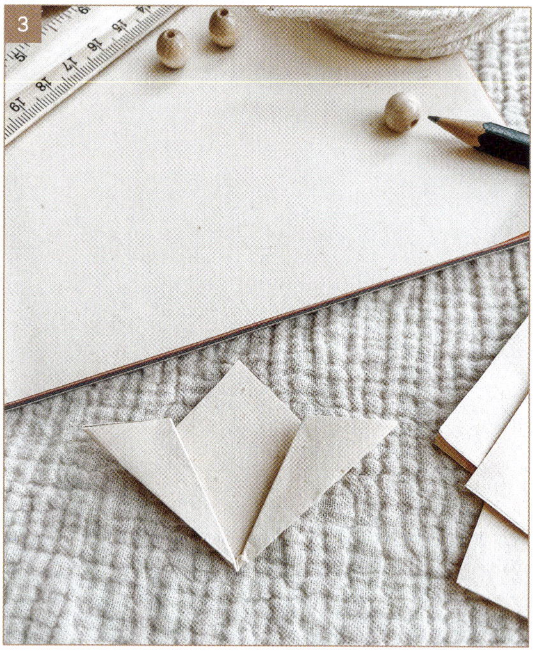

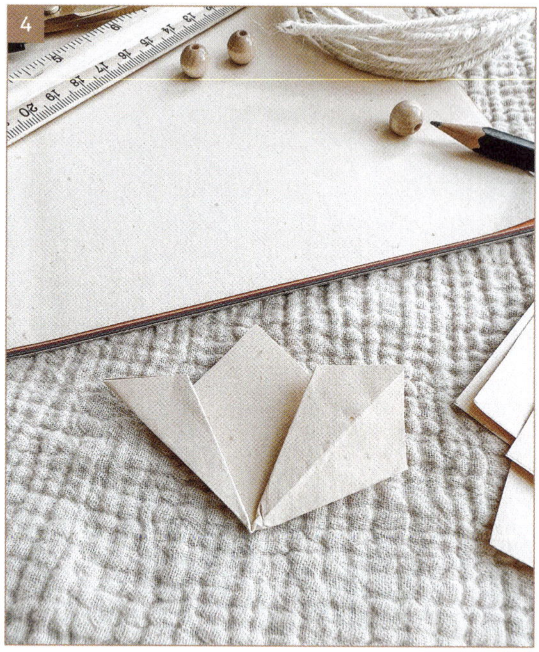

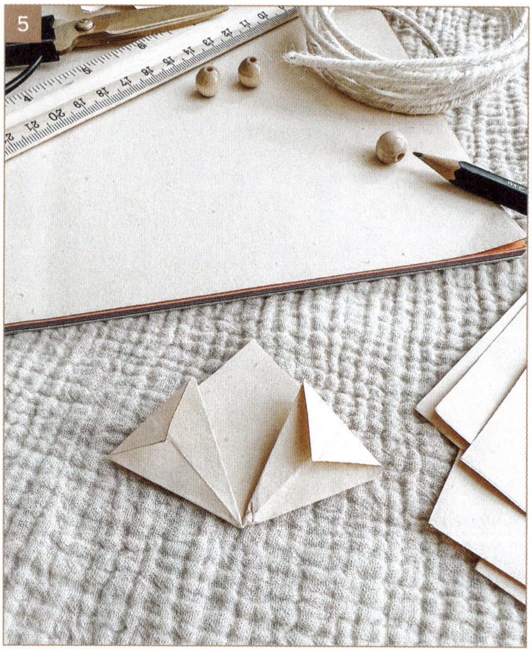

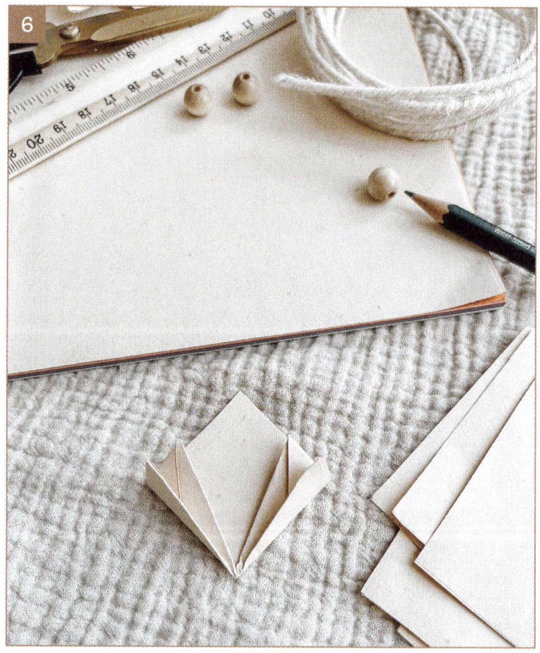

3. Die nach oben zur Mitte gefalteten Ecken werden nun mittig nach unten gefaltet.

4. Anschließend beidseitig die Ecken öffnen, sodass eine Drachenform entsteht. Diese Form einmal flachdrücken.

5. Die Spitzen dieser beiden Drachenformen werden nun nach unten gefaltet.

6. Die beiden äußeren Faltabschnitte so falten, dass wieder ein Quadrat entsteht, also den rechten und den linken Faltabschnitt jeweils nach innen falten.

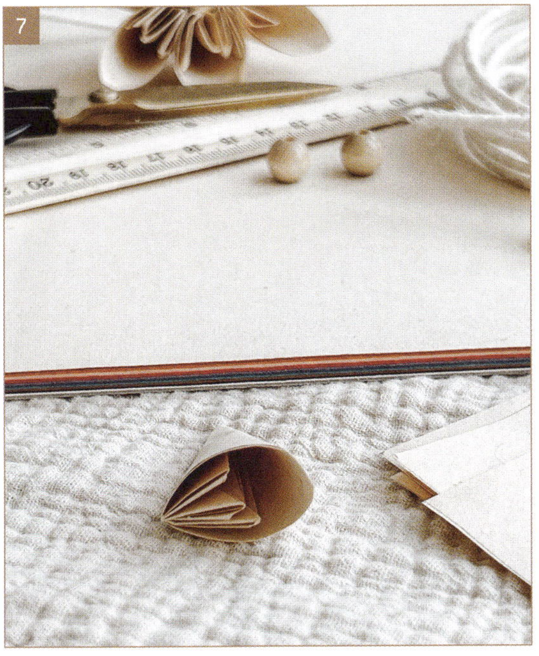

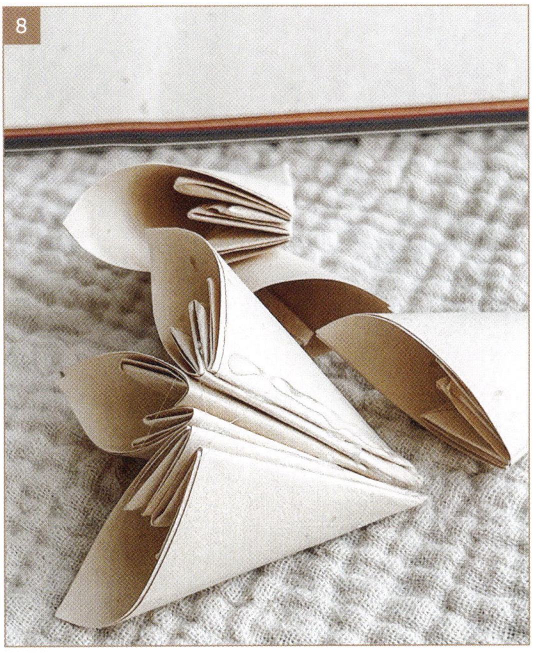

7. Auf den rechten äußeren Faltabschnitt Kleber geben und mit der gegenüberliegenden Seite festkleben. Dadurch entsteht ein Blütenblatt.

8. Diesen Vorgang für alle 6 Blütenblätter wiederholen. Anschließend alle Blütenblätter zusammenkleben. In der Mitte eine Holzperle mit Kleber fixieren.

9. Damit die Blume in einer Vase stehen kann, etwas Basteldraht abschneiden, von unten in das kleine Loch der Blume schieben und mit Kleber fixieren.

   TIPP: Je größer das Maß der Quadrate ist, desto größer werden die Blumen. Daher einfach mit unterschiedlichen Größen einen Strauß zusammenstellen.

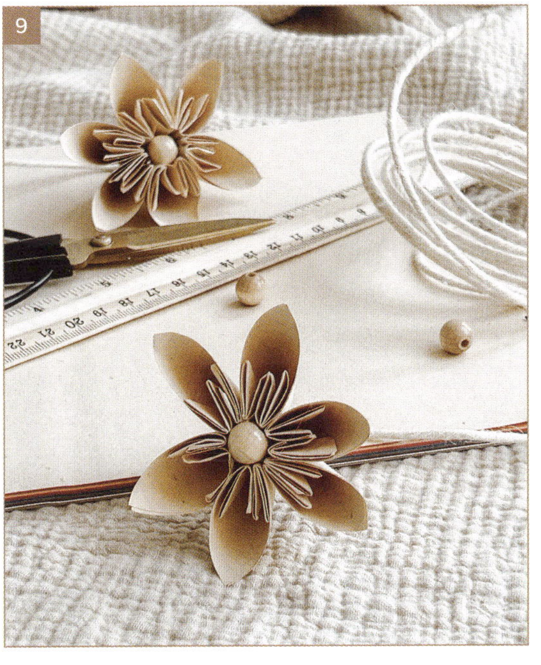

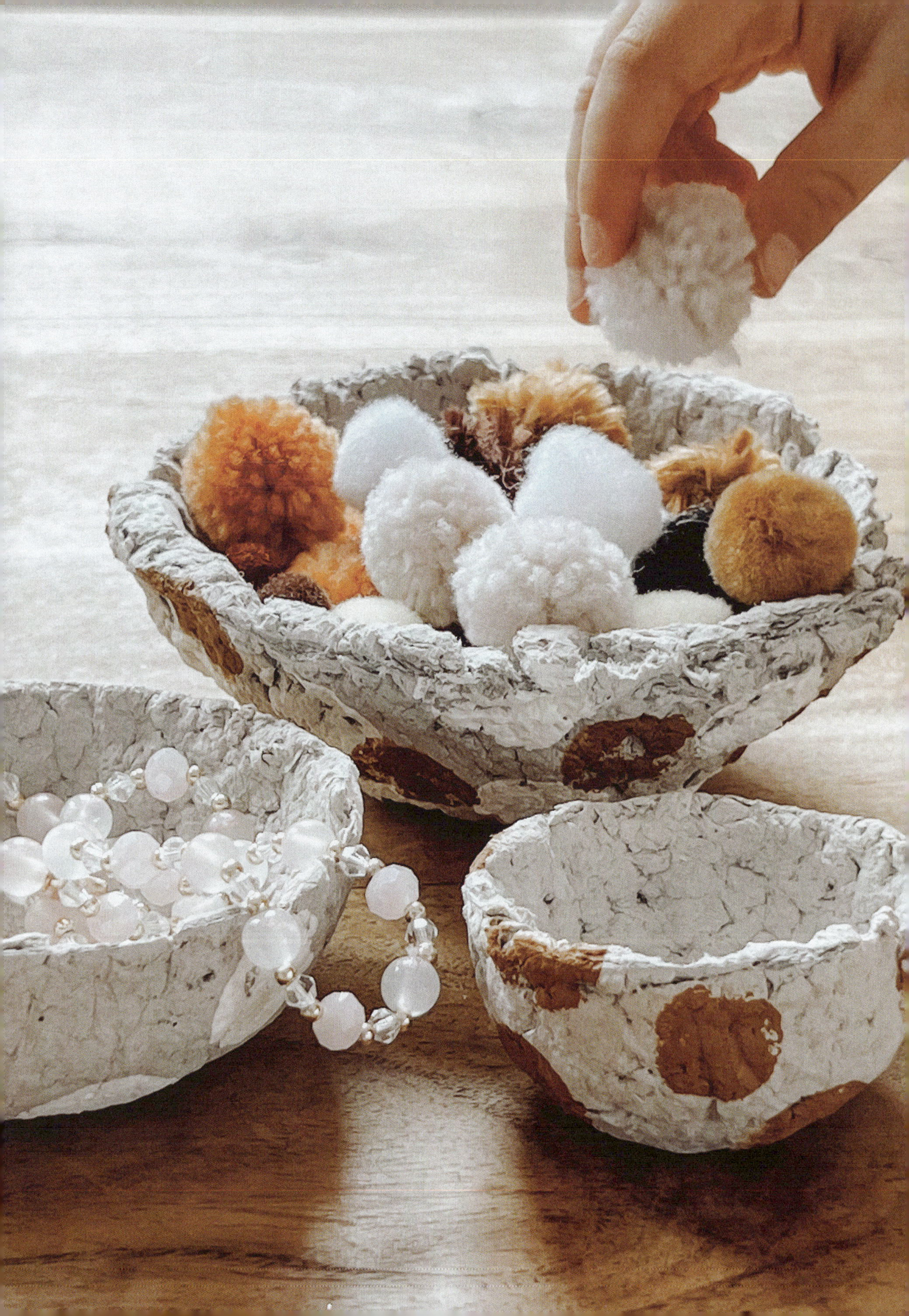

Pappmaché-Schalen

Kleine Schalen zur Aufbewahrung werden bei uns immer gebraucht. Sei es für Pompons, Armbänder, Perlen oder kleine Haarspangen – wenn es nach meiner Tochter geht, können wir niemals genug Schalen haben. Umso schöner sind diese, wenn sie auch noch selbst gemacht sind. Allein die Herstellung macht so viel Spaß und eignet sich auch schon für die ganz Kleinsten.

Du benötigst: Eierkartons · Wasser · große Schüssel · Pürierstab · kleine Schalen · Backpapier · Acrylfarbe · Stupfpinsel

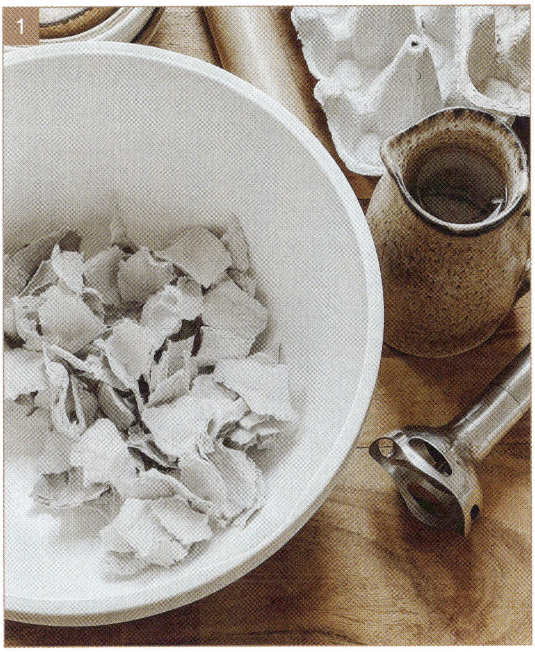

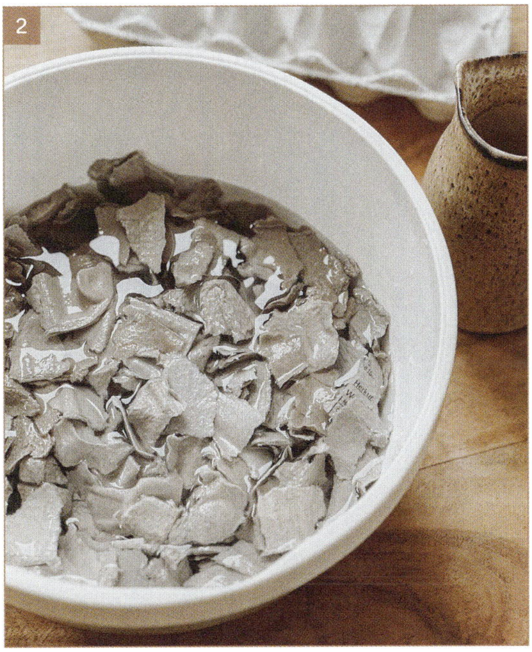

1. Die Eierkartons in kleine Stücke zerreißen und in eine große Schüssel geben.

2. So viel Wasser in die Schüssel geben, dass alle Schnipsel bedeckt sind. Aus zwei Zehnerkartons konnte ich zwei kleine und eine größere Schale formen.

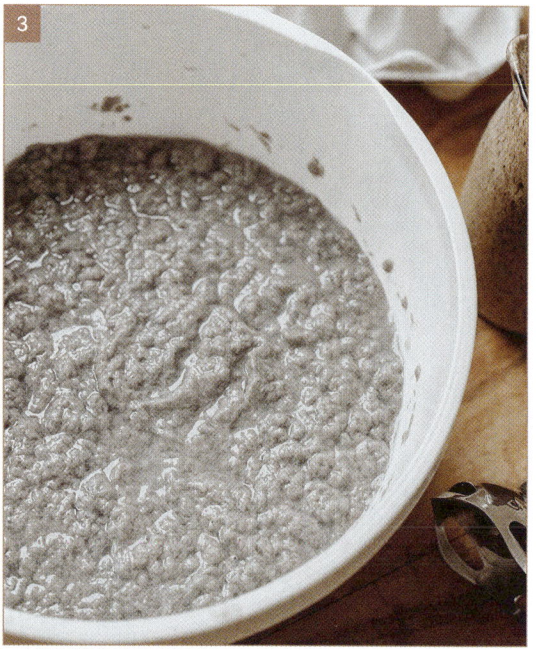

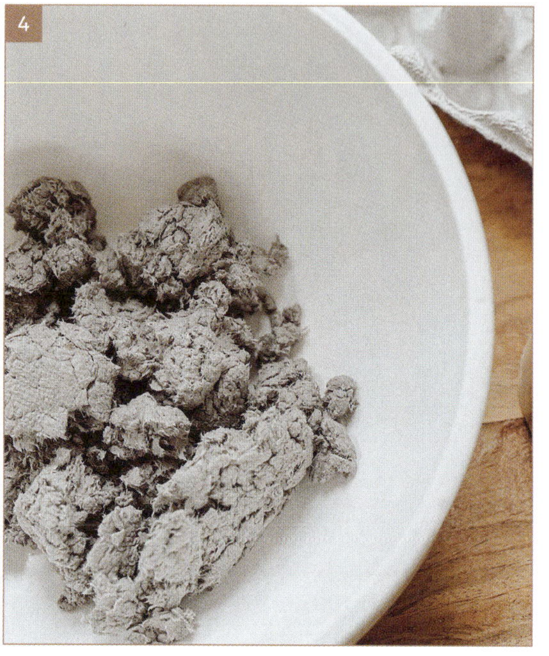

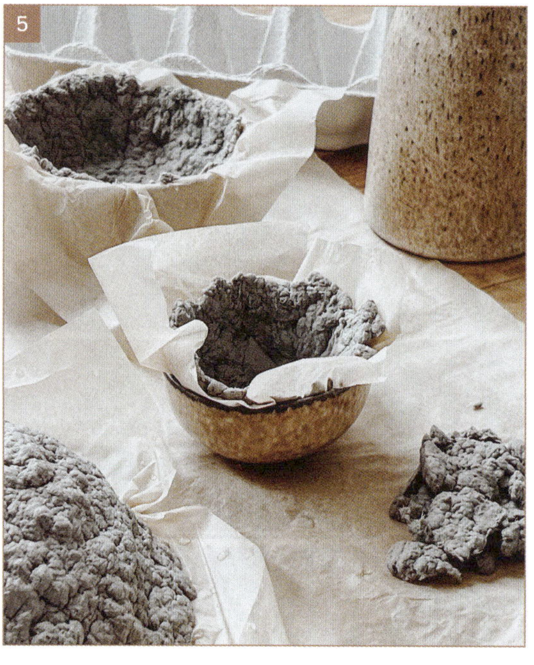

3. Die Eierkarton-Wasser-Mischung ein paar Minuten einweichen lassen, anschließend mit einem Pürierstab zu einem Brei zerkleinern.

4. Wenn die Masse sehr flüssig ist, gießt man diese einfach in ein Sieb und kann so das überschüssige Wasser ausdrücken. Es muss eine teigige Masse entstehen.

5. Schließlich werden kleine Schälchen mit Backpapier bereitgestellt. Man kann die Masse entweder um die Schalen herum verteilen oder an den Innenseiten andrücken.
Nun muss man etwas Geduld haben, denn jetzt muss das Ganze trocknen. Bis alles durchgetrocknet ist, dauert es bei Raumtemperatur je nach Dicke der Schalen ca. 2–3 Tage.

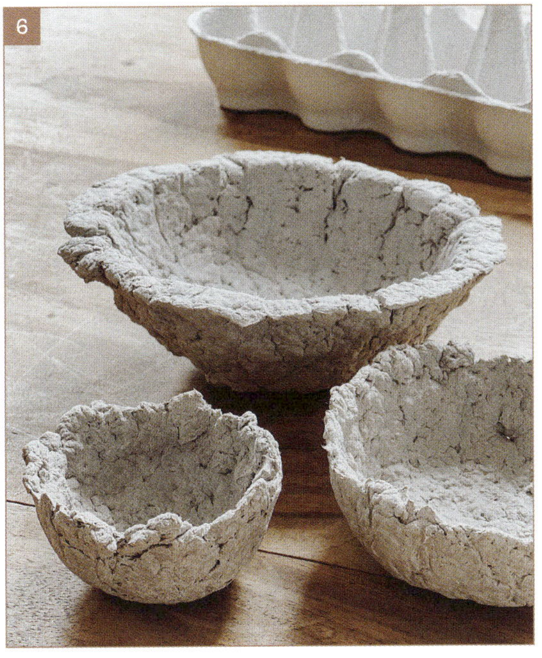

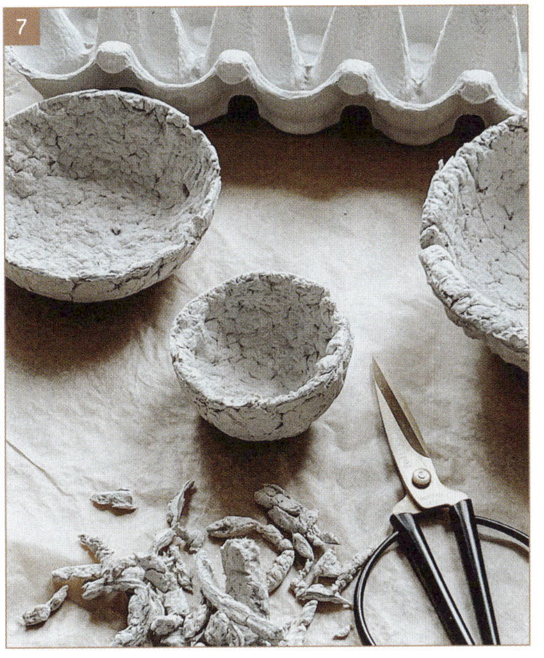

6. Wenn die Schalen vollständig trocken sind, lassen sie sich problemlos vom Backpapier lösen.

7. Abschließend kann man die unregelmäßigen, unschönen Ränder der Schalen mit einer Schere begradigen.

8. Dann geht es an das Verzieren. Hierzu mit etwas Acrylfarbe und einem Stupfpinsel Muster auf den Schalen anbringen und trocknen lassen. Der Fantasie sind dabei keine Grenzen gesetzt, und auch hier bringen sich die Kleinen gerne ein.

TIPP: Wer möchte, gibt etwas Glitzerpulver in die Farbe, das gibt tolle Effekte. Oder man bringt mit Serviettenkleber Streukonfetti an den Schalen an. Diese Variante bedeckt dann auch kleine Löcher oder Risse, sollten diese irgendwo zu sehen sein.

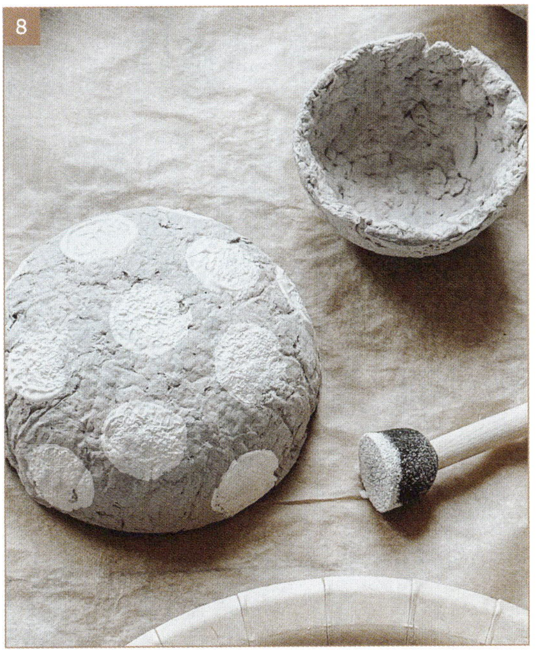

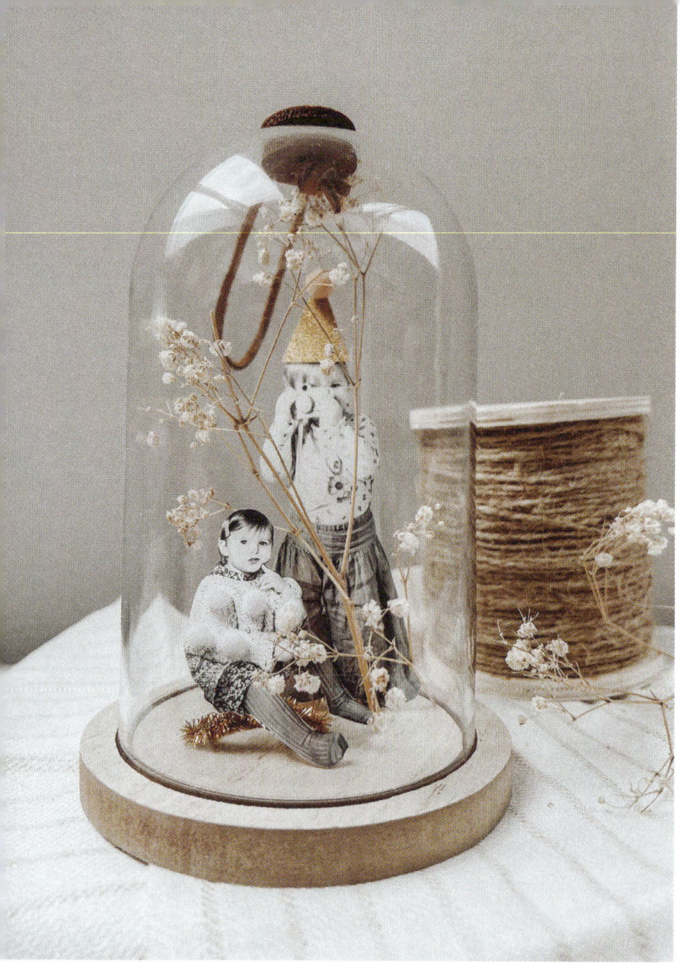
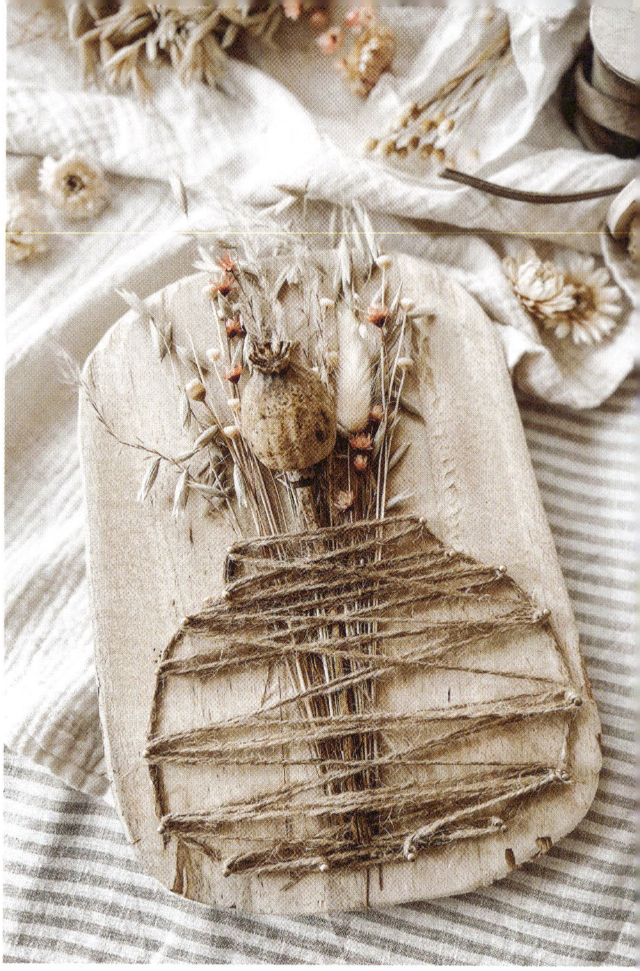
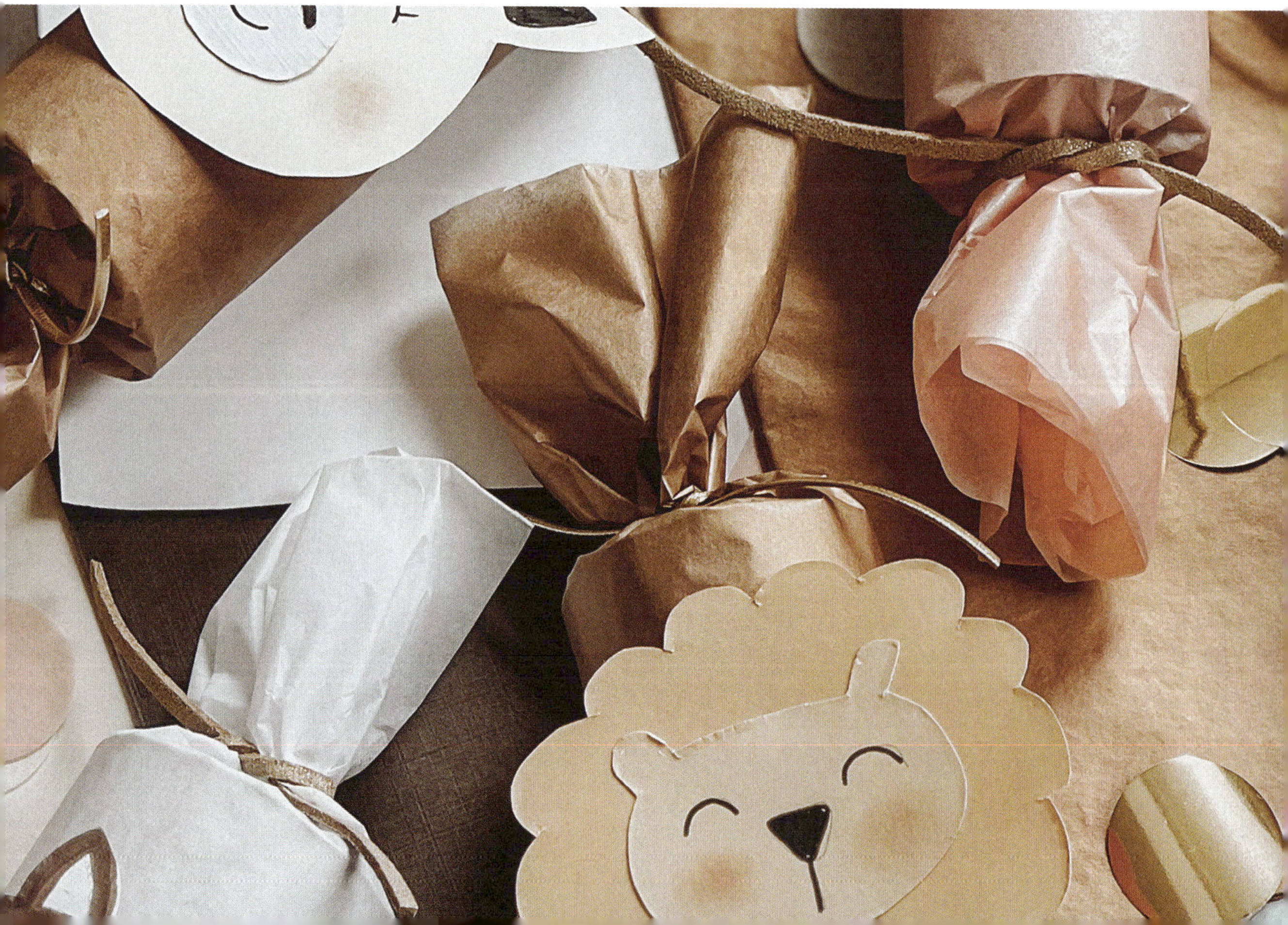

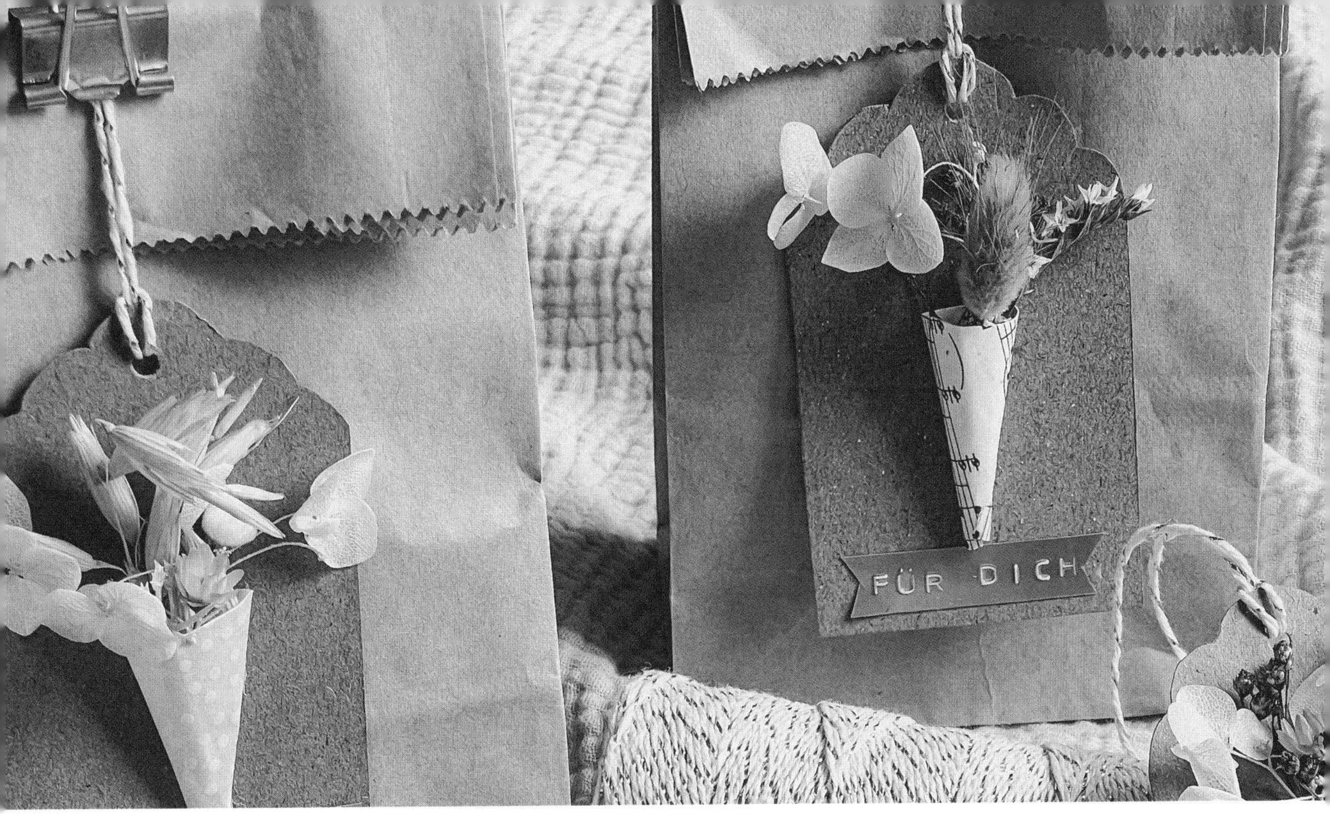

Zum Verschenken

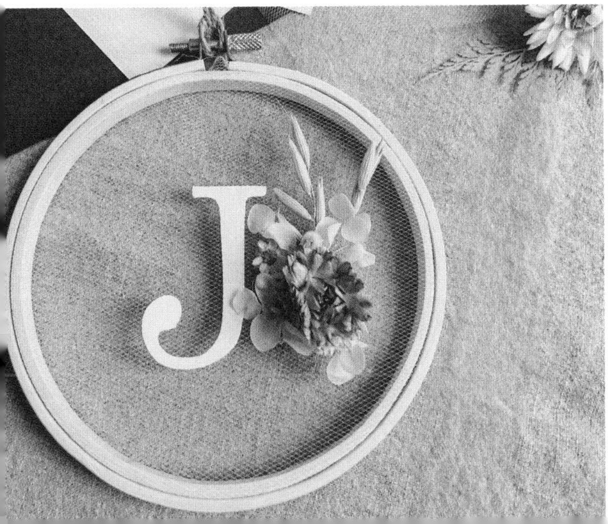

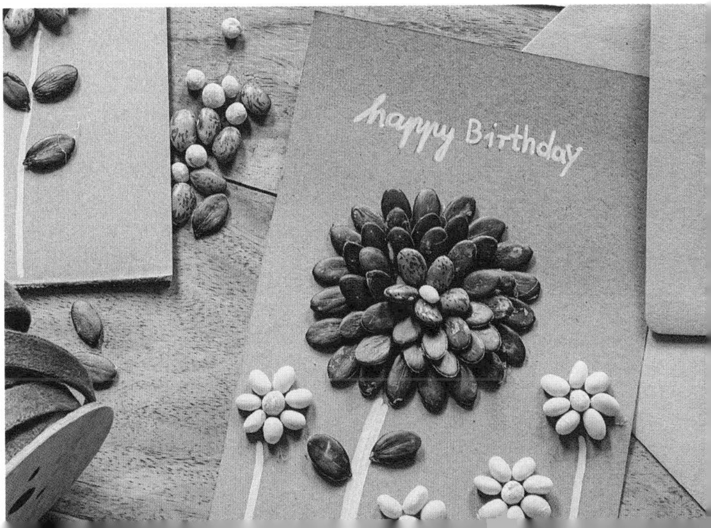

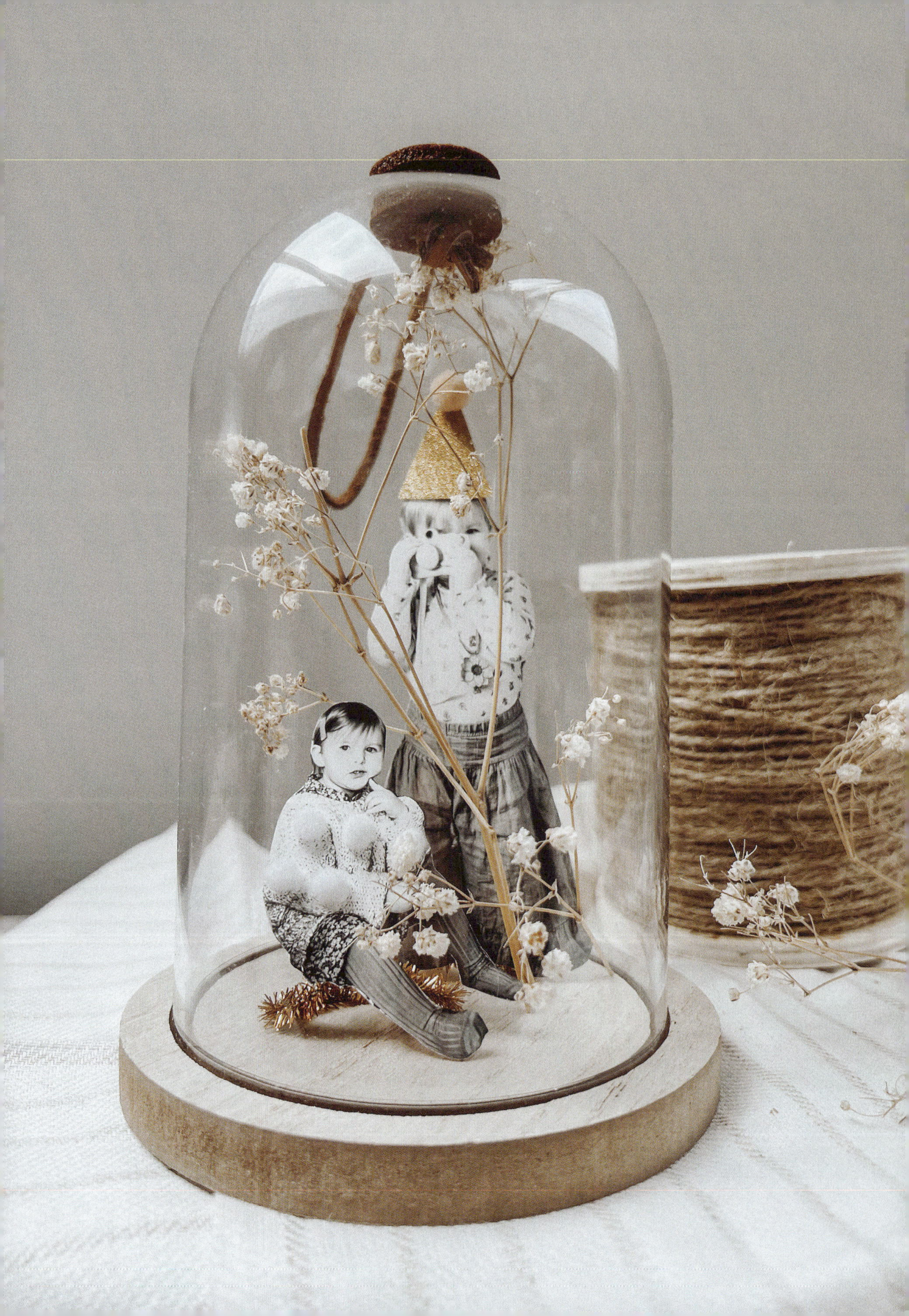

Glasglocke mit Fotos

Fotos sind großartige Erinnerungen an schöne Momente. Aber der größte Teil der Fotos schlummert auf dem Handy oder in Fotoalben, die man viel zu selten in der Hand hält. Ich wollte unsere Wohnung gerne mit Fotos von besonderen Momenten dekorieren – ein Foto in einem Bilderrahmen war mir persönlich zu langweilig. So entstand die Idee, Fotos meiner Tochter in einer Glasglocke zu drapieren. Wenn man ein paar Akzente hinzufügt, bekommt jedes Foto einen besonderen Touch.

Du benötigst: Fotos · Glasglocke · Bastelpapier · Chenille-Draht · kleine Filzkugeln · Trockenblumen · dünne Wolle · Nadel · Schere · Kleber

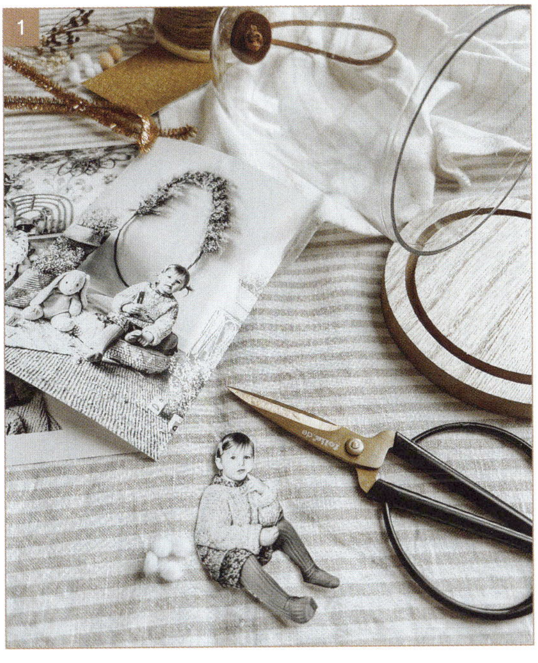

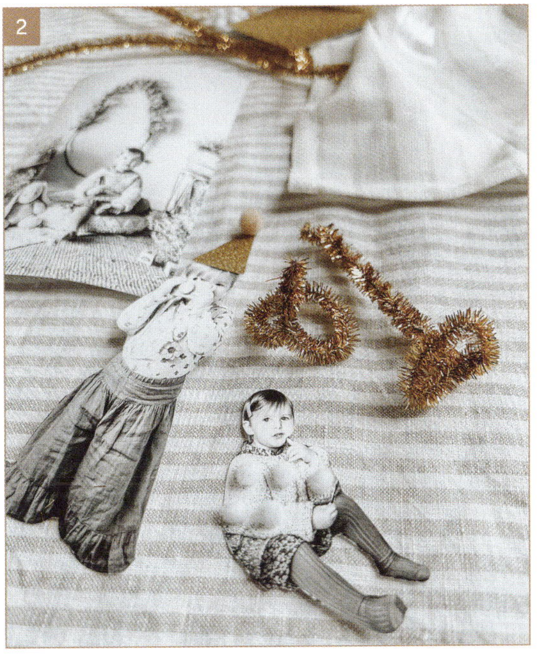

1. Die Person aus dem Foto ausschneiden, sodass der Hintergrund verschwindet und man nur noch den Körper in Händen hält.

2. Nun kann das Foto verziert werden. Ich habe mich für einen Partyhut entschieden, diesen habe ich aus Bastelpapier geschnitten, mit einer kleinen Filzkugel verziert und auf dem Kopf festgeklebt. Einen Pullover kann man entweder mit kleinen Filzkugeln dekorieren, oder man bestickt ihn mit einer dünnen Nadel und feiner Wolle.

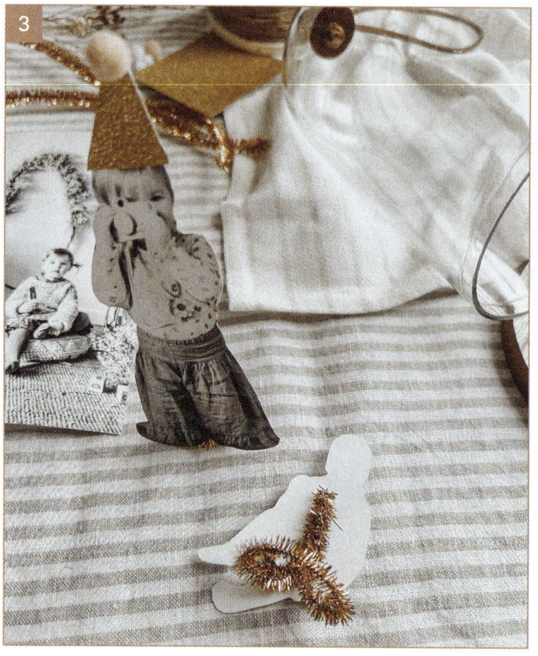

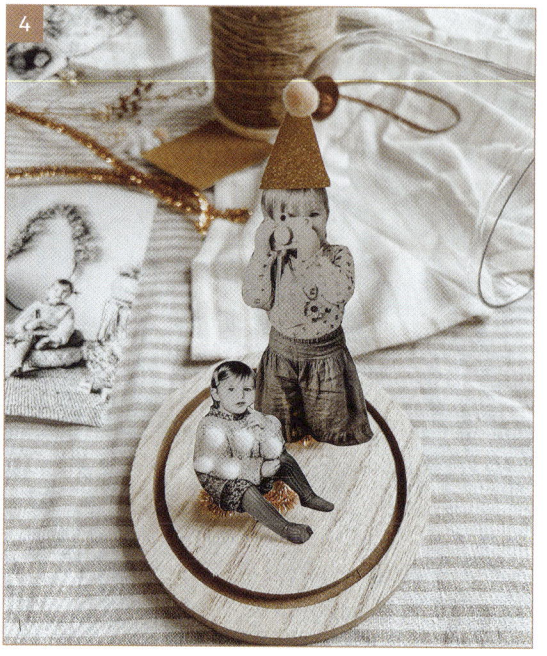

3. Damit das Foto später stehen kann, wird mit Chenille-Draht ein Ständer geformt, welcher von hinten an das Foto geklebt wird.

4. Nun geht es schon an das Drapieren. Dazu die Fotos auf den Boden der Glasglocke aufstellen und ein paar kleine Trockenblumen hinzugeben, anschließend den Deckel aufsetzen.

Geschenk-Bonbons

Knallbonbons machen immer Spaß und passen zu ganz vielen Anlässen, egal ob zu Weihnachten, Silvester oder zu Geburtstagen. Mich haben sie dazu inspiriert, kleine Gastgeschenke für den Kindergeburtstag in Knallbonbonform zu verpacken. Denn das Beste daran ist: Man kann sie nach verschiedenen Themen gestalten. In unserem Fall habe ich sie passend zum tierischen Motto mit lustigen Tiergesichtern dekoriert.

Du benötigst: Leere Toilettenpapierrolle · Füllung (z. B. kleine Süßigkeiten, Konfetti) · Krepp- oder Seidenpapier · Bastelpapier · Bänder · Bleistift · Permanentmarker · Kleber · Schere · optional: Rouge

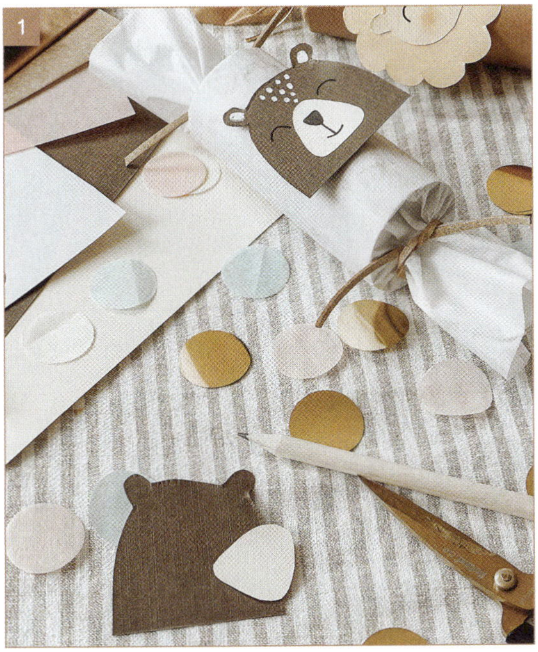

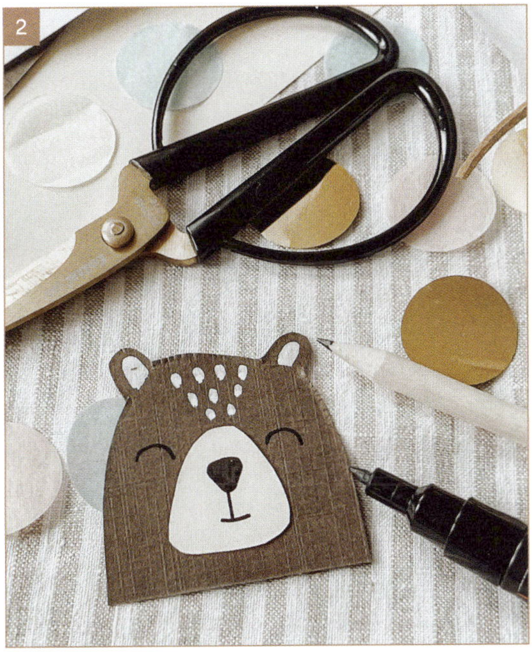

1. Im Buch auf Seite 136 gibt es die Vorlagen für die Tiergesichter. Mithilfe dieser Vorlagen die Tiergesichter auf verschiedenfarbiges Bastelpapier zeichnen und ausschneiden.

2. Anschließend die Teile zu einem Tiergesicht zusammenkleben und mit Permanentmarker Augen und Näschen aufmalen.

   TIPP: Für die Wangen nehme ich gerne Rouge, es kann aber auch gerne mit einem Buntstift gemalt werden.

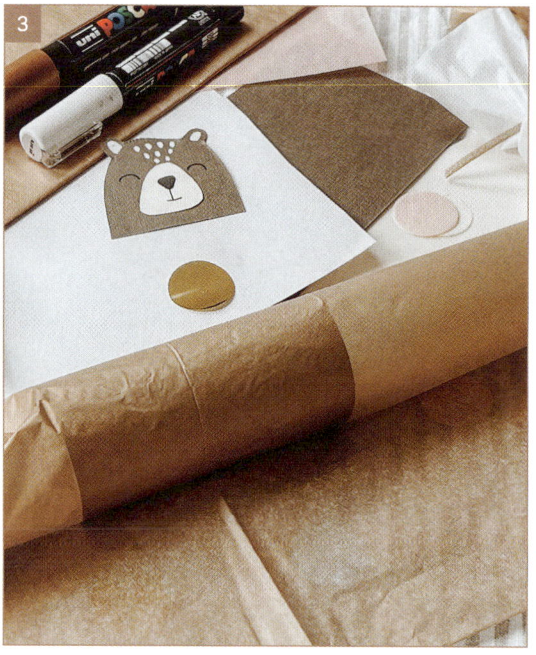

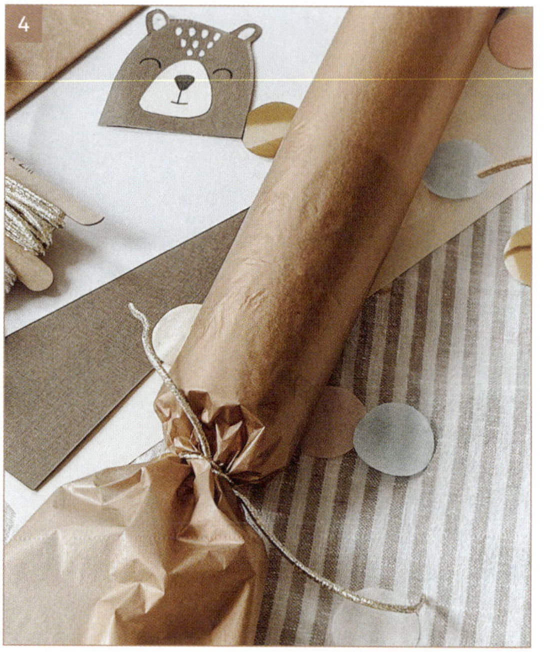

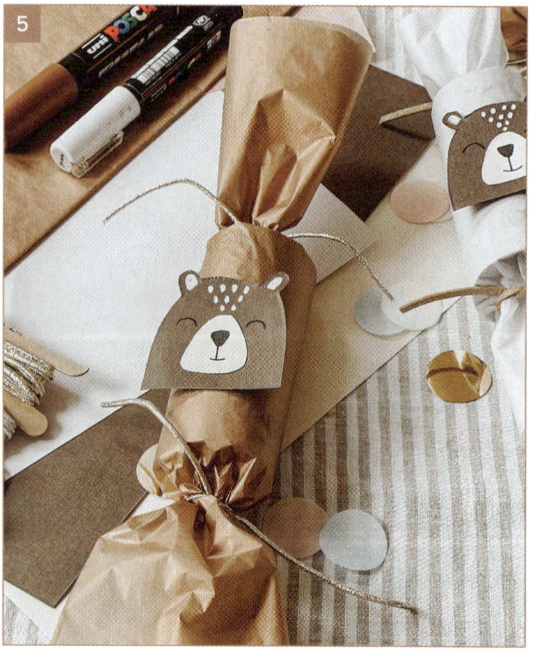

3. Nun geht es schon an das Verpacken. Hierzu wird Krepp- oder Seidenpapier auf die gewünschte Größe zugeschnitten. Die leere Toilettenpapierrolle wird auf das Papier gelegt und damit eingewickelt. Dabei klebt man den Anfang und das Ende mit Kleber fest.

4. Anschließend wird eine Seite mit etwas Band zugeschnürt. Danach kann die gewünschte Füllung in die leere Rolle gegeben werden und abschließend am anderen Ende ebenfalls zugeschnürt werden.

5. Nun nur noch das fertig gebastelte Tiergesicht auf der Rolle festkleben.

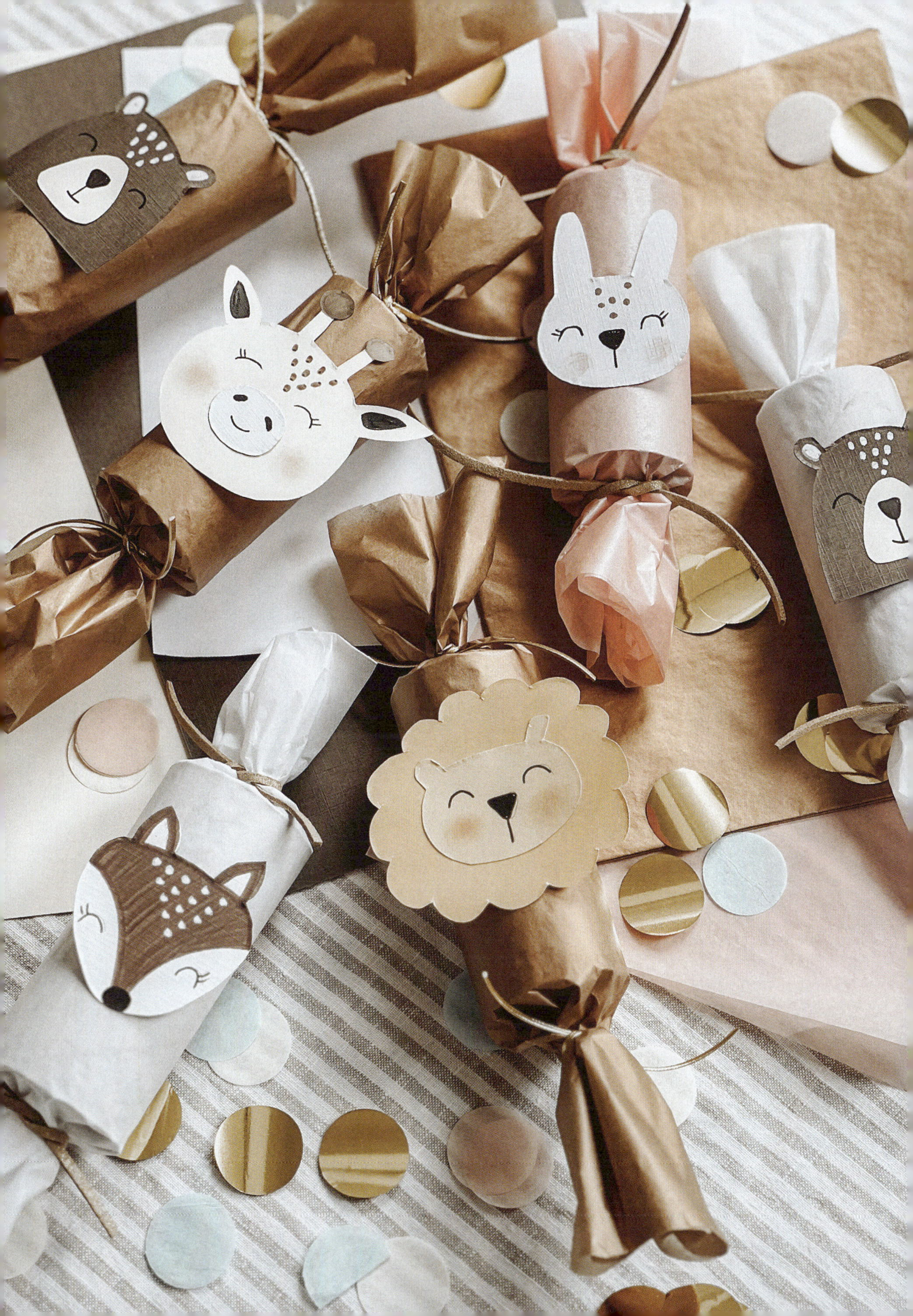

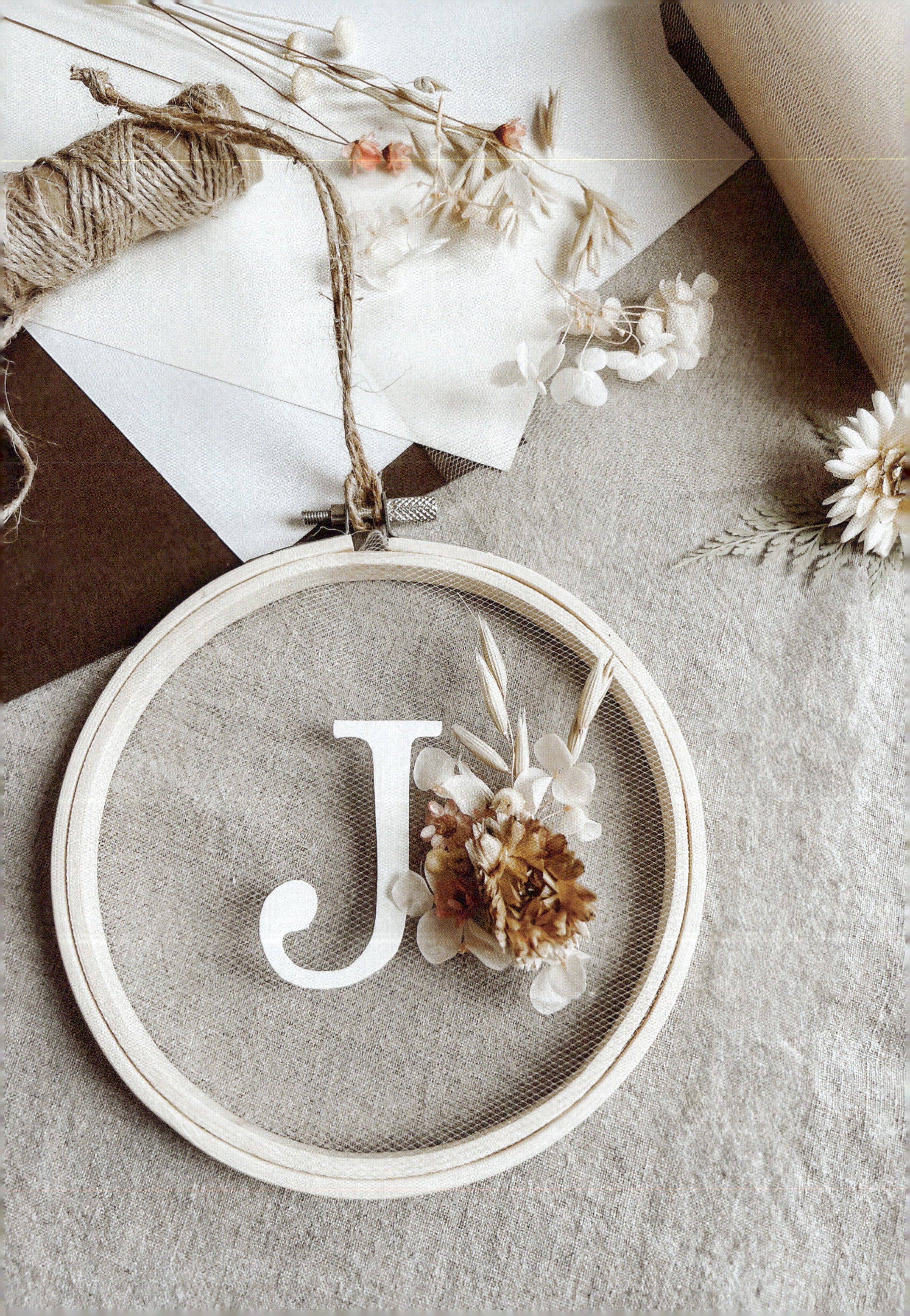
J

Floraler Stickrahmen

Für Geburtstage, Hochzeiten oder zur Geburt verschenke ich am liebsten persönliche Geschenke. Besonders gerne mache ich diese selbst. So ist die Idee zum personalisierten Wandschmuck entstanden – ein floraler Stickrahmen mit dem Anfangsbuchstaben der oder des Beschenkten. Dank Trockenblumen bleibt dieser auch lange schön, sodass er lange Freude bringt.

Du benötigst: Stickrahmen · Tüllstoff · Trockenblumen · Bastelkarton · Bleistift · Schere · Pinzette · Kleber, Schnur oder Kordel

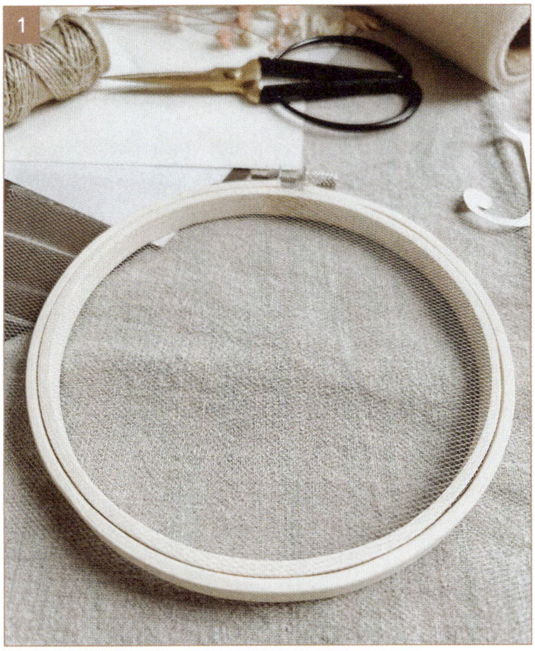

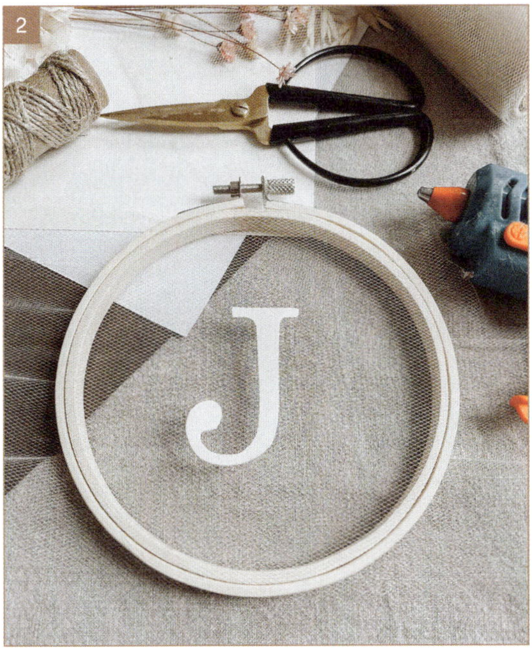

1. Den Tüllstoff in den Stickrahmen spannen.

2. Den Buchstaben mit einem Bleistift auf festen Bastelkarton zeichnen und ausschneiden. Der Buchstabe wird mit Kleber mittig auf dem Stickrahmen festgeklebt.

   TIPP: Man kann sich den Lieblingsbuchstaben auch ausdrucken, statt ihn selbst zu zeichnen.

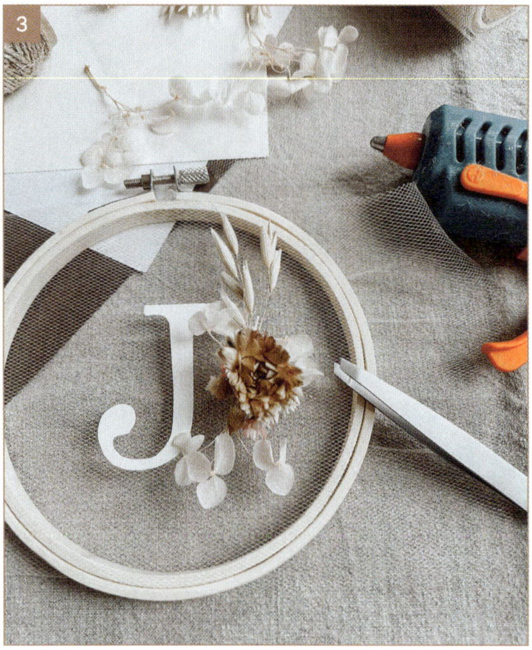

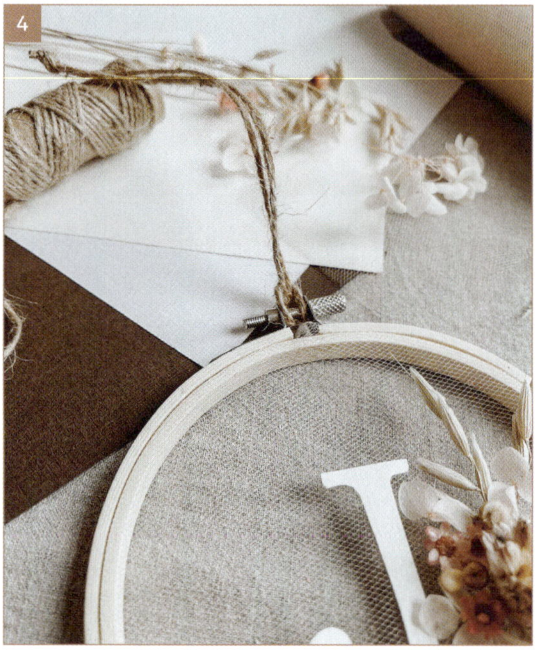

3. Nun geht es ans Arrangieren der Blumen. Hier hilft eine Pinzette, denn damit lassen sich die Trockenblumen auf bzw. um den Buchstaben platzieren. Bevor man die Blumen festklebt, empfehle ich, erstmal alles zu arrangieren, um zu sehen, wie es nachher aussehen soll. Wenn alle Blumen so liegen, wie man es später möchte, kann man damit anfangen, diese mit der Pinzette vorsichtig wieder anzuheben und nacheinander festzukleben.

4. Wenn alle Blumen mit Kleber befestigt sind, schneidet man den Tüll knapp an der Rückseite des Stickrahmens ab. Mit einem Stück Schnur oder Kordel abschließend an den Schraubverschlüssen des Stickrahmens eine Aufhängung befestigen.

DIY-Karten

Über eine von Hand geschriebene Karte freue ich mich immer sehr. Daher verschenke ich diese auch gerne. Denn es gibt immer einen guten Grund, ein paar nette Worte zu schreiben und jemandem damit eine Freude zu machen. Jedoch hat man nicht immer die zum Anlass passende Karte zur Hand, deshalb kann man jetzt blumige Karten mit ein paar Hülsenfrüchten selbst gestalten.

Du benötigst: Kraftpapier oder blanko Klappkarten · verschiedene Hülsenfrüchte und Kerne · Permanentmarker · Kleber

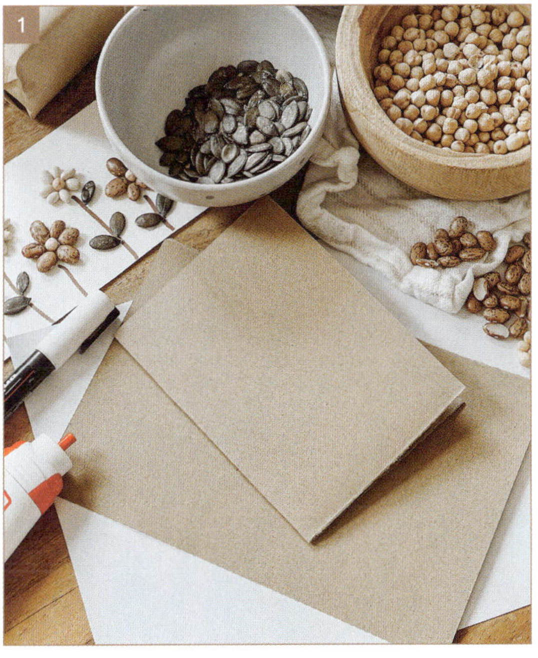

1

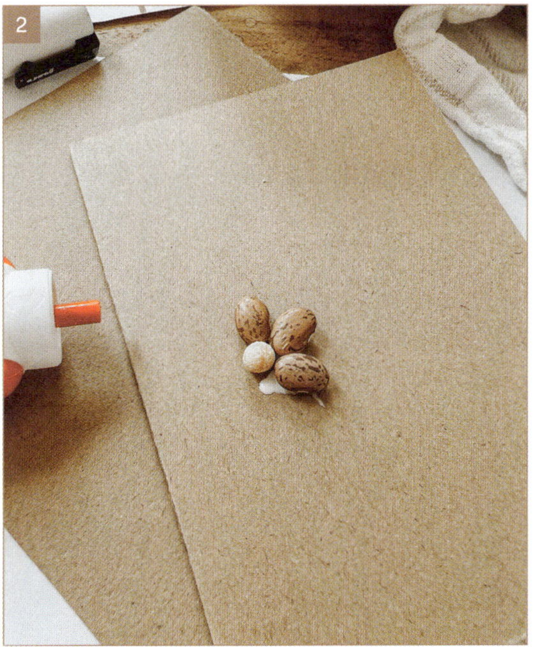

2

1. Wenn man keine blanko Klappkarten zur Hand hat, kann man diese mit Kraftpapier einfach selbst machen. Dazu das Kraftpapier auf die gewünschte Größe schneiden und ggf. in der Mitte zusammenklappen.
   Die Hülsenfrüchte in kleine Schalen füllen und vor sich bereitstellen. Am besten nimmt man verschiedenfarbige, dann hat man mehr Möglichkeiten. Die Karten sehen aber auch nur mit einer Sorte Hülsenfrüchte schön aus. Nun kann man sich das Motiv überlegen. Dabei empfehle ich, die Hülsenfrüchte erst einmal nur auf der Karte aufzulegen, bevor man sie festklebt, so kann das Motiv noch angepasst werden.

2. Wenn das gewünschte Motiv entstanden ist, werden die Hülsenfrüchte nach und nach einzeln festgeklebt. Den Kleber gut trocknen lassen.

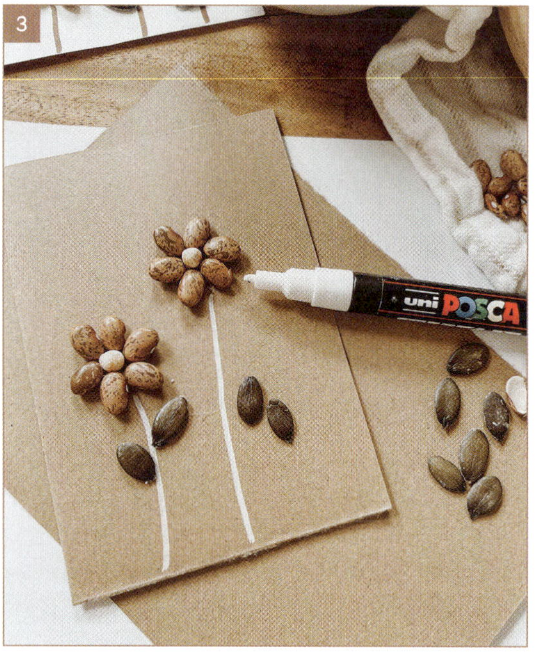

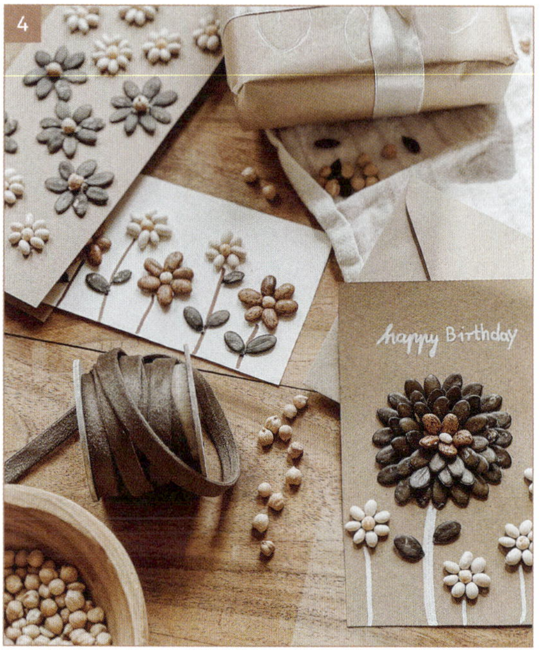

3. Mit einem Permanentmarker werden nun Details wie Stiele oder Blätter aufgemalt.

4. Anschließend den gewünschten Text auf die Innenseite der Karte schreiben. Und dann heißt es, Freude verschenken.

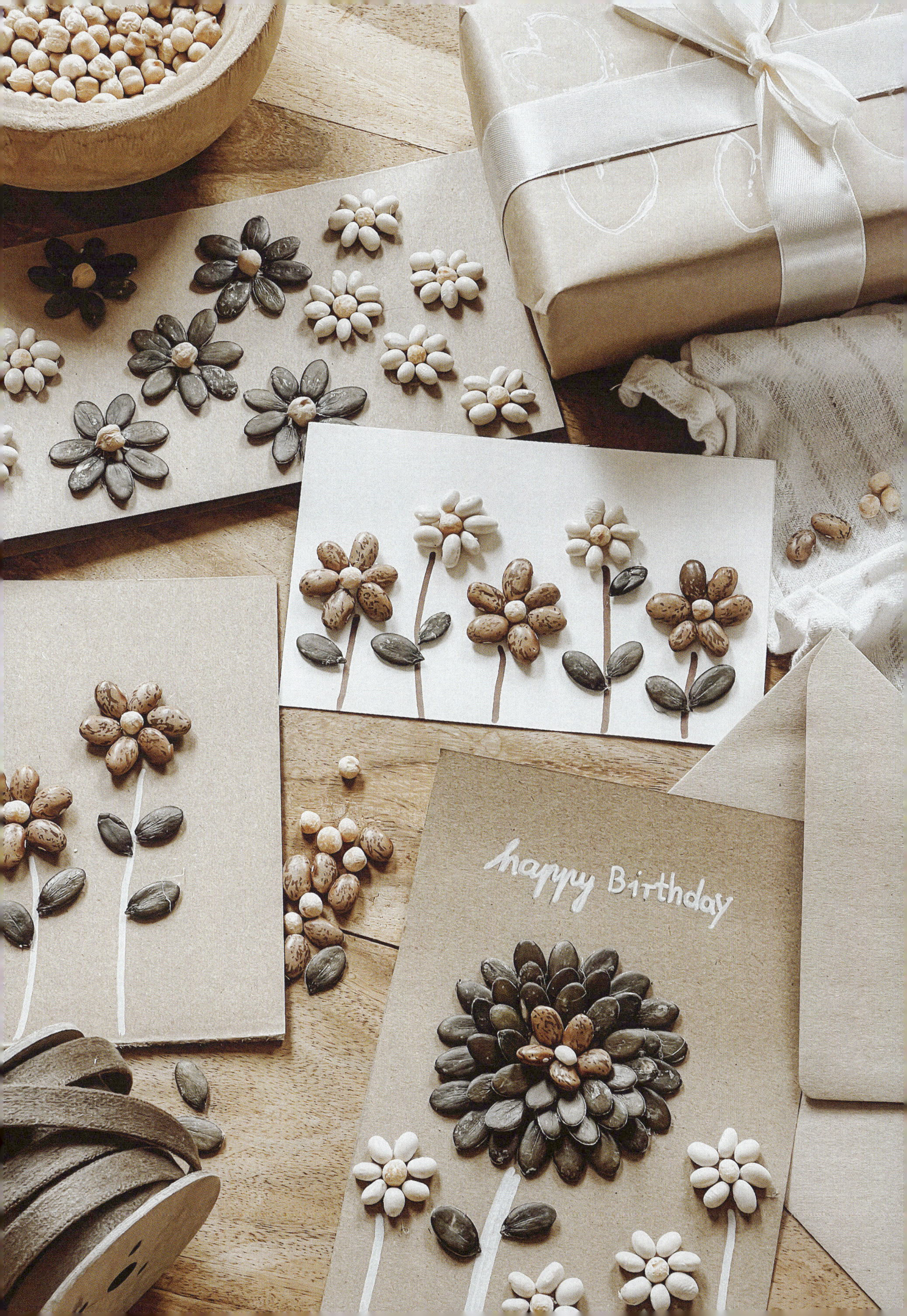
happy Birthday

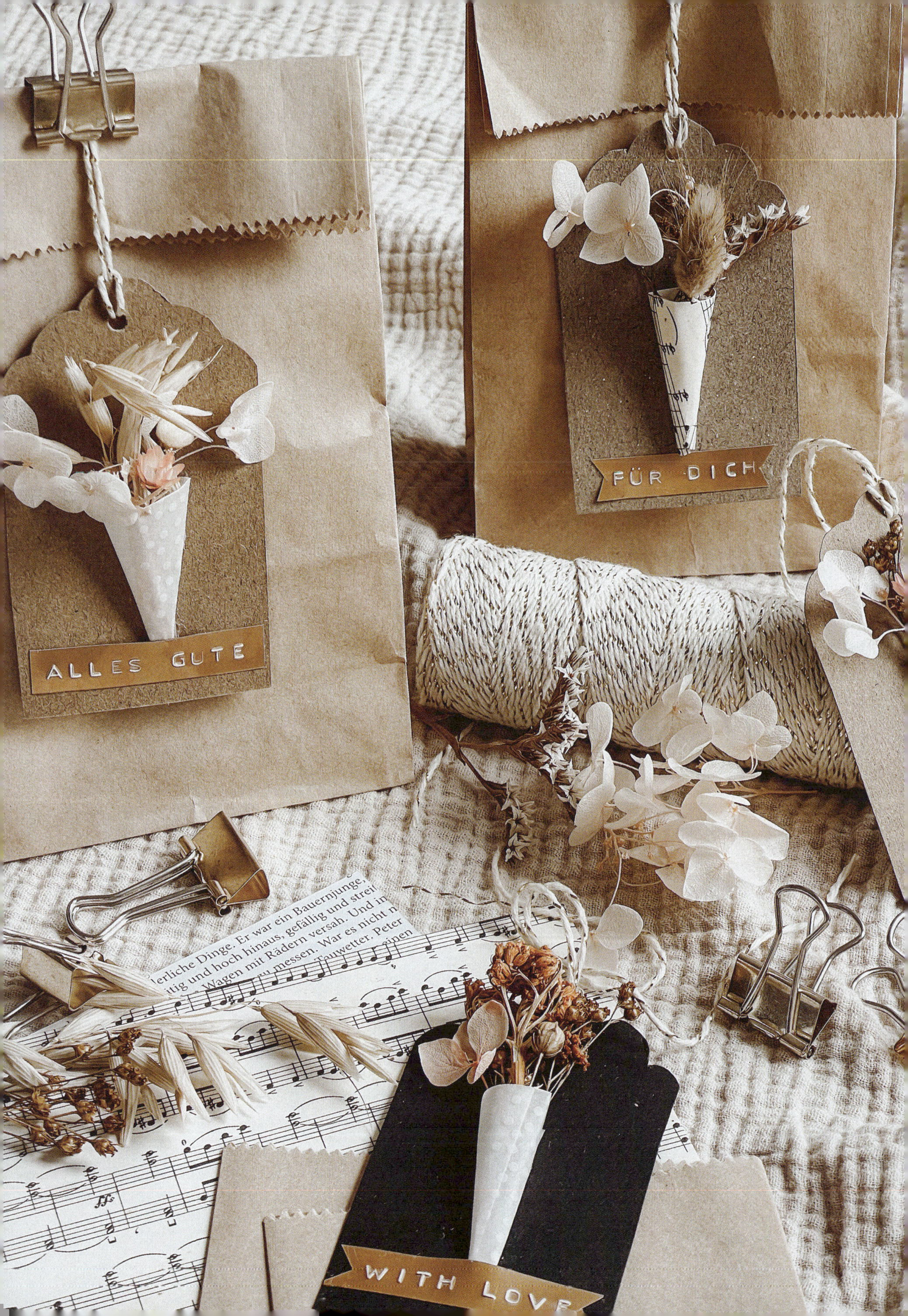
ALLES GUTE
FÜR DICH
WITH LOVE

Geschenkanhänger

Geschenke verpacken macht mir große Freude. Dabei gehört für mich zu jedem liebevoll eingepackten Geschenk auch ein Geschenkanhänger. Diese lassen sich mit wenigen Schritten einfach und schnell selbst machen und verleihen so jedem Geschenk eine eigene persönliche Note. Kleine Geschenke verpacke ich gerne in Kraftpapiertüten, an die ich einen Anhänger befestige. Dabei habe ich mich für eine Variante aus Trockenblumen und alten Noten- und Zeitungspapieren entschieden.

Du benötigst: Kraftpapier · alte Buchseiten oder Notenblätter · Trockenblumen · optional: Etikettiergerät · Garn oder Kordel · Schere · Bleistift · Kleber · Lochzange

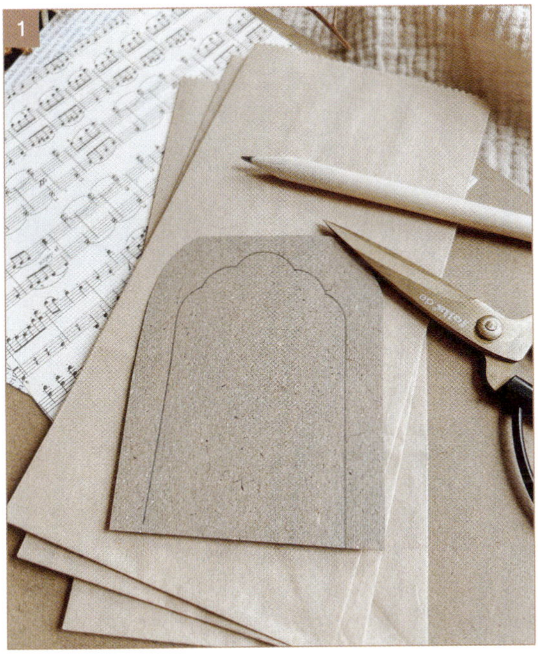

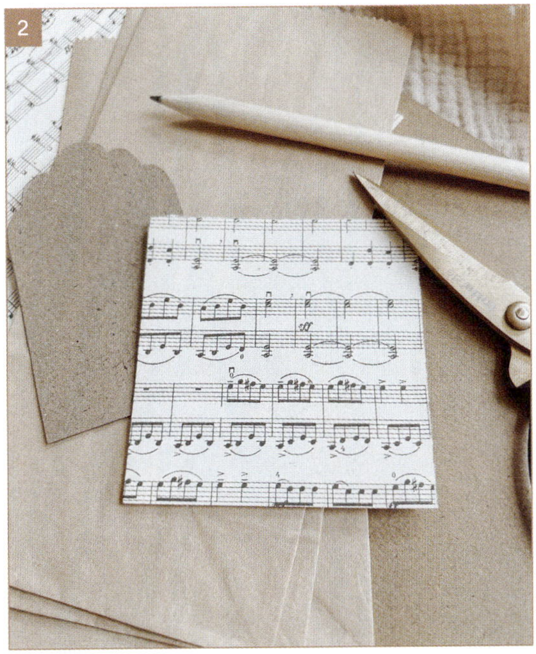

1. Auf Kraftpapier zeichnet man sich kleine Anhänger. Diese kann man frei Hand zeichnen, oder man nimmt die Vorlage von Seite 137 zur Hand. Die Anhänger ausschneiden und zur Seite legen.
2. Für die kleinen Tüten, in die die Trockenblumen gesteckt werden, wird eine alte Buchseite (oder ein Notenblatt) auf ein Quadrat von 5 x 5 cm geschnitten.

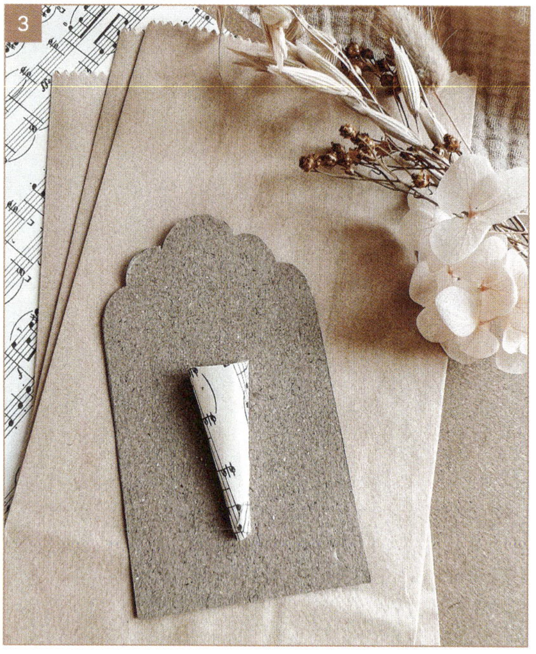

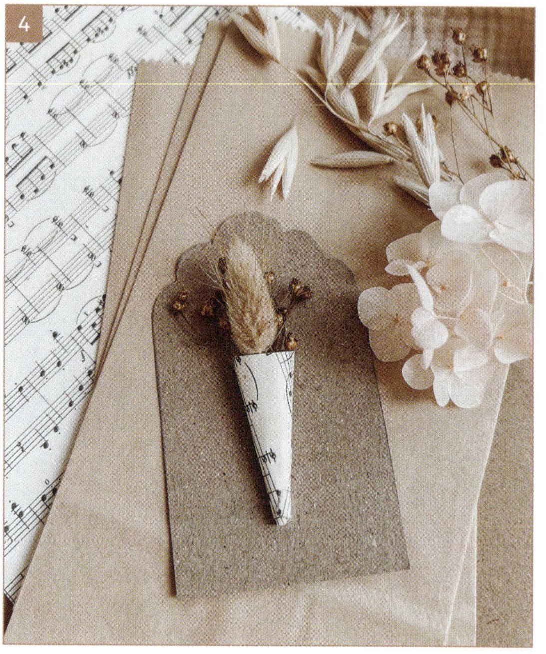

3. Dieses Quadrat nun wie eine Eistüte aufrollen und mit Kleber fixieren. Die Tüte von oben so abschneiden, dass sie auf den Anhänger passt und noch Platz für die Trockenblumen und die Aufhängung bietet. Danach auf dem Anhänger festkleben.

4. Nun werden die Trockenblumen in der Tüte auf dem Anhänger arrangiert. Diese ebenfalls mit etwas Kleber fixieren, sodass sie nicht rausfallen können.

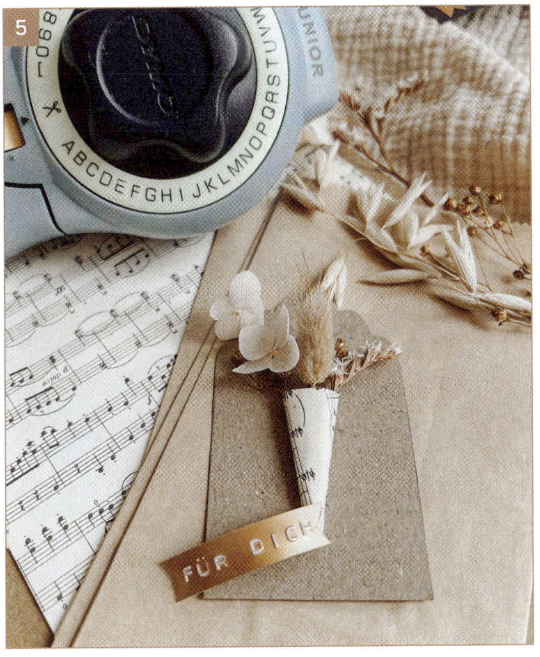

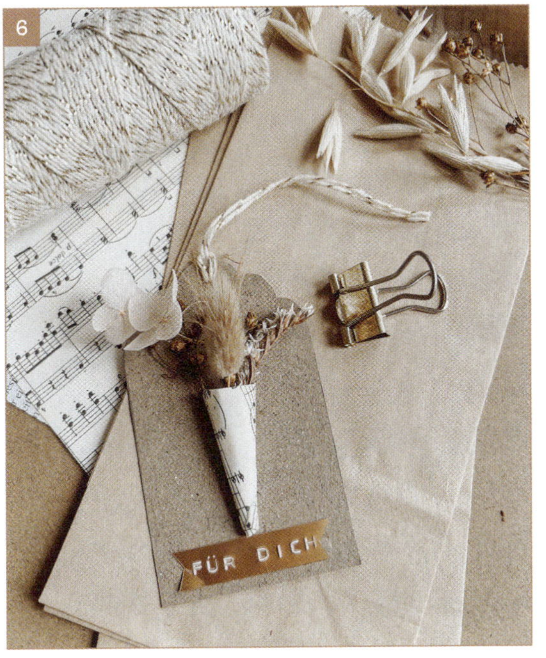

5. Mit einem Etikettiergerät die gewünschte Botschaft drucken und auf den Anhänger kleben. Natürlich kannst du deine Botschaft auch per Hand schreiben.

6. Mit einer Lochzange ein Loch mittig in den Anhänger stanzen und ein Stück Kordel daran binden, damit der Anhänger am Geschenk angebracht werden kann.

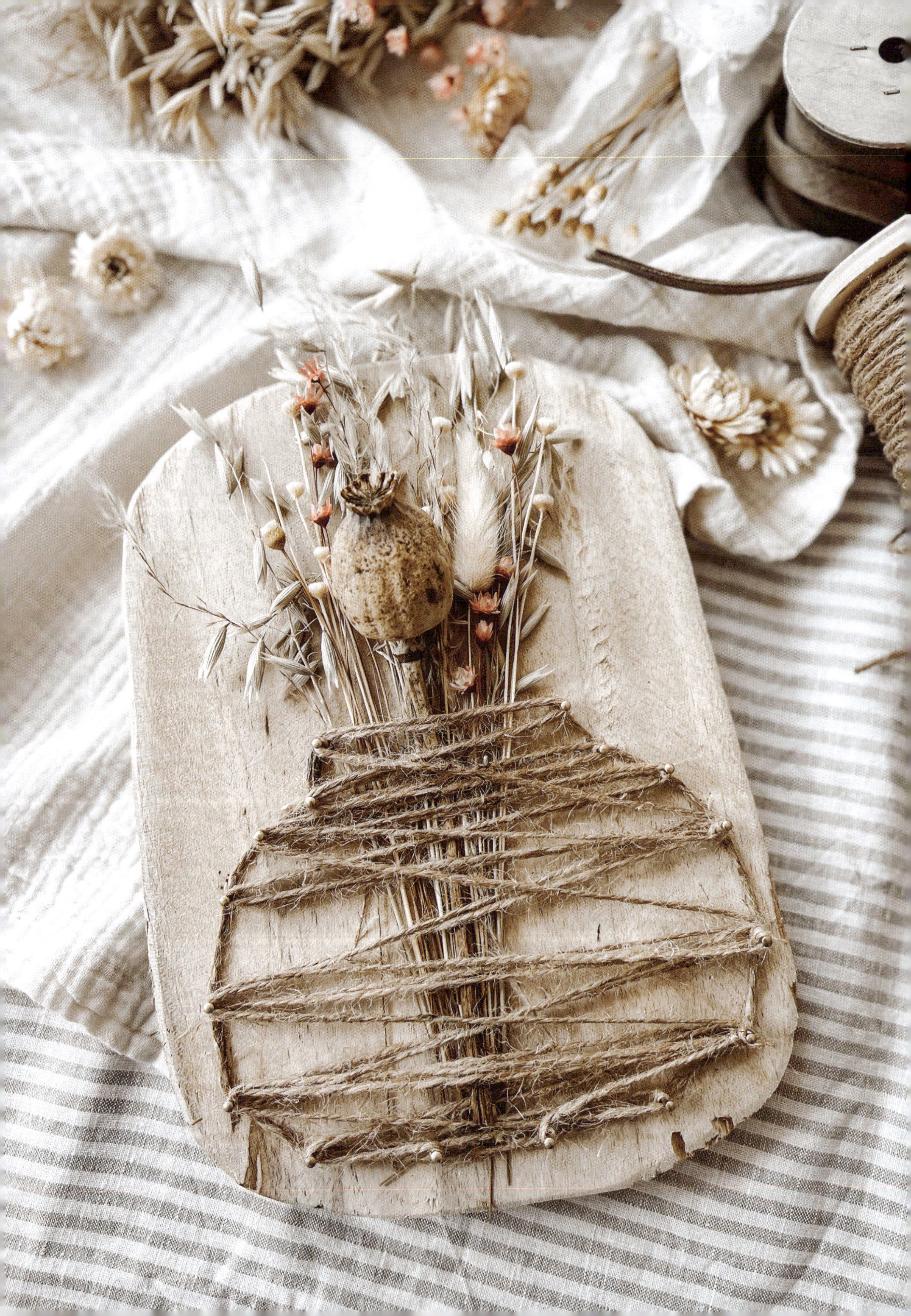

Fadenbild Blumenvase

Zu besonderen Anlässen verschenke ich gerne Blumen. Ich persönlich bin ein großer Freund von Trockenblumen, denn mit ihnen hat man lange Freude, und man kann sie sehr gut in unterschiedlichster Art und Weise arrangieren. Schön finde ich es, wenn die Blumen gleich in der passenden Vase sind und diese dazu noch ein Unikat ist. So entstand dieses Blumenvasen-Fadenbild, eine hübsche Blumendekoration, ideal zum Verschenken oder selbst Behalten.

Du benötigst: Trockenblumen · Holzbrettchen · Jutekordel oder Wolle · kleine Nägel · Hammer · Schere · Papier · Bleistift

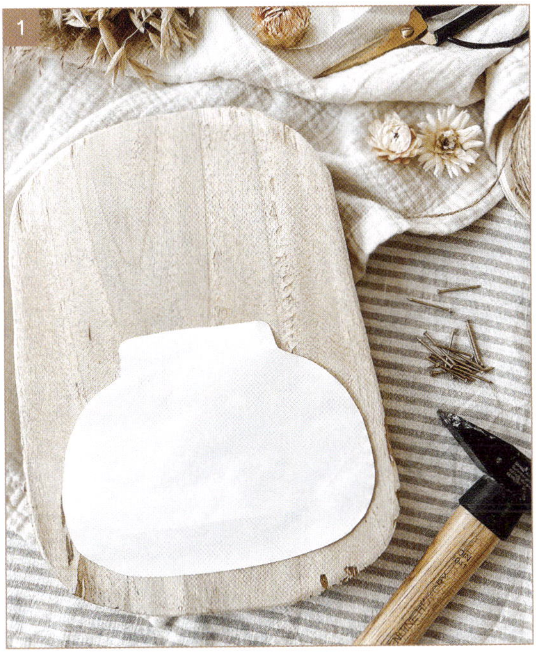

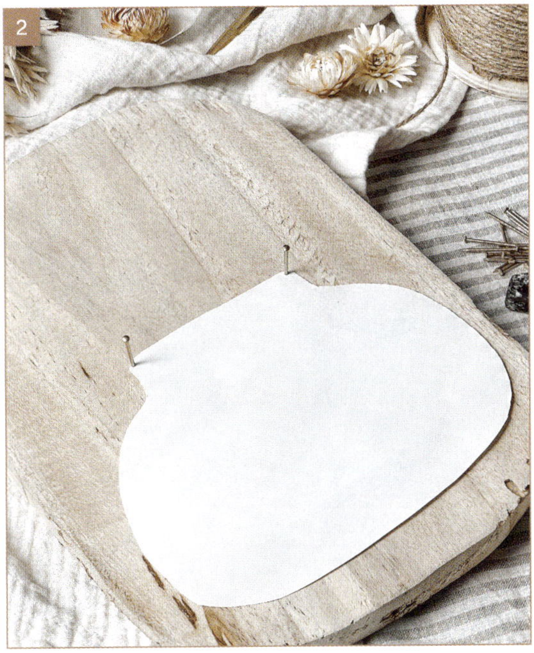

1. Auf einem Blatt Papier die Form einer Vase zeichnen, die von den Maßen auf das Holzbrettchen passt. Diese Vase ausschneiden und auf dem Holzbrett drapieren.

2. Damit die Vorlage nicht verrutscht, habe ich mit einem Hammer zwei kleine Nägel in die Vasenvorlage geschlagen.

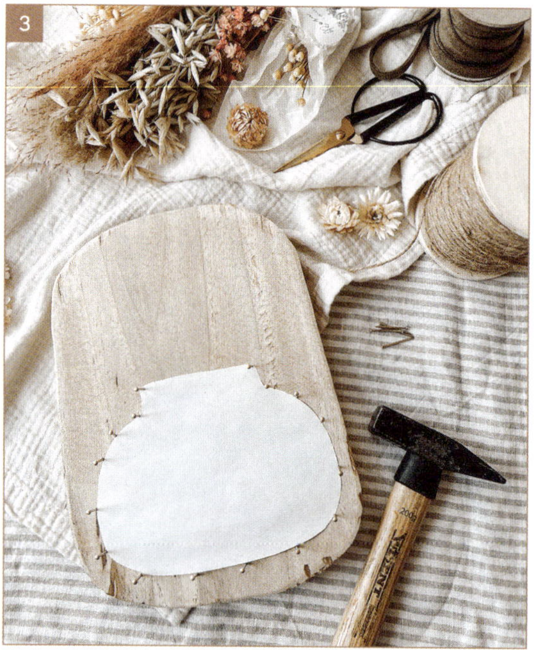

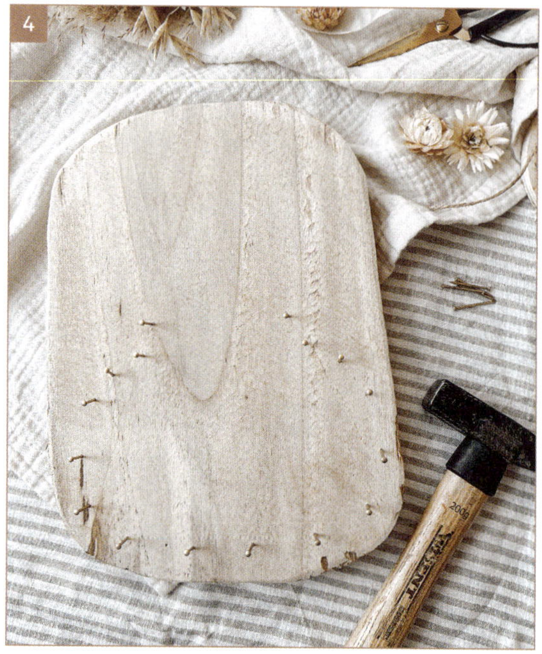

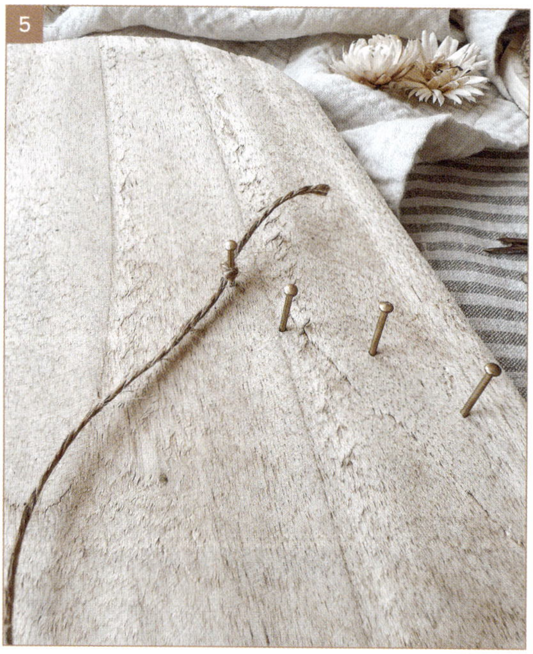

3. Nun rund um das Papier mit einem gleichmäßigen Abstand die Nägel gleich tief in das Holzbrettchen schlagen.

4. Wenn alle Nägel eingeschlagen sind, die Vasenvorlage entfernen.

5. Dann geht es ans Fädeln. Hierzu die Kordel fest an einen Nagel knoten. Die Kordel wird entlang der Außenlinie straff gespannt. Dabei ab und an eine Schlaufe um einzelne Nägel wickeln, so gewinnt die Vasenkontur an Stabilität.

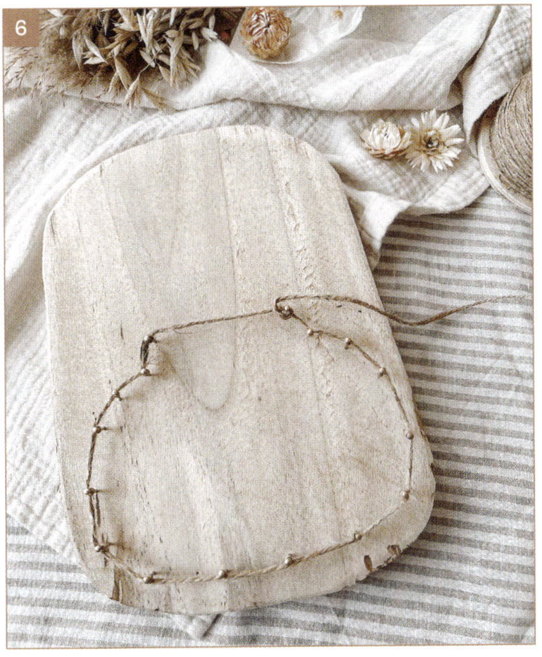

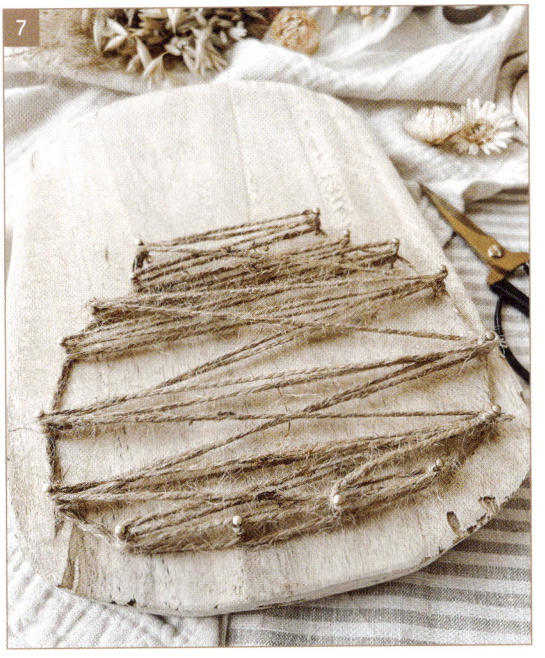

6. Ist der Umriss der Vase vollständig von der Kordel umspannt, wird der Innenbereich im Zickzack-Muster gestaltet.

7. Hier die Kordel von einer Seite zur anderen führen und immer wieder einige Nägel mit einer Schlaufe umwickeln. Am Ende wird die Kordel mit einem Knoten an einem Nagel befestigt und das überschüssige Ende abgeschnitten.

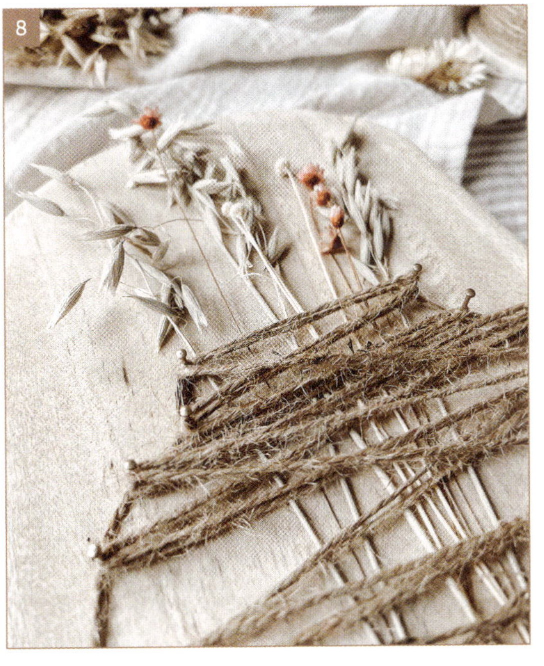

8. Die gewünschten Trockenblumen zur Hand nehmen und ggf. auf die Länge der Vase kürzen. Diese können dann nacheinander hinter das Netz aus Kordel geschoben werden und so arrangiert werden, wie man den Strauß gerne möchte.

TIPP: Sollten noch kleine Papierreste übrig geblieben sein, so können diese mit einer Pinzette entfernt werden.

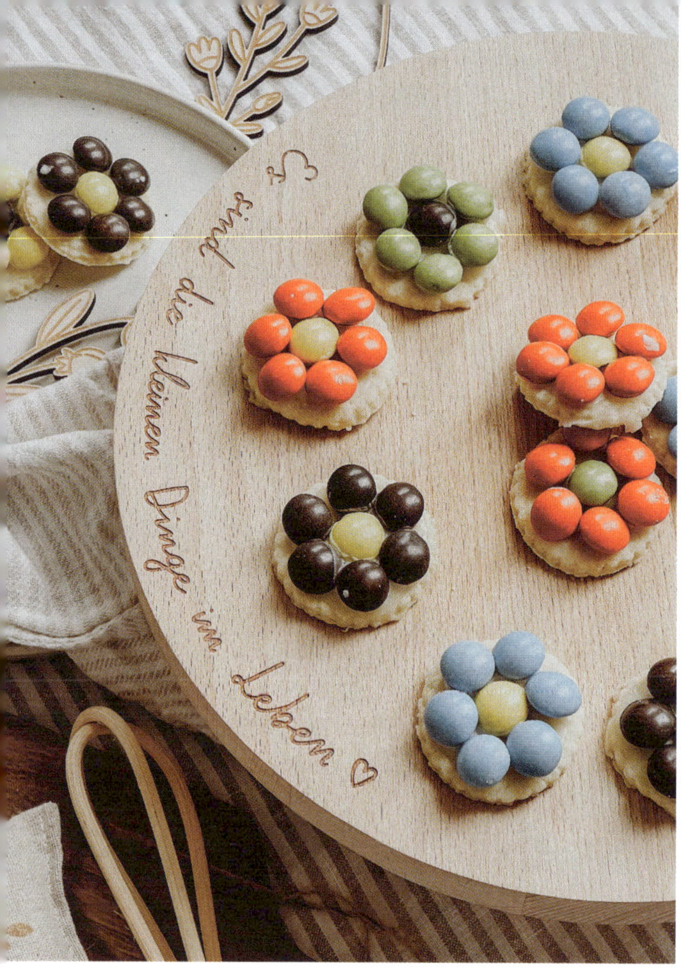
Es sind die kleinen Dinge im Leben

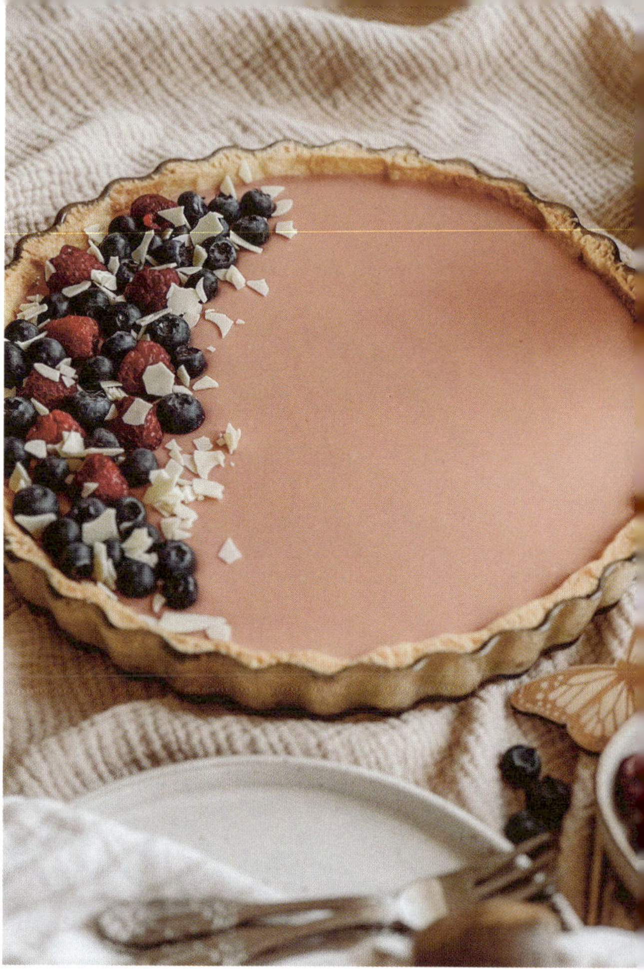

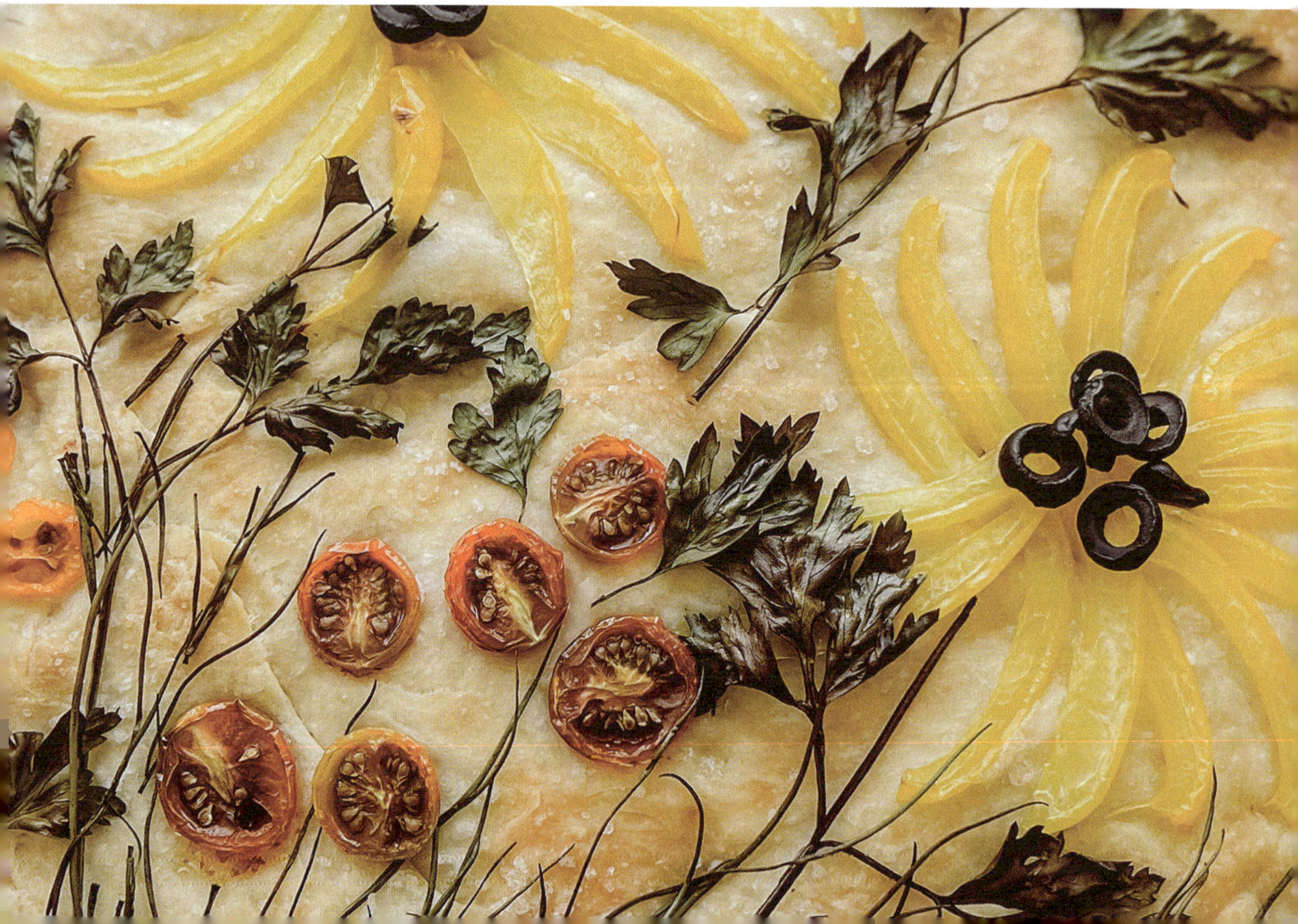

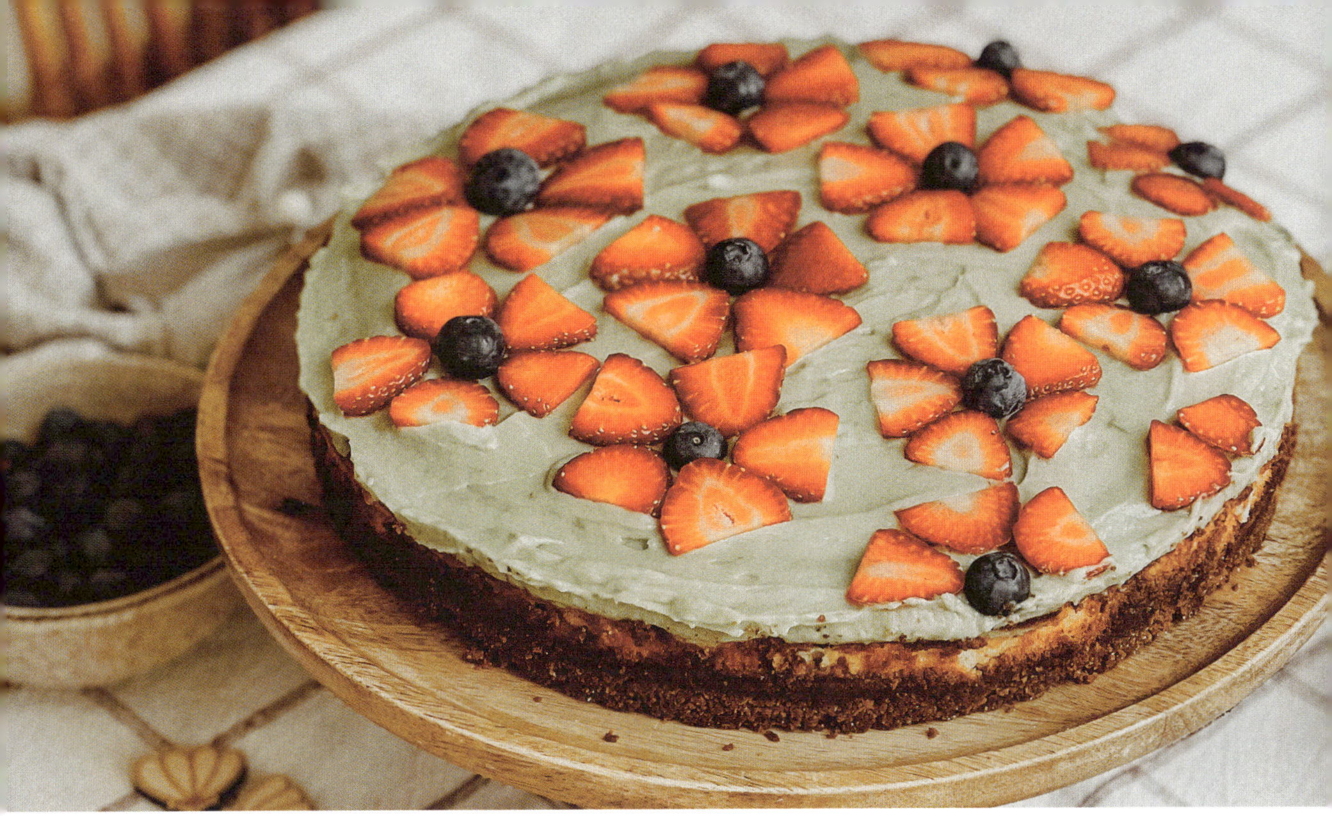

Zum Naschen

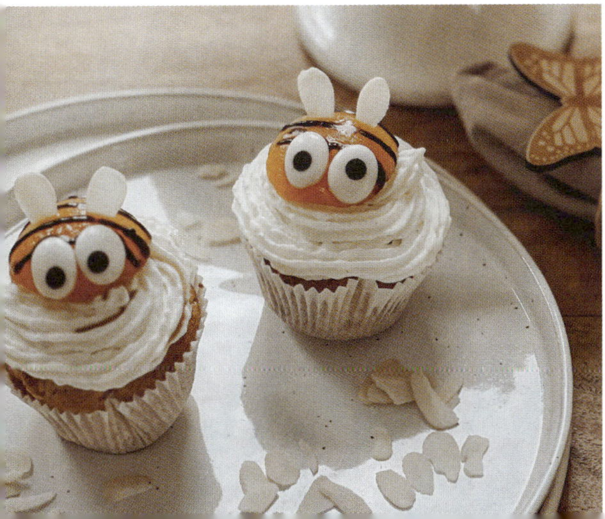

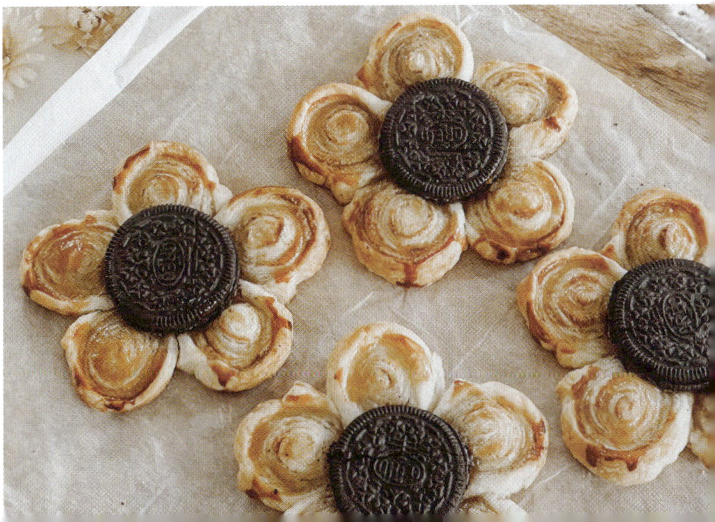

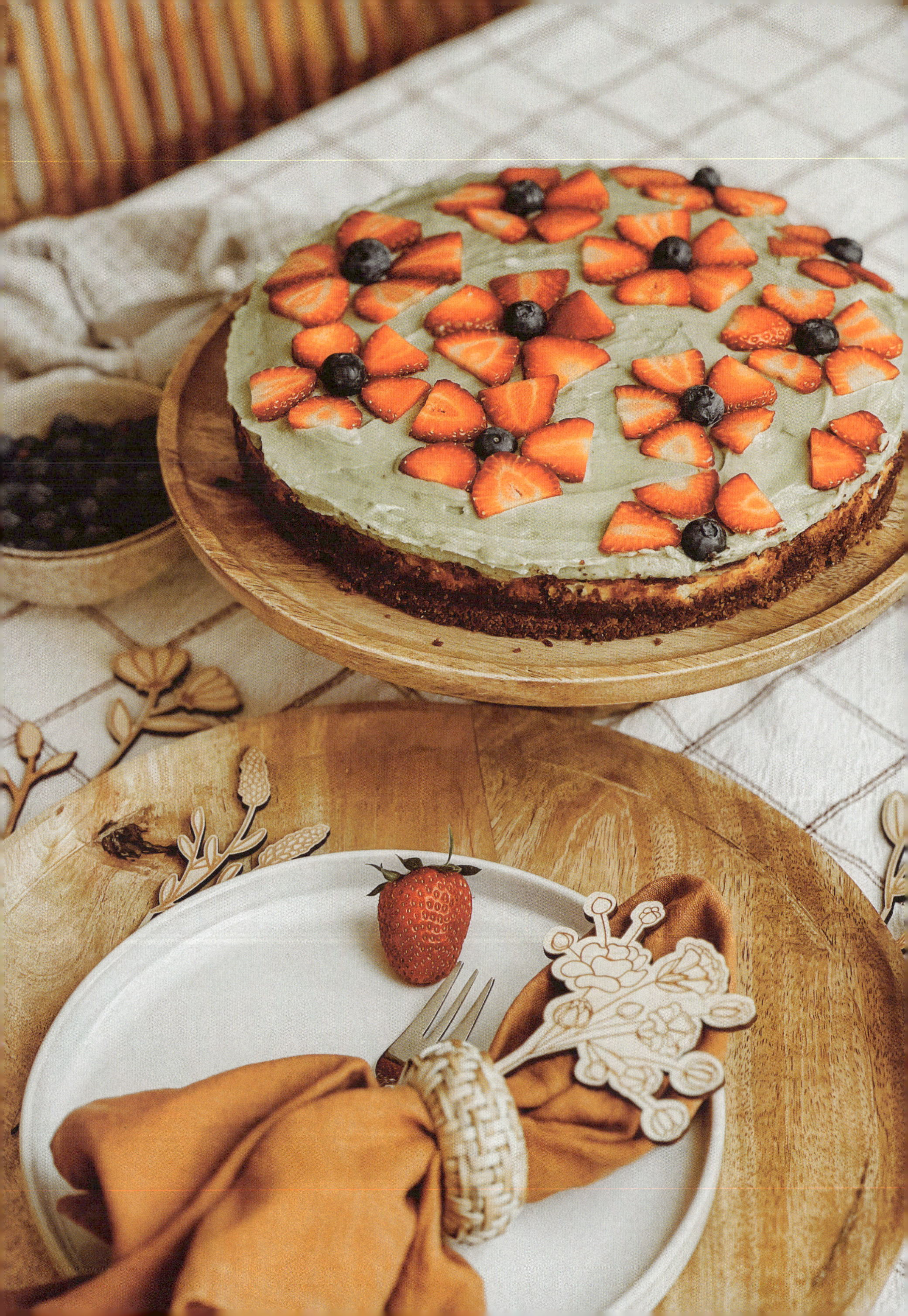

Erdbeer-Pistazien-Käsekuchen

ZUTATEN

Für den Boden
200 g Butterkekse
30 g Zucker
1 TL Zimt
100 g Butter

Für die Käsekuchenfüllung
400 g Frischkäse
250 g Mascarpone
200 g Zucker
1 Päckchen Vanillezucker
20 g Stärke
4 Eier

Für die Pistaziencreme
200 g Pistaziencreme
250 g Mascarpone
200 ml Schlagsahne
1 Päckchen Sahnesteif
1 Päckchen Gelatine

Für die Dekoration
Erdbeeren
Heidelbeeren

ZUBEREITUNG

Für den Boden

1. Den Backofen auf 180 °C Ober- & Unterhitze vorheizen.
2. Die Butterkekse in einem Mixer (oder mit einem Nudelholz) zerkleinern, sodass nur noch kleine Krümel vorhanden sind, anschließend in eine Schüssel geben. Den Zucker und den Zimt hinzufügen und vermischen. Die Butter in einem Topf schmelzen (wichtig: nicht kochen lassen) und zu der Mischung in die Schüssel geben. Anschließend gut vermischen.
3. Den Boden einer Backform (etwa 26 cm Durchmesser) mit Backpapier auslegen und den Teig in die Form geben. Mit einem Löffel festdrücken, sodass ein gleichmäßiger Boden entsteht. Den Teig für 10 Minuten in den Backofen geben.

Für die Käsekuchenfüllung

1. Während der Boden im Backofen ist, kann die Käsekuchenfüllung vorbereitet werden. Hierzu in eine Schüssel den Frischkäse, die Mascarpone, den Zucker und den Vanillezucker sowie die Speisestärke geben und verrühren. Nacheinander einzeln die Eier unterheben. Die entstehende Masse ist sehr flüssig, das ist aber ganz normal.
2. Wenn der Boden nach 10 Minuten Backzeit aus dem Ofen genommen wird, kann die Käsekuchenmasse darauf verteilt werden. Nun alles für weitere 50 Minuten im Backofen weiterbacken. Anschließend den Kuchen auskühlen lassen.

Für die Pistaziencreme

1. Den Mascarpone mit der Pistaziencreme verrühren. In einer weiteren Schüssel die Sahne mit dem Sahnesteif steif schlagen, anschließend das Päckchen Gelatine darüberstreuen und gut verrühren. Nun die Sahne mit der Pistaziencreme vermengen. Die fertige Pistaziencreme kann nun auf dem abgekühlten Kuchen verteilt werden. Anschließend glatt streichen und für einige Stunden, am besten über Nacht, in den Kühlschrank stellen.

Für die Dekoration

1. Die Erdbeeren in Scheiben schneiden. Diese werden zusammen mit den Heidelbeeren blumenförmig auf dem erkalteten Kuchen verteilt.

2. Der Kuchen sollte kühl serviert werden. Im Kühlschrank hält er sich etwa 2-3 Tage.

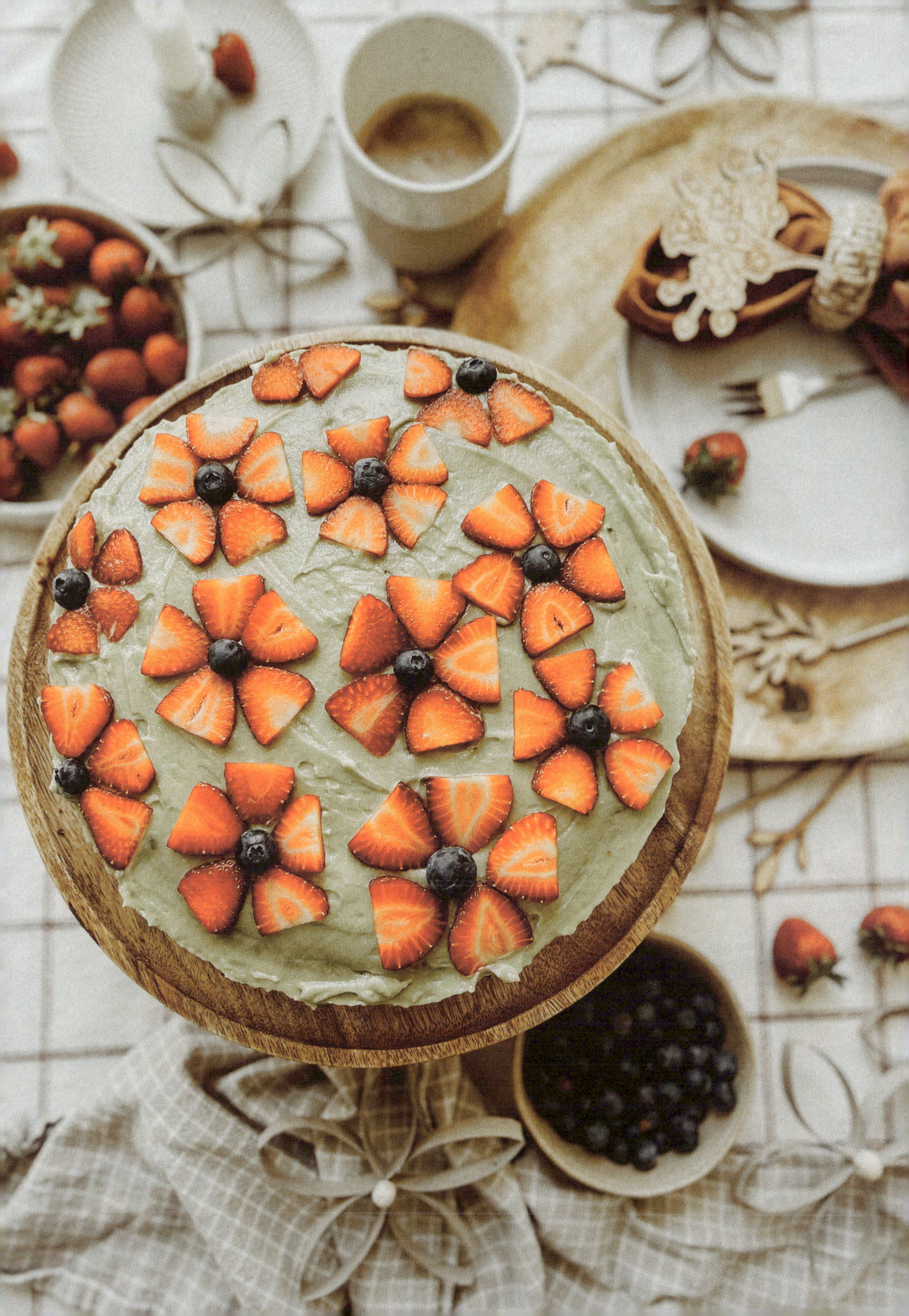

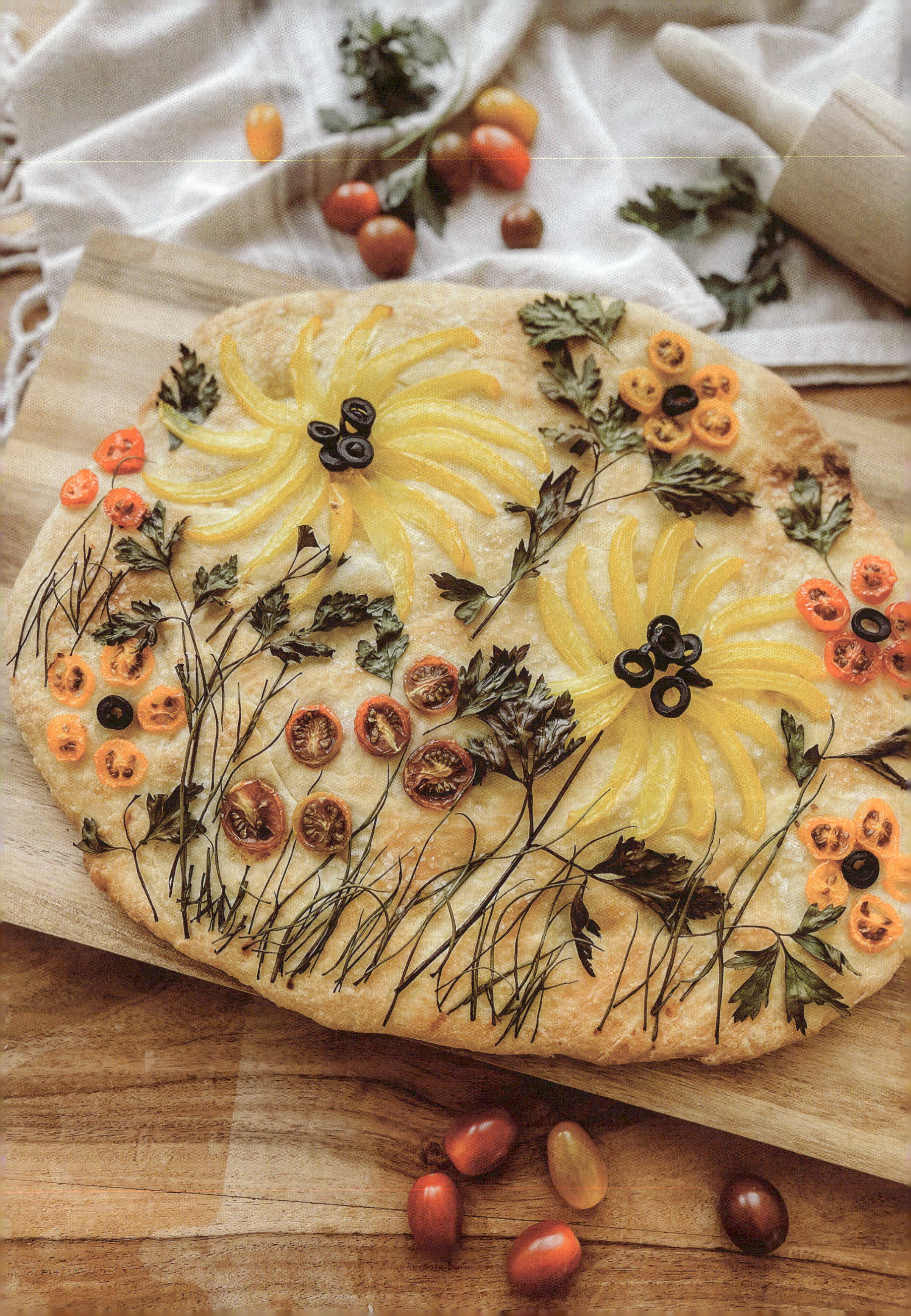

Blumige Focaccia

ZUTATEN

Für den Teig
½ Würfel Hefe
1 TL Zucker
500 g Weizenmehl
+ etwas mehr für die Verarbeitung
2 El Olivenöl
+ etwas mehr für die Verarbeitung
1 TL Salz
Grobes Meersalz

Für die Dekoration
Kräuter (Petersilie, Schnittlauch)
Tomaten
Paprika
Kirschtomaten
Schwarze Oliven

ZUBEREITUNG

1. Die Hefe mit dem Zucker in 250 ml lauwarmes Wasser geben und 10 Minuten auflösen. Anschließend das Mehl, das Olivenöl und das Salz zugeben und zu einem Teig verkneten. Den Teig abdecken und zugedeckt 1 Stunde an einem warmen Ort ruhen lassen. Der Teig sollte sich in dieser Zeit verdoppeln.

2. Den Teig anschließend mit etwas Mehl nochmal durchkneten und mithilfe eines Nudelholzes auf einer bemehlten Fläche ausrollen.

3. Den Backofen bei 220 °C Ober- & Unterhitze vorheizen.

4. Ein Backblech mit Backpapier vorbereiten und leicht mit Olivenöl bestreichen. Nun den Teig darauf geben und entweder mit dem Finger oder mithilfe eines Holzlöffels Dellen in den Teig eindrücken. Etwas Olivenöl auf dem Teig verteilen und mit grobem Meersalz bestreuen.

5. Nun kann man der Kreativität freien Lauf lassen und den Teig nach Wahl belegen und dekorieren. Im vorgeheizten Backofen bei 220 °C etwa 25 Minuten backen, bis die Focaccia eine schöne Farbe angenommen hat.

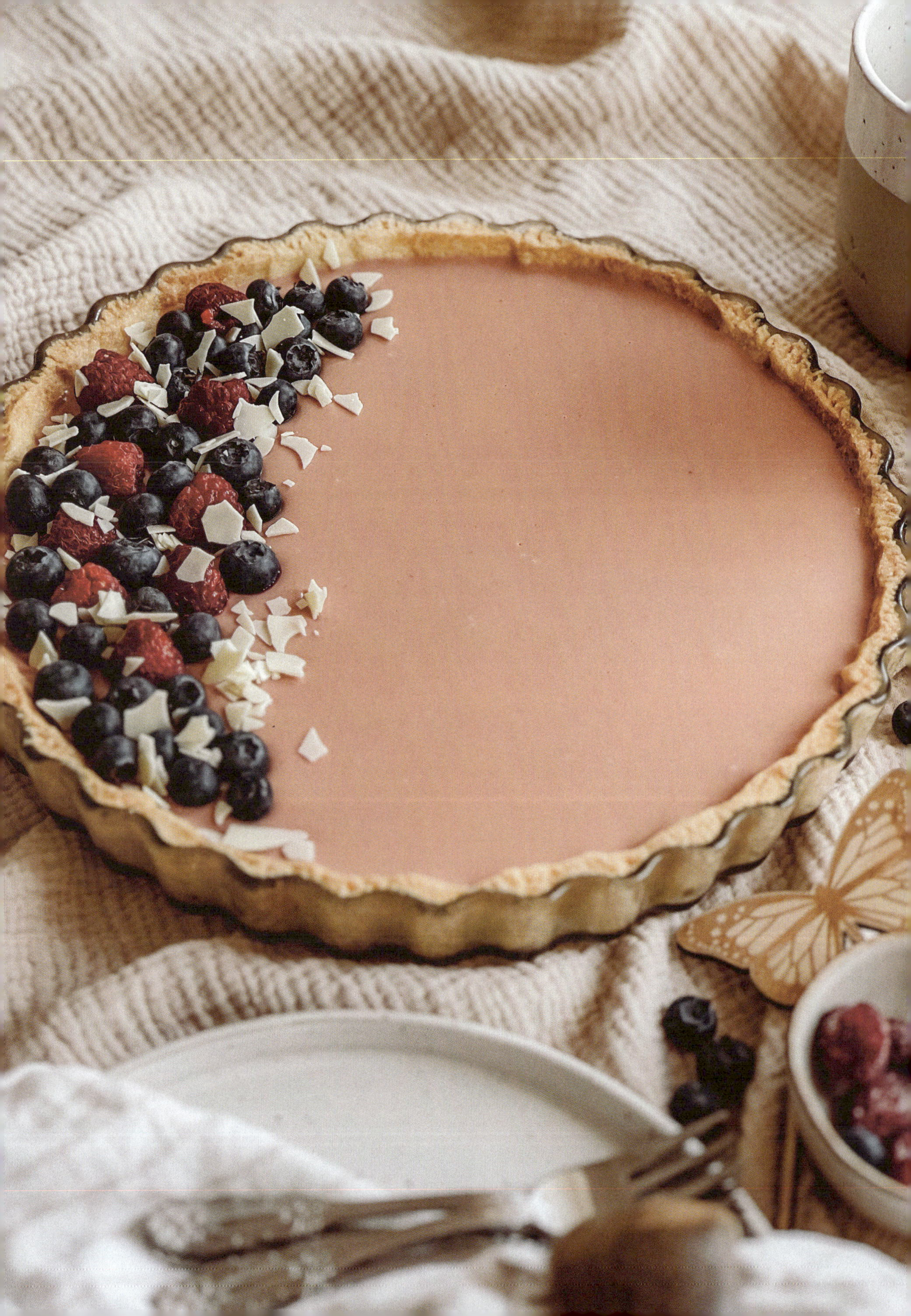

Weiße Schokoladen-Himbeer-Tarte

ZUTATEN

Für den Boden
250 g Weizenmehl + etwas mehr für die Verarbeitung
150 g Butter + etwas mehr zum Einfetten der Tarte-Form
70 g Zucker
1 Päckchen Vanillezucker
1 Prise Salz
Hülsenfrüchte zum Blindbacken

Für die Füllung
250 g TK-Himbeeren
400 g weiße Schokolade
300 ml Sahne
Bei Bedarf rosa Lebensmittelfarbe

Für die Dekoration
Weiße Schokostreusel
Himbeeren
Heidelbeeren

ZUBEREITUNG

Für den Boden

1. Den Backofen auf 180 °C Ober- & Unterhitze aufheizen. Alle Zutaten für den Teig unter Zugabe von 2 EL Wasser in eine Schüssel geben und verkneten. Anschließend eine Tarte-Form mit Butter gut einfetten. Den Teig mit einem Nudelholz auf einer bemehlten Fläche dünn ausrollen und die Tarte-Form damit auskleiden. Den Boden mit einer Gabel mehrmals einstechen und mit Backpapier abdecken, die Hülsenfrüchte darauf geben und etwa 30 Minuten im Backofen blind backen. Anschließend auskühlen lassen.

Für die Füllung

1. Die TK-Himbeeren in einem kleinen Topf aufkochen und anschließend pürieren. Danach wird die Masse durch ein feines Küchensieb gestrichen.

2. Die Schokolade klein hacken und in eine Schüssel geben. Die Sahne aufkochen und über die Schokolade geben. Nun so lange rühren, bis sich die Schokolade gelöst hat. Die Himbeermasse dazu geben.

   TIPP: Wer den Kuchen stärker rosafarbig haben möchte, kann noch rosa Lebensmittelfarbe hinzugeben.

3. Anschließend die Masse auf den ausgekühlten Boden geben. Dann die Tarte in den Kühlschrank stellen und fest werden lassen, mindestens 3 Stunden, am besten jedoch über Nacht.

4. Den Kuchen nach Wunsch mit Schokoladen-Streusel und Obst verzieren.

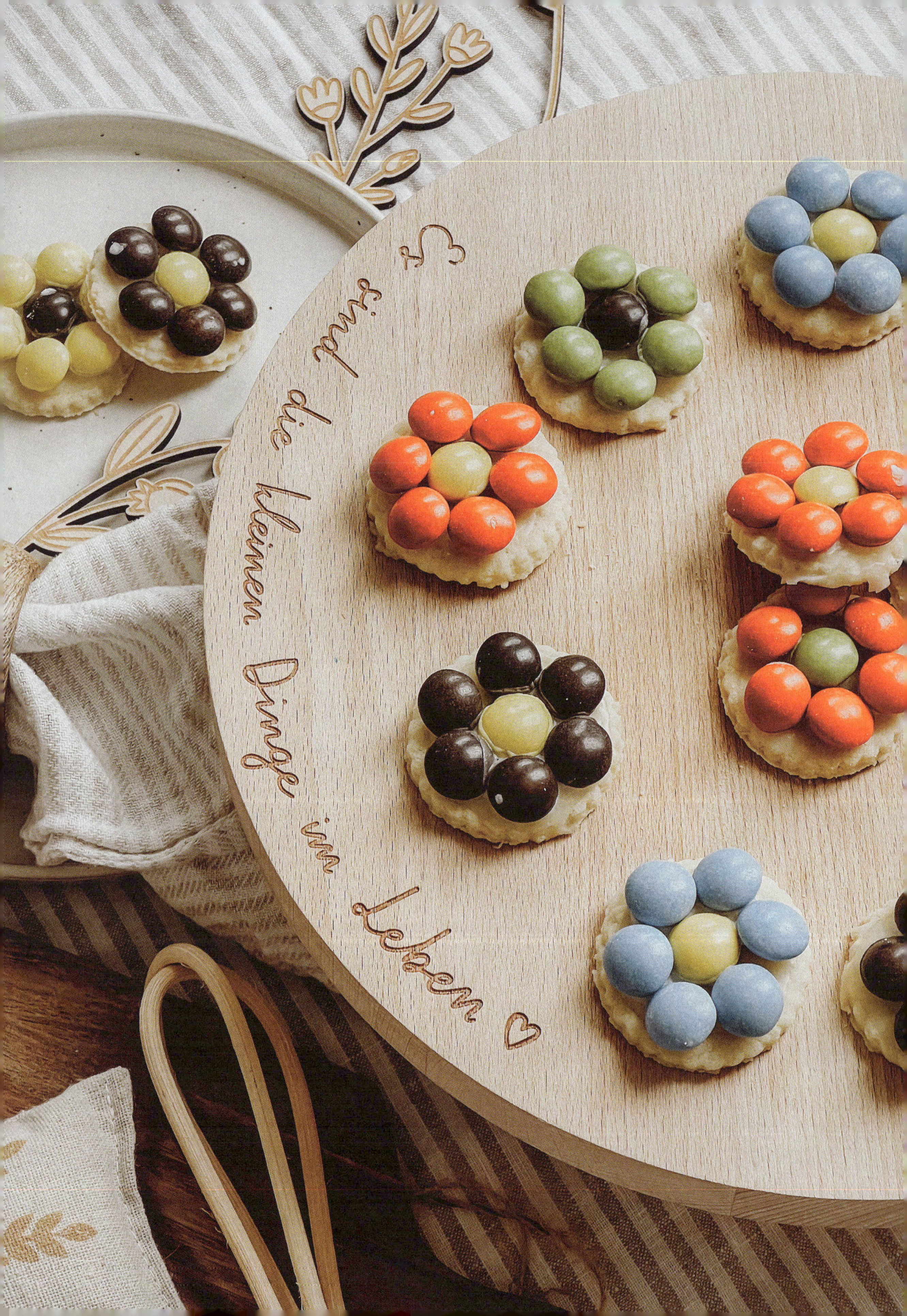
Es sind die kleinen Dinge im Leben

Gute-Laune-Blumenkekse

ZUTATEN

Für den Mürbeteig
125 g kalte Butter
200 g Weizenmehl
+ etwas mehr für die Verarbeitung
100 g Zucker
1 Päckchen Vanillezucker
1 Ei

Für den Zuckerguss und die Dekoration
2 EL Zitronensaft
6 EL Puderzucker
Bunte Schokolinsen

ZUBEREITUNG

Für den Mürbeteig

1. Die Butter, das Mehl, den Zucker, den Vanillezucker und das Ei in einer Rührschüssel zu einem gleichmäßigen Teig verkneten. Den Teig in Frischhaltefolie wickeln und für 30 Minuten in den Kühlschrank legen.

2. Ein Blech mit Backpapier auslegen und den Backofen auf 180 °C Ober- & Unterhitze (Umluft: 160 °C) vorheizen. Die Arbeitsfläche bemehlen. Den Teig auf der Arbeitsfläche etwa 5 mm dick ausrollen und mit beliebigen Keksausstechformen ausstechen. Die Kekse direkt auf das Backblech legen und im vorgeheizten Backofen ca. 7–10 Minuten backen (pro Blech). Anschließend die Kekse vollständig auskühlen lassen.

Für die Dekoration

1. Den Puderzucker und den Zitronensaft in einer kleinen Schüssel miteinander verrühren.

   TIPP: Sollte der Zuckerguss zu fest sein, noch etwas Zitronensaft hinzugeben. Ist der Guss zu flüssig, etwas Puderzucker hinzufügen.

2. Den Zuckerguss mit einem Teelöffel auf den Plätzchen verteilen. Anschließend mit bunten Schokolinsen verzieren und den Guss fest werden lassen.

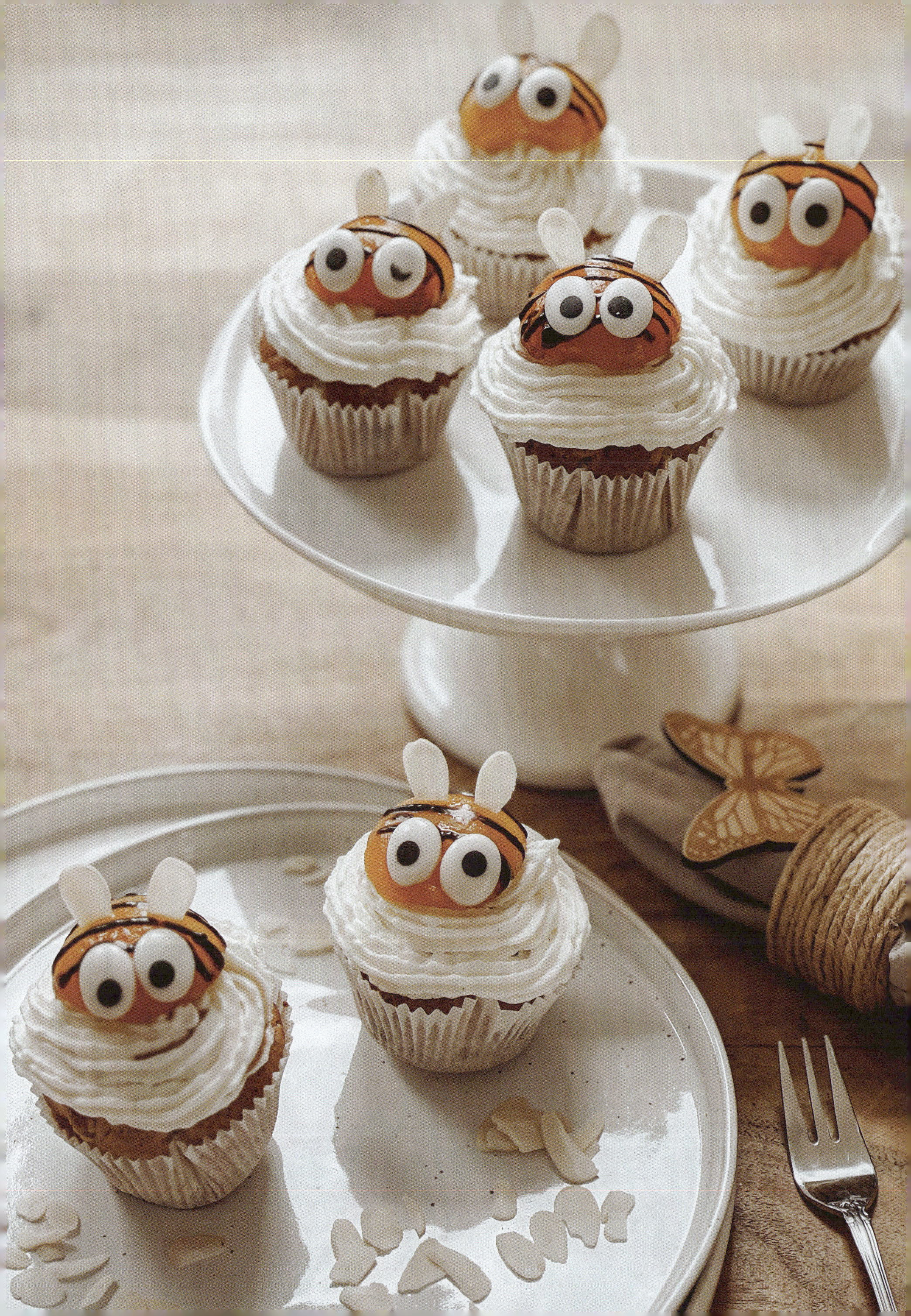

Bienen-Cupcakes

ZUTATEN

Für den Teig
100 g Butter
125 g Zucker
1 Päckchen Vanillezucker
2 Eier
200 g Weizenmehl
1 TL Backpulver
2 EL Milch
100 g weiße Schokodrops

Für die Creme
200 ml Sahne
1 Päckchen Sahnesteif
200 g Frischkäse
1 TL Vanillepaste
3 EL Puderzucker

Für die Bienen
Aprikosenhälften aus der Dose
Schokoglasur oder Schokoschrift
Mandelblättchen

ZUBEREITUNG

Für den Teig

1. Den Backofen auf 200 °C Ober- & Unterhitze aufheizen. Ein Muffinblech zur Hand nehmen und in jede Mulde ein Papierförmchen verteilen.

2. Für den Teig die Butter, den Zucker und den Vanillezucker in eine Schüssel geben und mit dem Mixer aufschlagen, anschließend die Eier unterrühren. Nun das Mehl, das Backpulver und die Milch hinzufügen und den Teig nochmal gut durchmixen. Zum Schluss die Schokodrops unterheben. Mithilfe von zwei Esslöffeln den Teig in die Förmchen verteilen. Das Muffinblech in den Backofen auf die mittlere Schiene stellen und etwa 25 Minuten backen. Anschließend eine Stäbchenprobe mit einem Schaschlikspieß machen, ob der Teig durchgebacken ist. Nach dem Backen die Cupcakes gut auskühlen lassen.

Für die Creme

1. Die Sahne und das Sahnesteif in ein hohes Gefäß geben und mit dem Handrührgerät steif aufschlagen. Anschließend den Frischkäse mit dem Puderzucker und der Vanillepaste in einer Schüssel gut verrühren, danach die Sahne unterheben und gut vermengen. Die Creme bis zur Verwendung im Kühlschrank aufbewahren.

Für die Bienen

1. Die Aprikosenhälften in einem Sieb abtropfen lassen und anschließend mit einem Küchenpapier trockentupfen. Zum Verzieren die Aprikosenhälften am besten auf einen Teller legen. Für die Streifen der Biene entweder einen Zuckerstift aus Schokolade verwenden, oder Kuchenglasur im Wasserbad schmelzen. Damit nun die Aprikosenhälften besprenkeln. Die Zuckeraugen mithilfe des Zuckerstifts bzw. der Glasur auf den Aprikosenhälften befestigen. Um die Flügel fixieren zu können, die Aprikosenhälften mit einem Messer an der Oberfläche etwas einschneiden, so können die gehobelten Mandeln als Flügel eingesteckt werden.

Fertigstellung

1. Die Creme nun in einen Spritzbeutel mit Sterntülle (ø 11 mm) füllen und auf die Cupcakes spritzen. Anschließend jeweils eine Aprikosenbiene darauf setzen – fertig.

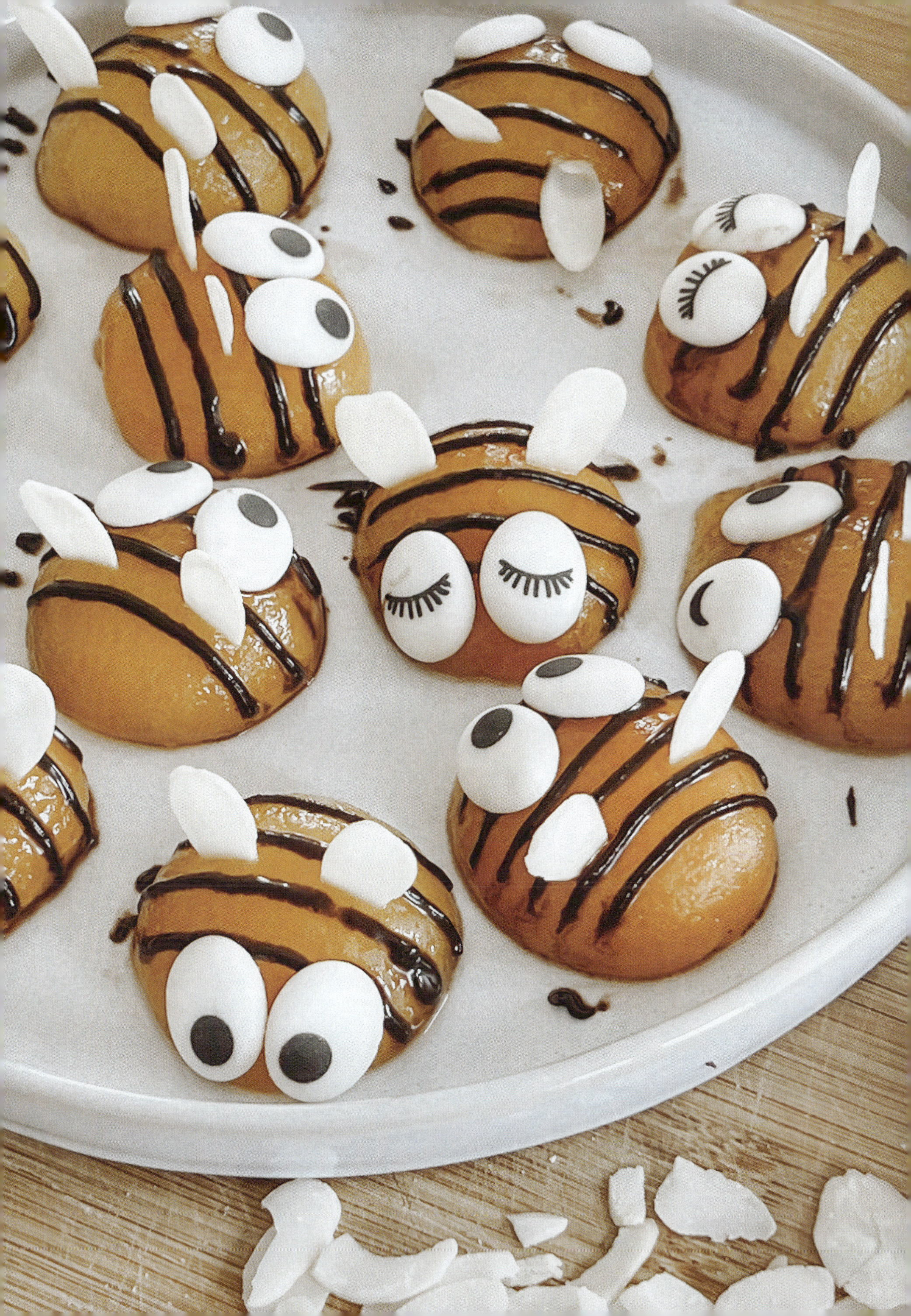

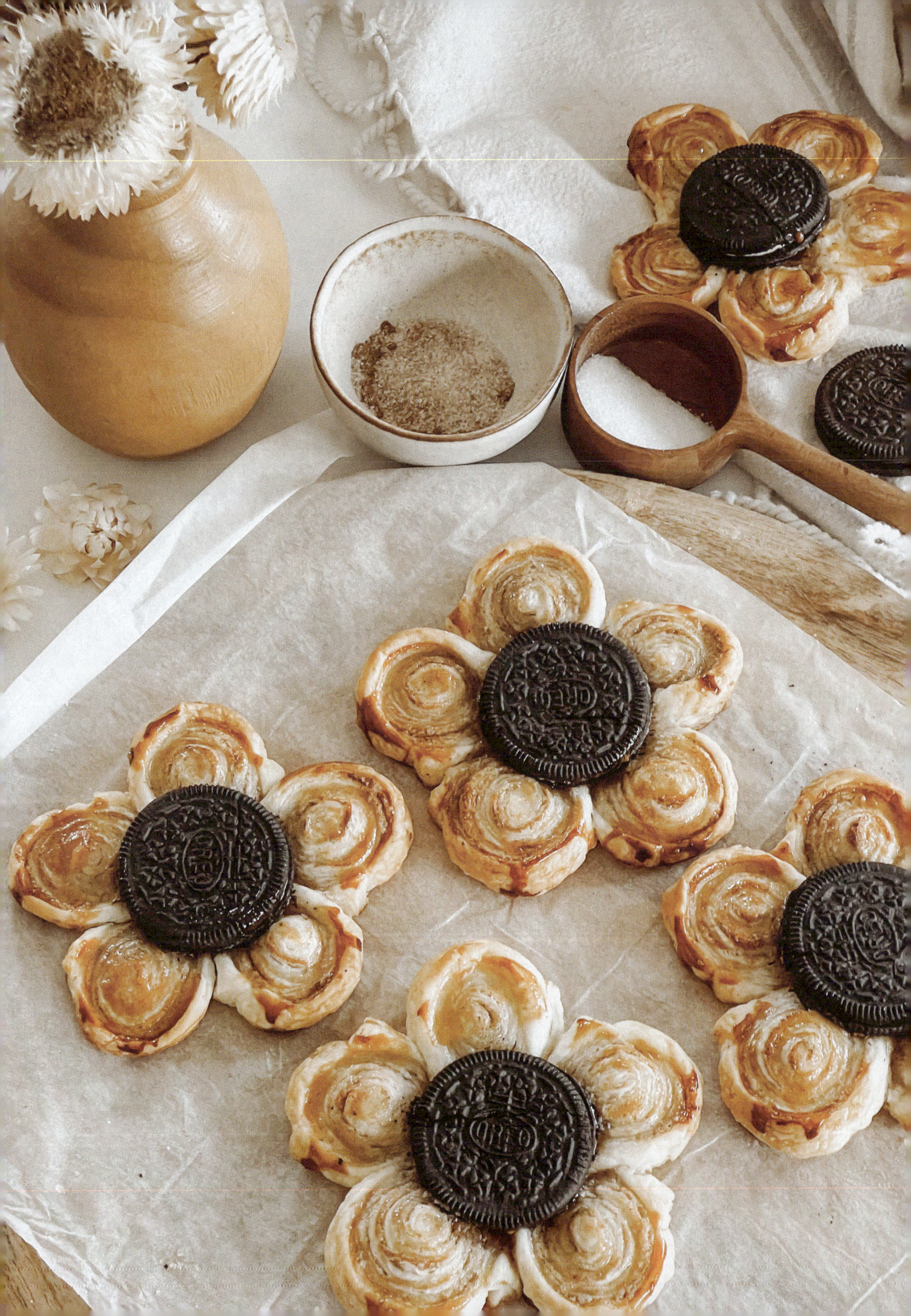

Zimtschneckenkekse

ZUTATEN

1 Packung frischer Blätterteig
100 g Butter
100 g Zucker
2 TL Zimt
Kleine Schokoladenkekse
1 Ei

ZUBEREITUNG

1. Den Blätterteig aus dem Kühlschrank nehmen und nach Packungsanleitung antauen lassen. Anschließend auf einem Backpapier ausrollen. Die Butter in einem Topf schmelzen. In einer Schüssel den Zucker mit dem Zimt vermischen.

2. Ein Backblech mit Backpapier auslegen und den Backofen auf 200 °C Ober- & Unterhitze vorheizen.

3. Nun den ausgerollten Blätterteig mit der geschmolzenen Butter bestreichen und anschließend mit der Zimt-Zucker-Mischung bestreuen.

4. Den Teig von der langen Seite her aufrollen. Mit einem scharfen Messer ca. 5 cm breite Stücke schneiden. Diese Stücke dann jeweils noch viermal einschneiden, sodass man etwa 1 cm breite, aneinanderhängende Stücke erhält, und man sie wie eine Blume auffächern kann. Die Blumen auf das Backblech geben und in die Mitte jeweils einen Schokoladenkeks eindrücken. Das Eigelb vom Eiweiß trennen und in einer Tasse verquirlen. Die Blumenkekse damit bestreichen. Anschließend die Zimtschneckenkekse für etwa 10 Minuten im Backofen backen, bis sie eine schöne Farbe angenommen haben, und danach auskühlen lassen.

Vorlagen

Lustige Friseurpuppen (Seite 17)

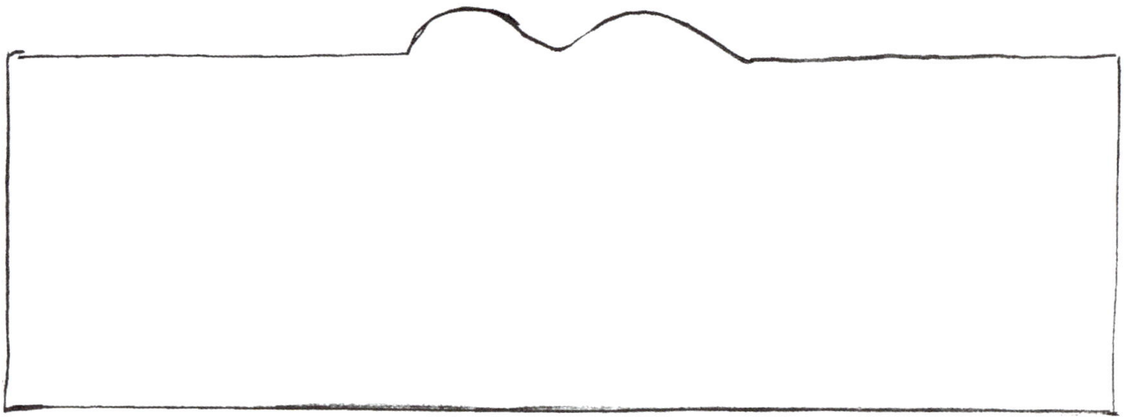

Bert Biber (Seite 30)

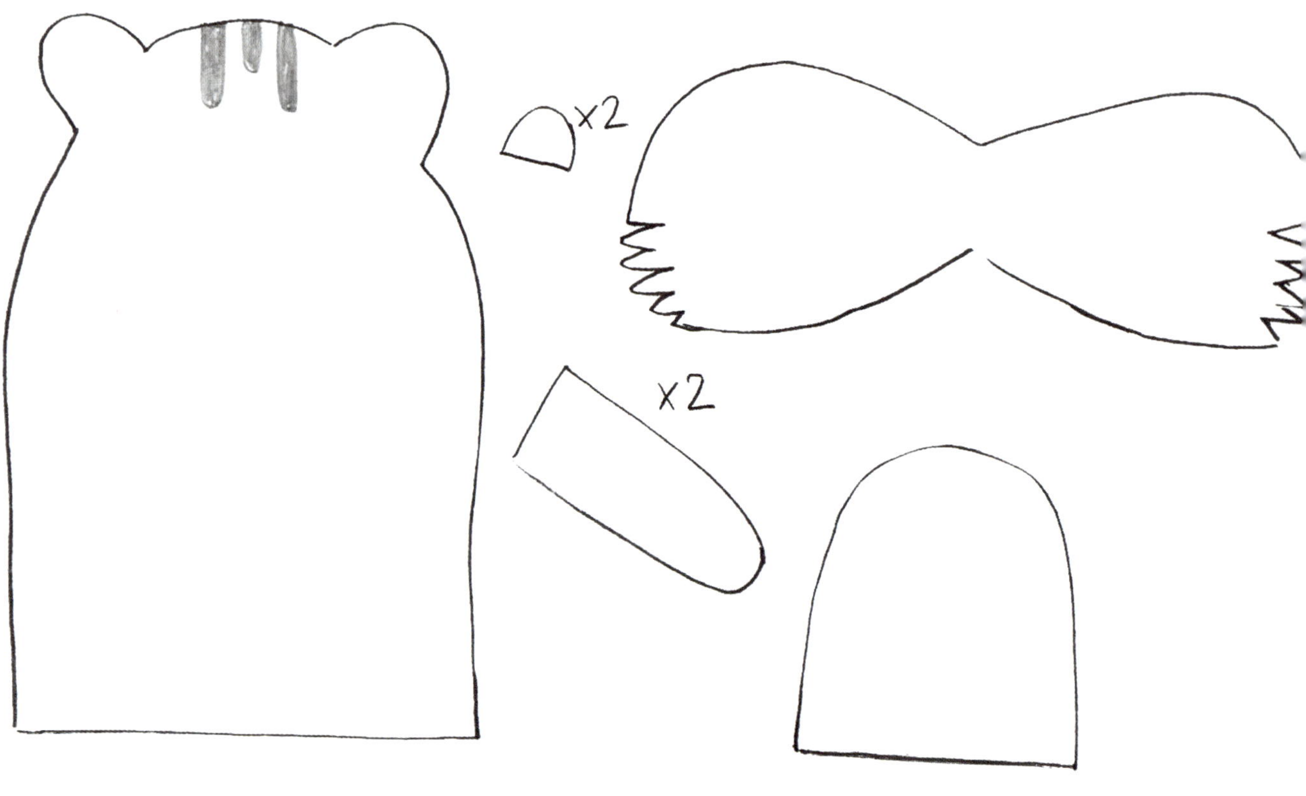

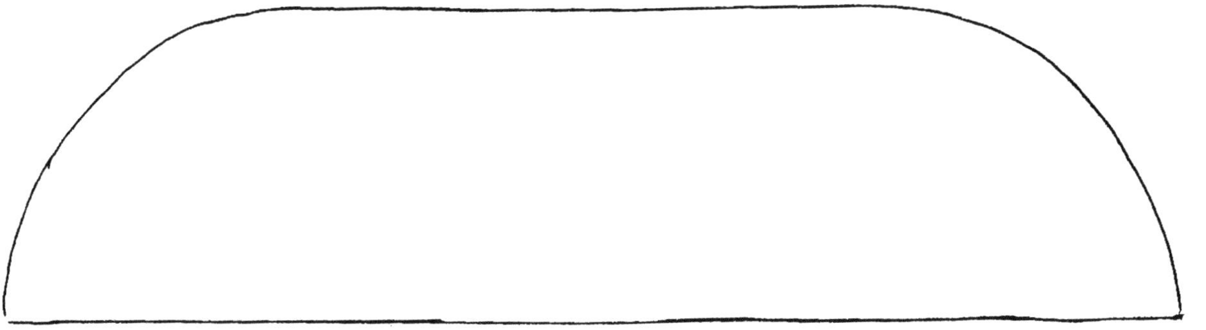

Flugzeug (Seite 23)

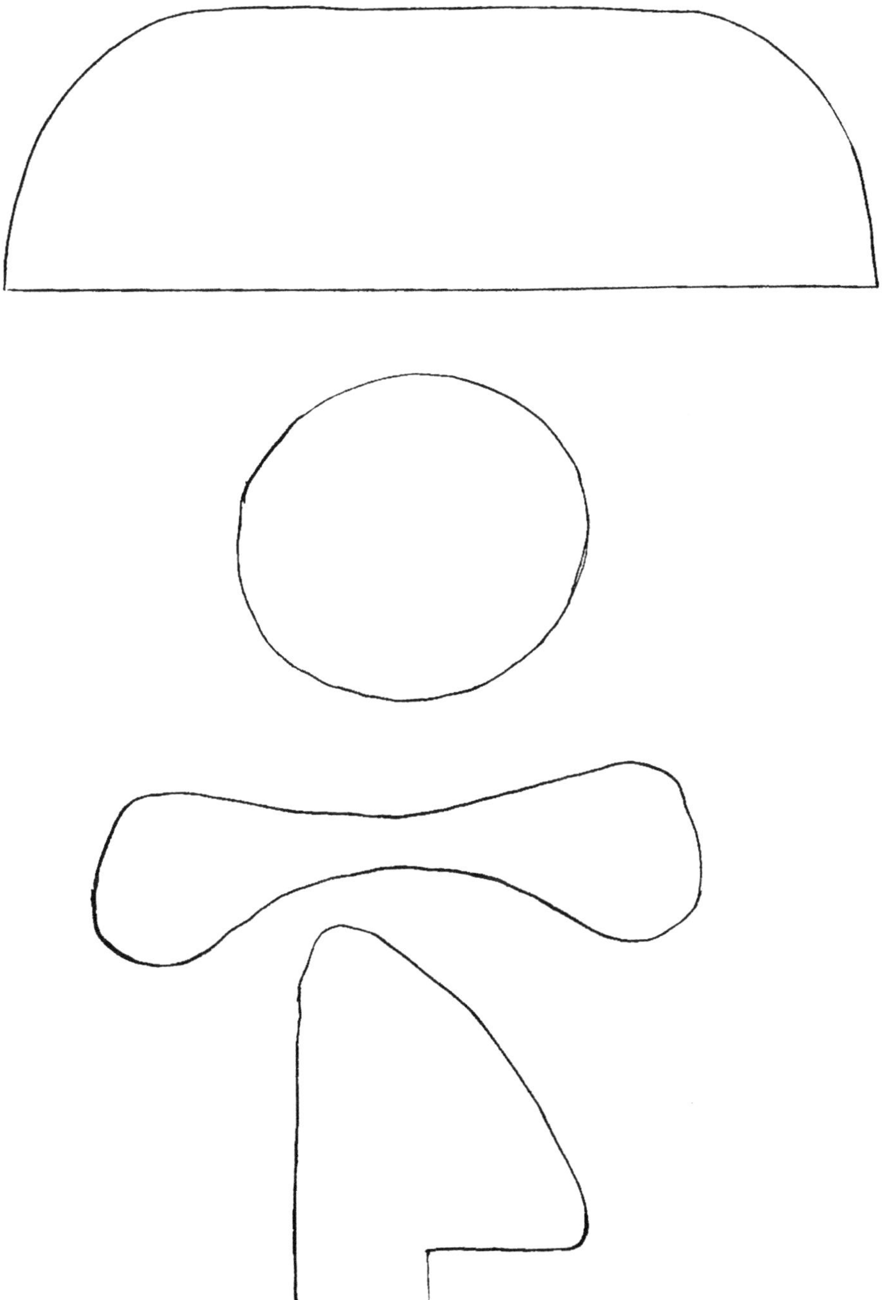

Mäuseraketen (Seite 39)

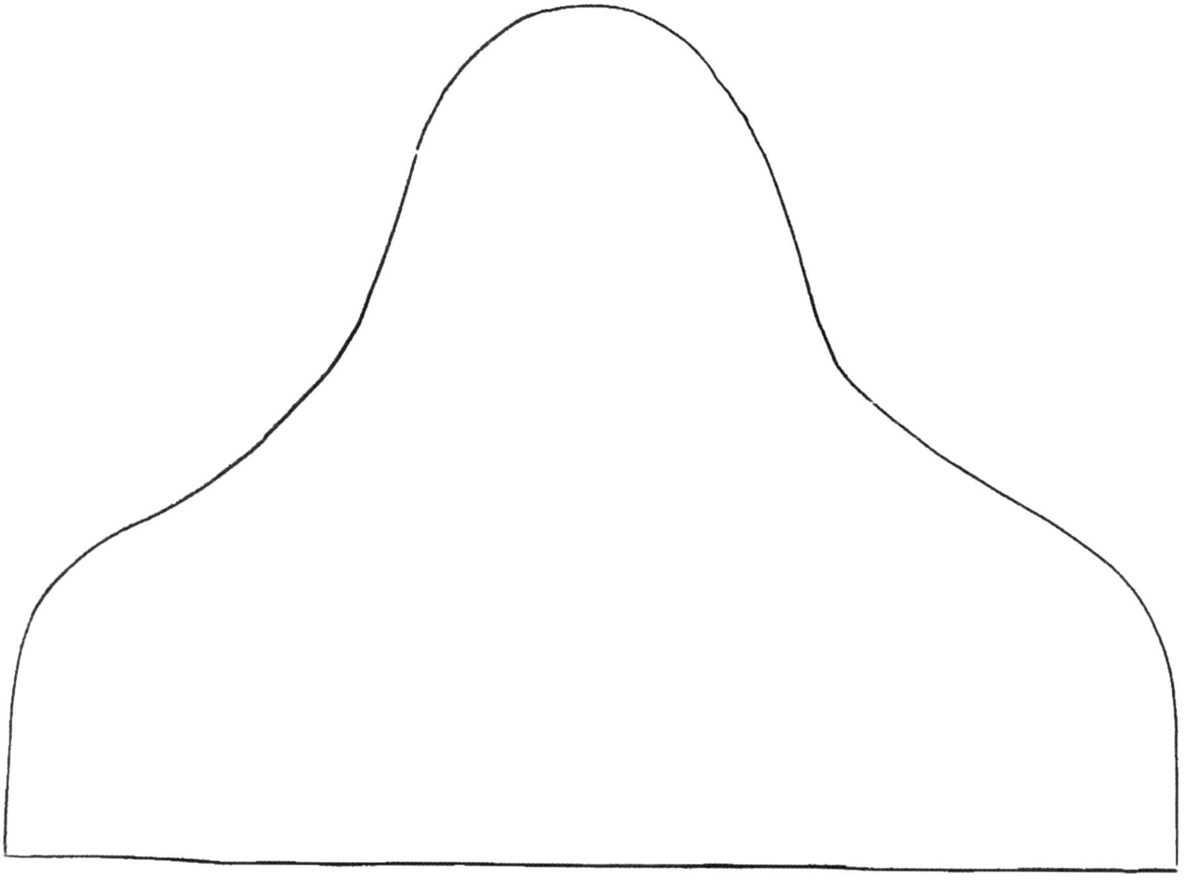

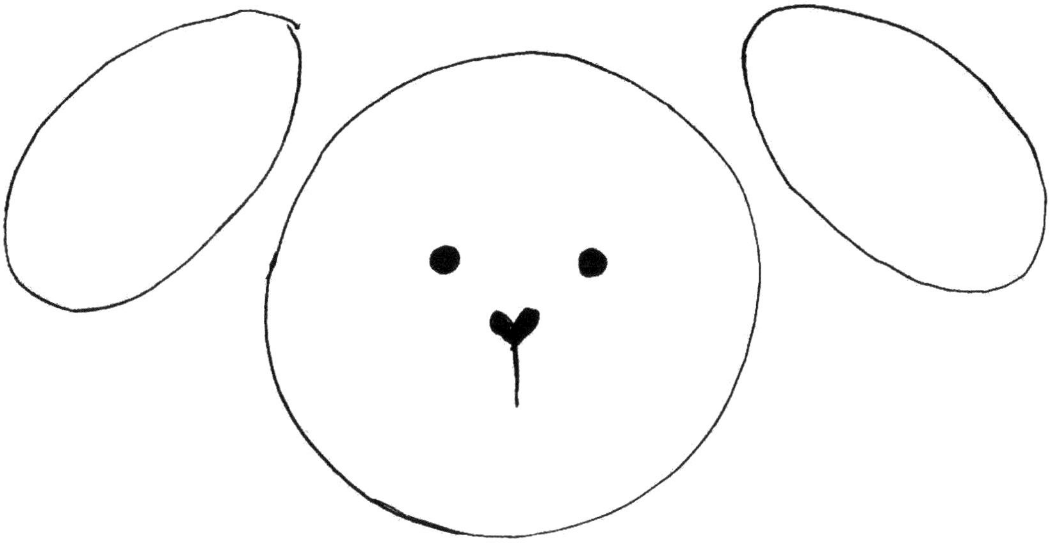

Puppentheater (Seite 48)

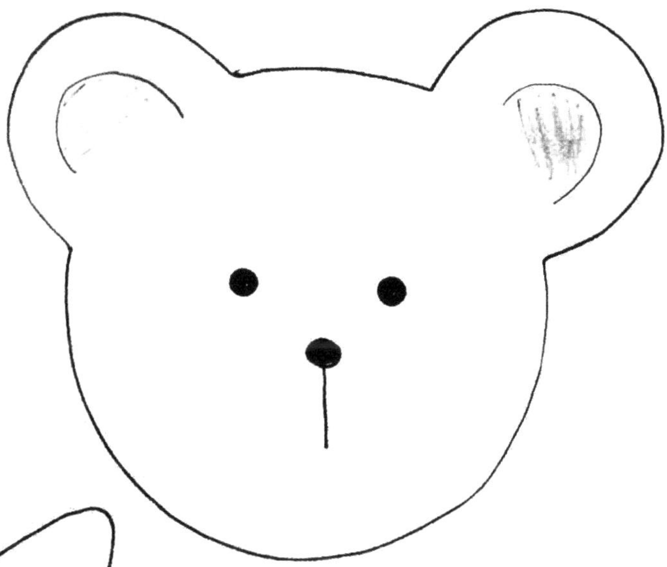

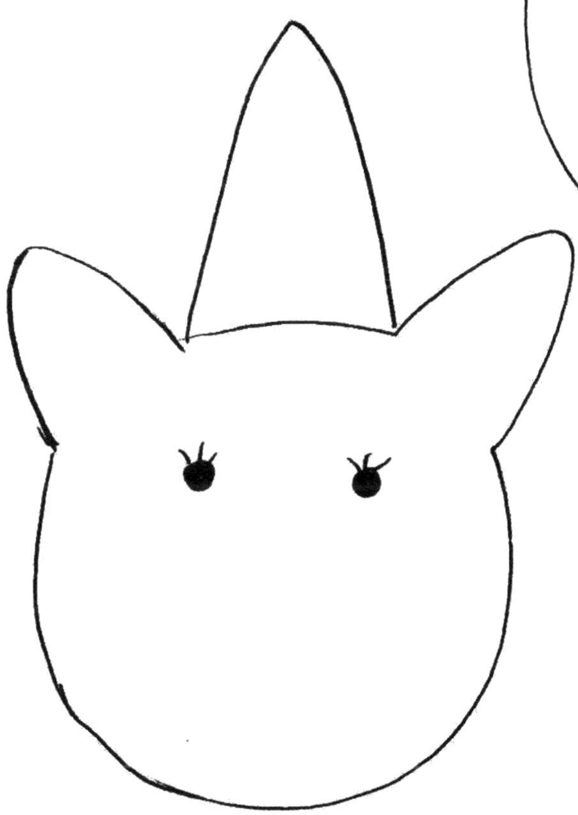

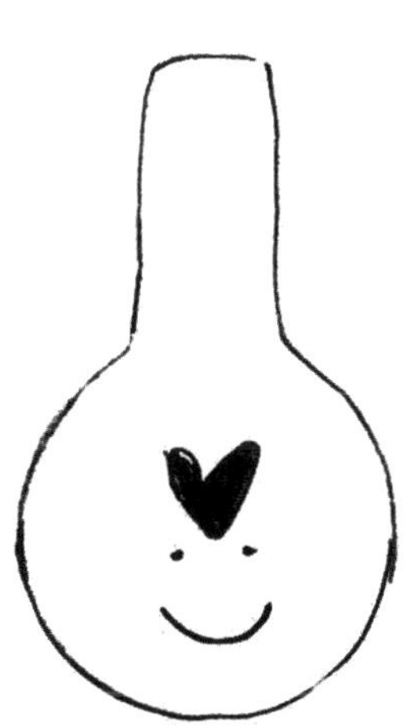

Blumenlampe (Seite 59) – Vorlage um 20 % vergrößern

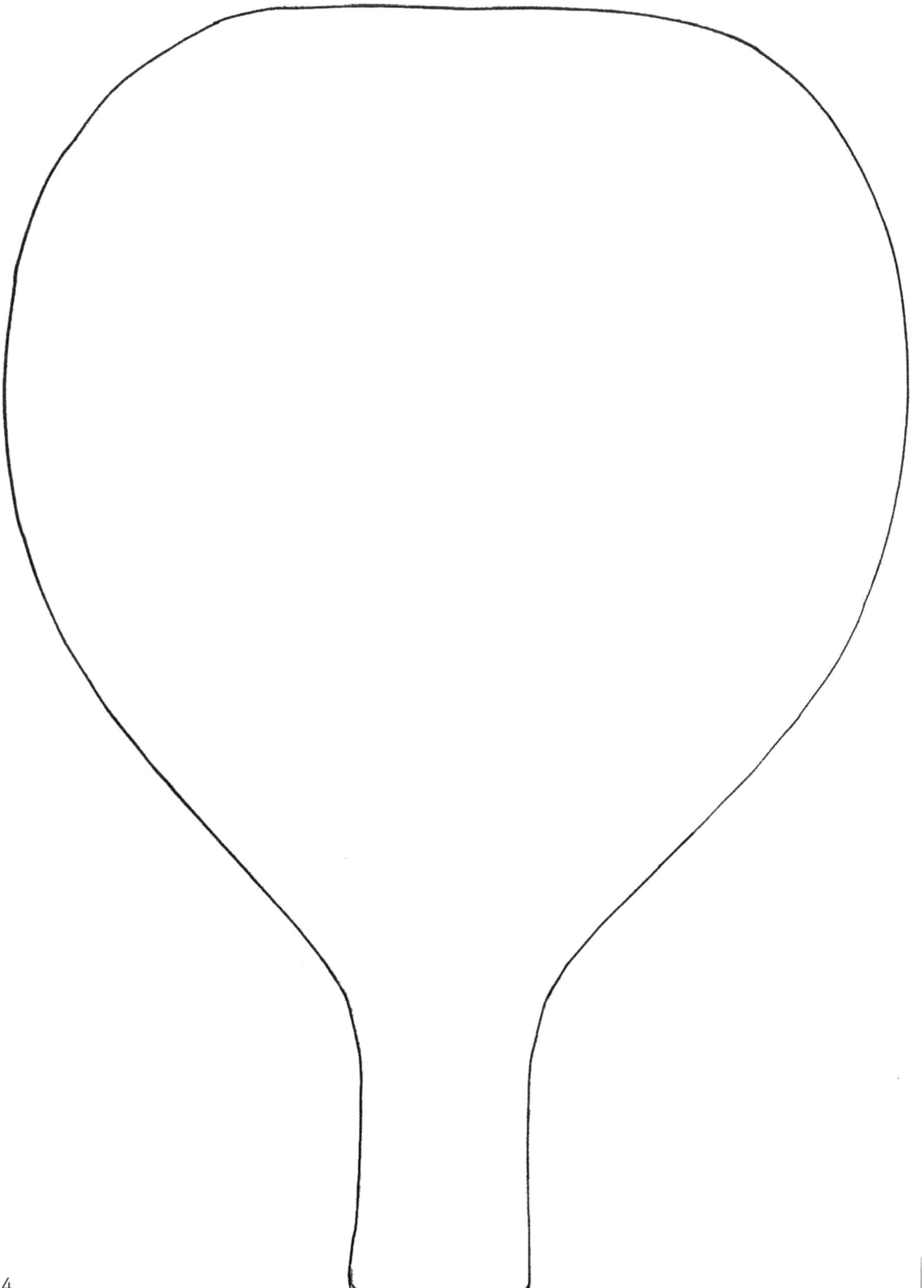

Vogelmobile (Seite 67)

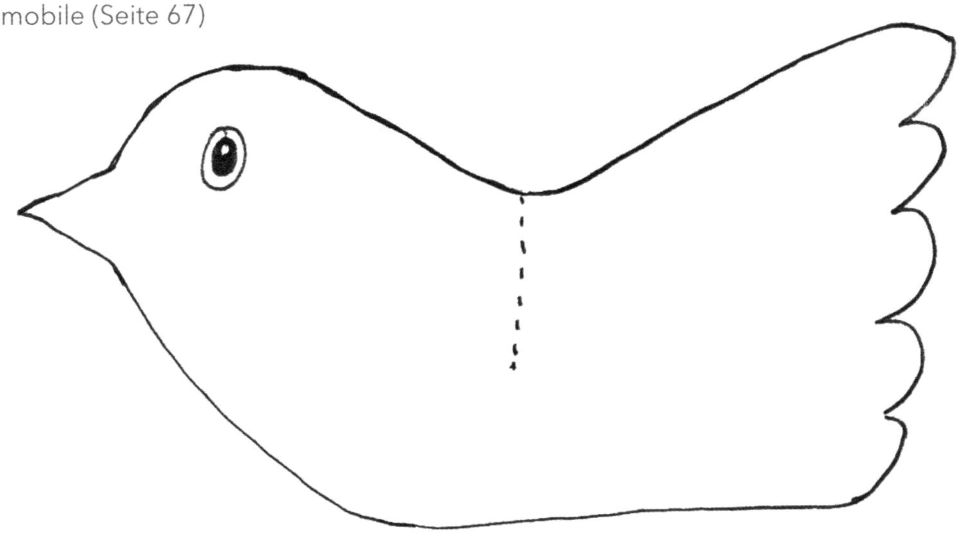

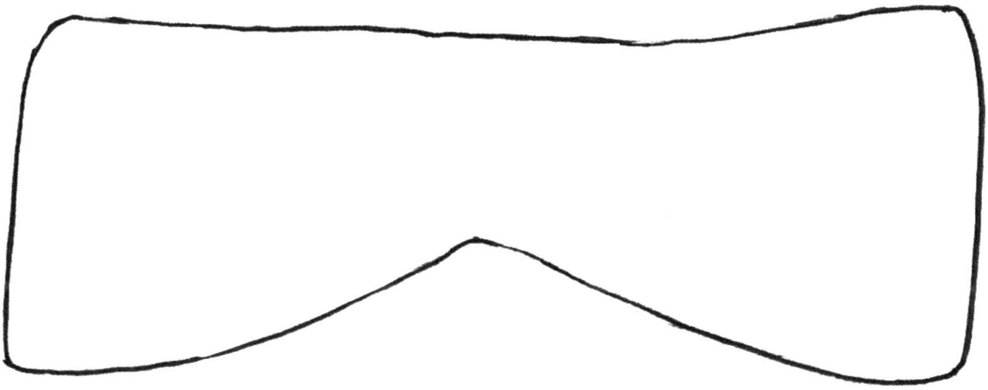

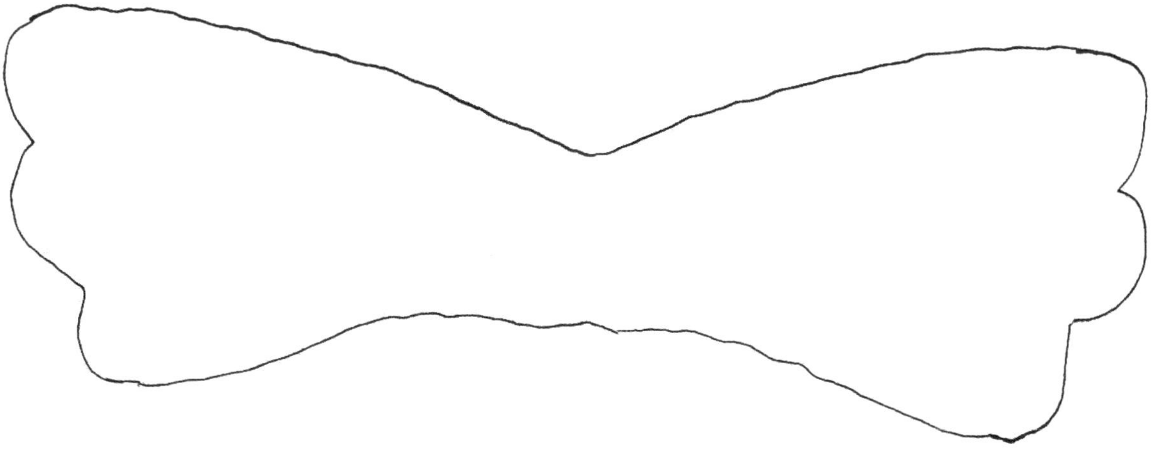

Geschenk-Bonbons (Seite 95)

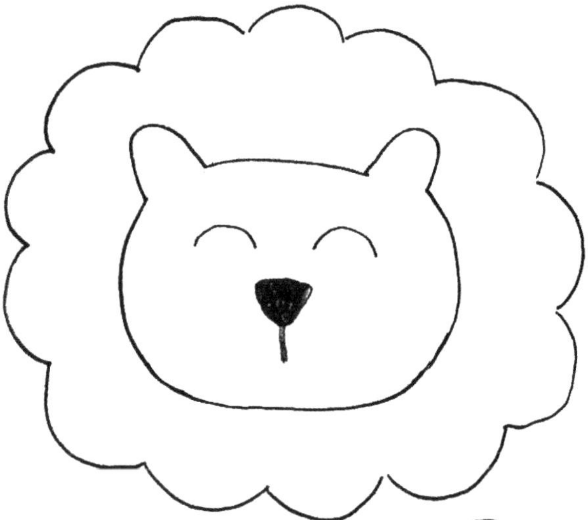

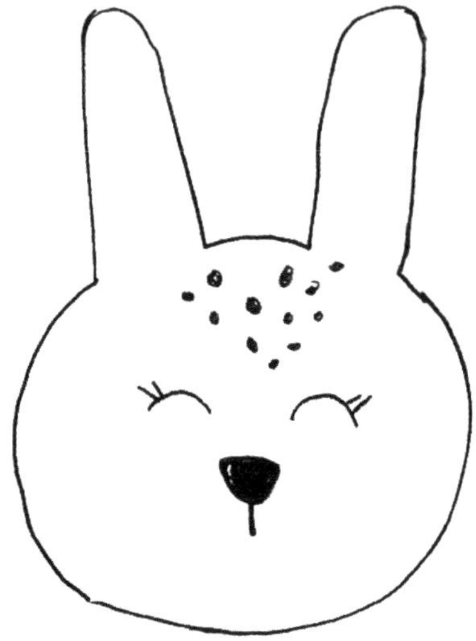

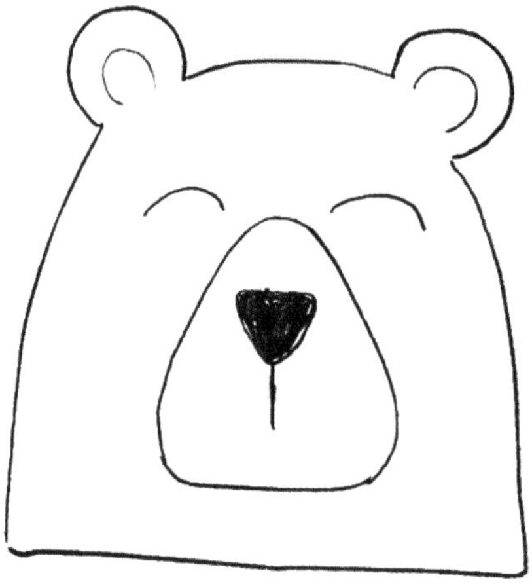

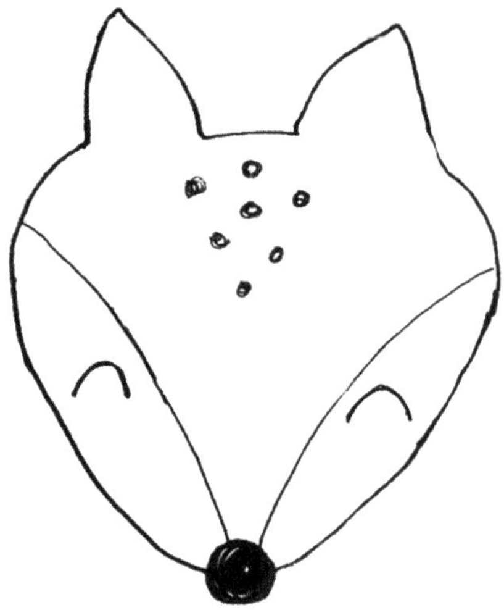

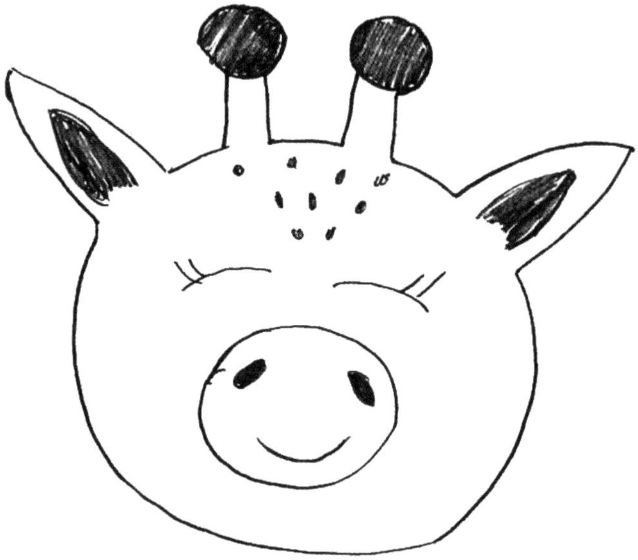

Geschenkanhänger (Seite 104)

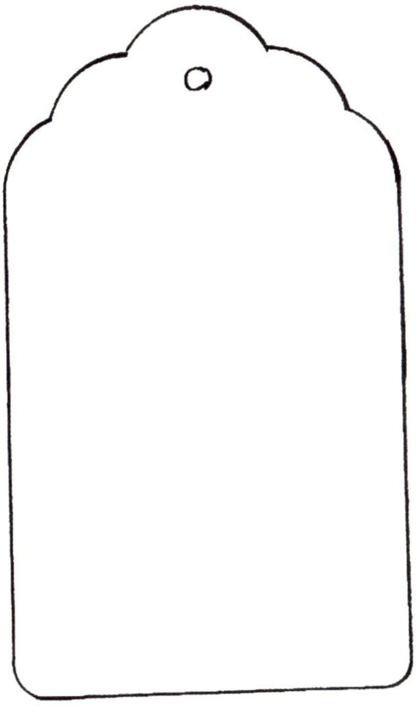

Danke

Mein größter Dank geht an meine Tochter, sie ist der Grund für meine Kreativität. Sie bringt mir neue Ideen und inspiriert mich immer wieder aufs Neue. Mit ihr habe ich meinen größten Fan und besten Bastelpartner.

Ebenfalls danke ich meinem Mann, meiner Familie und meinen Freunden. Es macht mich stolz, solch wundervolle Menschen in meinem Leben zu haben, die mich bei all meinen Ideen unterstützen, mir ihre ehrliche Meinung sagen und mir immer zuhören.

Ohne all diese Menschen in meinem Leben wäre ich nicht da, wo ich heute stehe, und dafür bin ich ihnen allen unendlich dankbar.

Über die Autorin

Jasmin Markiewicz wurde 1986 im Saarland geboren. Sie ist studierte Wirtschaftsingenieurin und lebt mit ihrem Mann und ihrer Tochter auf dem Land. Ihr Ausgleich zum Beruf sind Bastelstunden, bei denen sie sich kreativ austobt und vor fast keinem DIY halt macht.

Auf ihrem Instagram-Kanal @fraeullein_jasmin begeistert sie ihre Follower*innen mit Bastelideen für Kinder, DIYs und Rezepten.

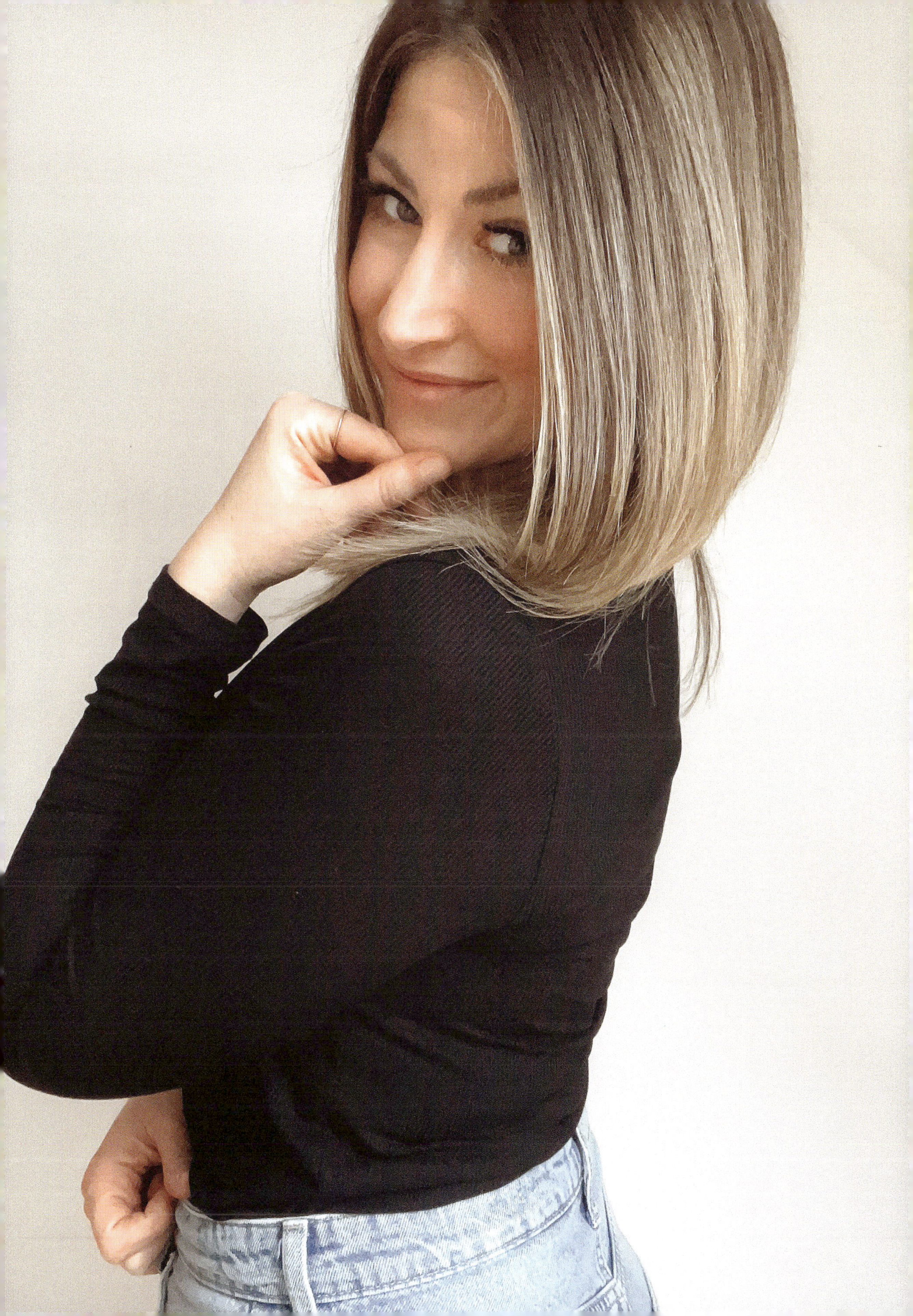

Impressum

Autorin: Jasmin Markiewicz
Fotos & Styling: Jasmin Markiewicz
Projektmanagement: Xenia Kuczera
Lektorat: Lena Denu
Korrektorat: Christiane Gsänger
Umschlaggestaltung: Mathias Frisch
Satz: Elke Mader
Repro: LUDWIG:media
Herstellung: Julia Hegele
Printed in Türkiye by Elma Basim

★★★★★
Sind Sie mit diesem Titel zufrieden? Dann würden wir uns über Ihre Weiterempfehlung freuen. Erzählen Sie es im Freundeskreis, berichten Sie Ihrem Buchhändler oder bewerten Sie beim Onlinekauf. Und wenn Sie Kritik, Korrekturen oder Aktualisierungen haben, freuen wir uns über Ihre Nachricht an:
Christian Verlag, Postfach 40 02 09,
80702 München oder per E-Mail an
lektorat@verlagshaus.de.

Unser komplettes Programm finden Sie unter

www.christophorus-verlag.de

In diesem Buch wird aus Gründen der besseren Lesbarkeit das generische Maskulinum verwendet. Weibliche und anderweitige Geschlechteridentitäten werden dabei ausdrücklich mitgemeint, soweit es für die Aussage erforderlich ist.

Bildnachweis Vor- und Nachsatz: Shutterstock, xnova

Die Deutsche Nationalbibliothek verzeichnet diese Publikation in der Deutschen Nationalbibliografie; detaillierte bibliografische Daten sind im Internet über http://dnb.d-nb.de abrufbar.

ISBN 978-3-8411-0309-3

Kreativ-Service

Sie haben Fragen zu unseren Büchern und Materialien? Wir beraten Sie gern rund um alle Kreativthemen. Rufen Sie uns einfach an. Wir interessieren uns auch für Ihre eigenen Ideen und Anregungen. Sie erreichen uns per E-Mail: kreativ-service@c-verlag.de oder unter der Tel.: +49 (0)89-13 06 99 577.

Besuchen Sie uns im Internet: www.christophorus-verlag.de & www.selbstgemacht.de

Ebenfalls erhältlich ...

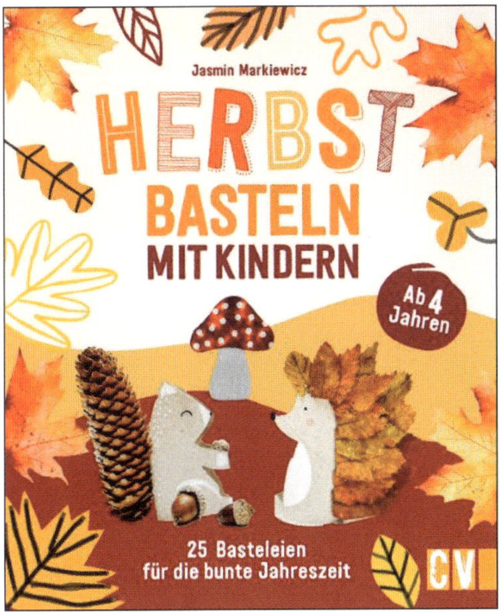

ISBN 978-3-8411-0307-9

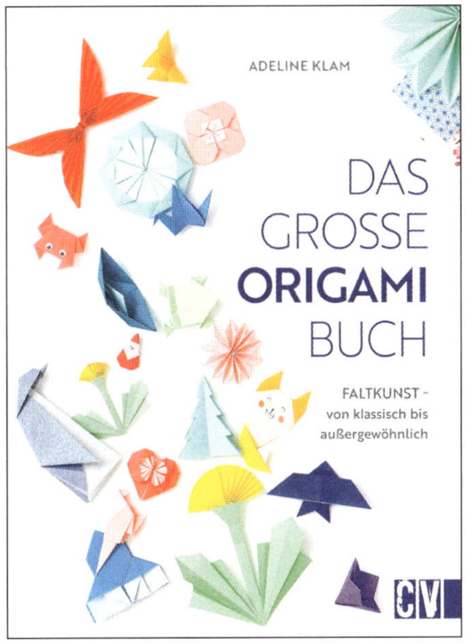

ISBN 978-3-8388-3857-1